教科書ガイド
ガイド

帝国書院 版

高等学校
新地理総合

TEXT
BOOK
GUIDE

文研出版

はしがき

　本書は，帝国書院発行の高等学校・地理総合の教科書「新地理総合」に準拠した教科書解説書として編集されたものです。教科書内容がスムーズに理解できるように工夫されています。予習や復習，試験前の学習にお役立てください。

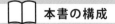 本書の構成

本文	
要点整理	教科書の単元構成（部・章・節・項）の順序に従い，教科書の内容を簡潔にわかりやすく整理しています。
TRY 答え・解説	教科書の「TRY」で扱われている問題の解答例を掲載しています。
用語解説	教科書で扱われている用語の中で，特に重要な用語を解説しています。

演習	
演習問題	教科書の一つの節，もしくは複数の節で扱った内容の演習問題です。

解答と解説	
演習問題 の解答と解説を掲載しています。	

写真提供

朝日新聞社／アフロ／時事通信フォト／読売新聞／VGL/Clear Light Image Products/ARTBANK

目次

第3部 持続可能な地域づくりと私たち

第1部 地図でとらえる現代世界

第1章 地図と地理情報システム　教科書 p.5~26

1節　地球上の位置と時差 → 教 p.6~9

1 地球上の位置と私たちの生活

地球の姿

①地球の表面…陸地と海洋が分布→陸地と海洋の割合＝およそ3：7。

②フランス付近を中心に地球を眺める…陸地が占める割合が最大に→**陸半球**とよぶ。[*1]

③ニュージーランド沖を中心に地球を眺める…海洋が占める割合が最大に→**水半球**とよぶ。[*2]

緯度と経度

①地球上の絶対的な位置の表し方…**緯度**（＝ある地点の南北の位置座標）と**経度**（＝ある地点の東西の位置座標）によって表す。

② 緯度と緯線
▶緯度…赤道を緯度0度とし，南北を各90度に分けている。
▶**緯線**…同緯度の地点を結んだ線。
▶北緯…赤道から北極までの範囲→この範囲が北半球。
▶南緯…赤道から南極までの範囲→この範囲が南半球。

③経度と経線
▶経度…イギリスの首都ロンドン市内にある旧**グリニッジ天文台**を通る子午線を**本初子午線**＝経度0度とし，東西を各180度に分けている。
▶**経線**…同経度の地点を結んだ線。
▶東経…本初子午線から東側の180度までの範囲→この範囲が東半球。
▶西経…本初子午線から西側の180度までの範囲→この範囲が西半球。

↓ 緯線・経線と緯度・経度

緯度の違いとその影響

①地球の回転軸（地軸）の傾き…地球の公転面に対する垂直方向からの傾きが23.4度（23度26分）である。

②夏至の日の正午…太陽の真下となる緯度が北緯23.4度→この緯線が**北回帰線**。

③冬至の日の正午…太陽の真下となる緯度が南緯23.4度→この緯線が**南回帰線**。

④北半球での夏至と冬至の昼夜…夏至は昼が最長，冬至は夜が最長となる。

⑤高緯度地方の範囲と自然現象
▶高緯度地域…北緯66.6度以上の地域は**北極圏**，南緯66.6度以上の地域は**南極圏**とよぶ。
▶**白夜**…夏に太陽が沈まないか，または沈んでも一晩中暗くならない現象のこと。

▶極夜…冬に，正午になっても太陽が昇らない現象のこと→日中でも薄暗い。

⑥地軸の傾きによる太陽エネルギーの照射量と昼夜の長さの変化

- ▶高緯度・中緯度地域…季節の変化が明瞭→日本では春夏秋冬に分ける。
- ▶赤道付近…日射によって常に熱せられることで，一年中気温が高い→夏至・冬至でも南中高度（太陽高度）が高いため。

2　時差と私たちの生活

時差のしくみ

①時差…経度15度ごとに1時間の時差が発生←地球の自転により1日（24時間）でほぼ1回転（360度）するため。

②世界標準時…1884年に本初子午線をグリニッジ標準時（GMT）とし，国際的な時刻の基準（世界標準時）と決定。

- ▶国内の標準時…国や地域ごとに標準時子午線を決定し，国内の標準時の基にする。
- ▶日本の標準時子午線…兵庫県明石市を通る東経135度。

③1日分の時差の調整のための経線…経度180度の線を基準に日付変更線*3を設定。

時差と生活

①グローバル化した現代社会での時差…航空機の国際線での移動や国際電話，経済活動などでも時差は重要。

②複数の標準時と，一つの標準時による生活時間のずれ

- ▶複数の標準時をもつ国…東西に広大な国土をもつロシアやアメリカ合衆国など→生活時間に合わせるために複数の標準時を設定。
- ▶一つの標準時の中国…東部を基準とする標準時→西部で暮らす人々の生活時間との間にずれが出る。

③サマータイム制度…ヨーロッパや北アメリカの一部の国では，夏季に時刻を1時間ほど進めるサマータイム制度を実施←夏季は日照時間が長くなるため。

用語解説

*1 陸半球…地球の表面の陸地の占める面積が最大になるように地球を二分した半球。ヨーロッパのフランス中西部のナント付近を極とする半球である。ユーラシア大陸やアフリカ大陸の大部分と，北・南アメリカ大陸の一部分が含まれ，世界の陸地面積のおよそ90%が入っている。陸地と海洋の割合は，およそ47：53である。

*2 水半球…地球の表面の海洋の占める面積が最大になるように地球を二分した半球のこと。ニュージーランド南東のアンティポディス諸島付近を極とする半球である。この中にある海洋の面積は海洋総面積のおよそ64%である。陸地と海洋の割合はおよそ1：9である。この水半球に含まれる陸地は，オーストラリア大陸と南極大陸，南アメリカ大陸の一部などである。

*3 日付変更線…世界各地の標準時のずれによって日付に違いが生まれないように設定した太平洋上の線。経度180度子午線に沿って島や陸地を避けて引かれている。この線を西から東へ越えるときには1日遅らせ，東から西へ越えるときには1日進ませる。

SKILL ❶　時差の計算

等時帯

①**等時帯**とは…共通の標準時を使用している地域全体を**等時帯**という。

- ▶標準時間帯…世界標準時(←時差は＋14時間から－12時間の範囲)を基準とし，1時間単位で決定されているもの。
- ▶独立時間帯…インドの＋5時間30分のように，その国の生活時間帯に合わせて，独自に定めた時間帯のこと。

サマータイム制度

①サマータイム制度を実施している国々の緯度…この制度を実施している地域は，高緯度の国々に多い←夏季と冬季の日照時間の差が大きいためである。

②サマータイム制度の長所と短所

- ▶長所…日照の効率的な利用による消費電力の節約や余暇活動の充実など。
- ▶短所…全体の消費電力の増加←日中の活動時間が増えるため。生活リズムの乱調による体調の崩れなど。

2節　地図の役割と種類 ➡ 教 p.10〜26

1 地球儀と地図

球体の地球と平面の地図

①地球儀…地球をほぼそのままの形で表した模型→距離や面積の比率，角度・方位などが，いずれも正確に表現されている。

②平面の地図の工夫…球体の地球表面を平面の地図で表現するといろいろな**ひずみ**が発生する→平面の地図では，高緯度の陸地や海洋が分断されないようにするための工夫がされている。

さまざまな図法

①平面の地図の欠点…角度・距離・方位・面積などすべてを同時に正確に表現することが，平面の地図ではできない。

②角度・距離・方位・面積などのいずれかの要素を正確に表現するもの…いずれかの要素を正しく表すためにさまざまな**地図投影法(図法)**[*1]を用いている。

- ▶世界地図…図法が異なると特性の違いが発生→用途や目的に応じて，その地図がもつ図法の特性を理解して使用する。

TRY 答え・解説　　　　　　　時差の計算　教 p.9

1　答 搭乗時間：9時間

解説 経度15度ごとに1時間の時差が生じる。東京(およそ東経135度)とサンフランシスコ(およそ西経120度)の経度差は255度なので，時差は17時間である。したがって，東京が1月15日午後5時(17時)のとき，サンフランシスコの時刻は1月15日午前0時であり，この時刻に東京を出発したと考える。

2　答 9月7日午後6時(18時)

解説 東京とロンドンの時差は9時間なので，計算では7日の午後5時となる。しかし，ロンドンのあるイギリスではサマータイム制度(3月最終日曜から10月最終日曜までの間)を実施しているので，この時期は1時間ほど時刻を進めている。

▶**角度を正確に表す図法＝正角図**…緯線・経線に対する角度や形の関係が正確な地図。
- 正角図である**メルカトル図法**の地図…地図上の任意の2点を結んだ直線が**等角航路**[*2]を示す→海図として利用されてきた。
- メルカトル図法の地図の欠点…高緯度ほど面積の ひずみ が大きくなる点。

▶**距離と方位を正確に表す図法**…図の中心からの距離と方位が正確な**正距方位図法**の地図。
- 正距方位図法の地図の利点…図の中心からの最短距離の**大圏航路（大圏コース）**[*3]を直線で示す。
  ⇒世界全図での外周…中心に対する地球上の真裏の地点（**対蹠点**）を示し，中心からの距離は約2万km。
- 正距方位図法の地図の欠点…周縁部では形や面積の ひずみ が大きいこと。

▶**面積を正確に表す図法＝正積図**
🌀ホモロサイン図法（グード図法）の地図

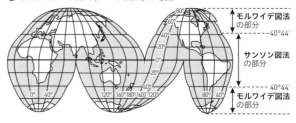

- **サンソン図法**の地図…低緯度の ひずみ が小さい。
- **モルワイデ図法**の地図…高緯度の ひずみ が小さい。
- サンソン図法とモルワイデ図法を接合した**ホモロサイン図法（グード図法）**の地図…面積の関係が正確な正積図→いろいろな分布を示すときに利用。
  ⇒この図法の地図は海洋部分が破断している→等値線図や流線図などの利用には不向きである。

用語解説

*1 **地図投影法**…地図を描くとき，地球の地表のいろいろな地点を示す基準となる緯線・経線を平面に投影する方法をいう。地球の地表は球面である。これを平面に表した場合，緯線・経線は必然的に実際とは異なってくる。角度・距離・方位・面積などのいずれかの要素を満たせるように，正角図法・正距方位図法・正積図法などに分けられる。

*2 **等角航路**…船の航海で，出発地から到着地まで羅針盤上で一定の方位を保って航海する場合の航路となる直線。部分的に見たときは経線と等しい角度で交わるので，経線が平行直線群で表現される。しかも正角図であるメルカトル図法による2点間は海図上では直線となる。

*3 **大圏航路（大圏コース）**…地球上の2地点間を結ぶ最短距離は，その2地点と地球中心を含む断面と地球表面とが交わる線になる。これを大圏といい，それに沿った交通路を大圏航路（大圏コース）という。また，その航法を大圏航法とよぶ。なお，大圏航路（大圏コース）は，メルカトル図法の地図上では曲線で表される点に注意する。

2 身の回りの地図

身の回りの主題図

①身の回りのさまざまな情報と地図

- ▶**地理情報**…自然環境(地形や気候など)に関する情報や，社会環境(人口・土地利用・産業の様子など)に関する情報を地域的に整理したもの。
- ▶地理情報の可視化…位置に関する情報をもったいろいろな地理情報を地図に表現することにより，可視化することができる。

②描かれた目的により分かれる地図…**主題図**と**一般図**に区分される。

- ▶主題図…人口や植生，観光など，ある**主題(テーマ)**を目的として表現した地図。
- ▶ふだん目にする地図の大部分が主題図。
  - (例)観光案内図…目的地にたどりつくまでの情報を得やすくするために，駅や通りなどの目印となる建物の情報を強調したり，イラストで表現したりして示している地図。
  - (例)鉄道路線図…鉄道を利用する人が必要とする情報を示すために，鉄道路線ごとに色分けしたり，乗り換え駅を表示したりしている。

さまざまな一般図

①一般図…特定のテーマに偏ることなく，土地の起伏や土地利用，川や湖などの水系，道路や行政界などの基本的な地理情報が盛り込まれている地図。

②一般図の種類…国土地理院から発行されている地図→縮尺20万分の1地勢図，縮尺5万分の1**地形図**，2万5千分の1地形図，1万分の1地形図などがある。

- ▶地勢図や地形図は，**縮尺**によって表示される範囲や情報が異なっている。
  - (例)20万分の1の縮尺での情報…土地の起伏や主要道路，おおまかな土地利用などは表示されている→それ以外の情報はかなり省略。

TRY 答え・解説　地形図の利用―地図記号―　教 p.14　　地形図の利用―縮尺と等高線―　教 p.15

1 答省略
　解説 2万5千分の1地形図で，平成25年図式では高速道路や国道・都道府県道がそれぞれ色が変化した点，平成14年図式ではあった工場や桑畑などの記号が平成25年図式ではなくなっている点などを読み取る。

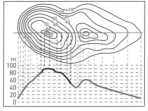

🔻 断面図をつくろう

2 答省略
　解説 地形図中に，三角点や標高点がある。それらを読み取る。

3 答断面図は右の図。(例)等高線の間隔が狭い所は傾斜が急であり，間隔が広い所は傾斜が緩やかである。

4 答省略
　解説 尾根は山頂からふもとに向かって等高線が張り出している場所であり，谷はふもとから山頂に向かって等高線がへこんでいる場所である。

5 答D
　解説 登山コース断面図を見ると，山頂が二つあり，そのあとで登りの傾斜が急になっている点から判断する。

③**電子国土基本図**とは…紙媒体の2万5千分の1地形図や空中写真などをデジタルデータにした基本図のこと→国土地理院によって整備されたデジタルデータ。

  ▶電子国土基本図は，インターネット上に地理院地図として公開。

  ▶電子国土基本図の利点

   • デジタル化で地図の更新が早くなる点。

   • 縮尺を自由に変更できる点。

   • つなぎ目がなく途切れない地図を表示することができる点。

SKILL ❷　地形図の利用ー地図記号ー

地形図の地図記号

①**地形図**とは…いろいろな地表面の情報を，定められたルール(**図式**[*1])で表現した地図。

②地図記号…目に見えるもの(道路や建物など)と目に見えないもの(市町村の境界など)の要素を地形図上で表現したものが**地図記号**。

時代に合わせて改正される地図記号

①紙媒体の2万5千分の1地形図の図式の変更…3色刷りの平成14年図式から，多色刷りの平成25年図式に徐々に更新されている。

②平成25年図式の変更点…❶山地地形に陰影表現を追加。❷建物を省略せず，それぞれをオレンジ色で描画。❸細かな道路を省略せず，緑色で高速道路・赤色で国道などで表示。❹工場や桑畑などの地図記号を廃止，新たに「自然災害伝承碑」を制定。

SKILL ❸　地形図の利用ー縮尺と等高線ー

縮尺とは

①**縮尺**とは…地図で，実際の大きさを縮小した割合のこと。

② 2万5千分の1地形図の意味…実際の大きさを2万5千分の1に縮小したということ。

土地の標高を調べる

①**標高**とは…海面の平均潮位を基準とした陸地の海抜高度のこと。

②地形図上で示される標高を示すもの…**三角点**(=三角測量による位置の基準点)，**水準点**[*2](=水準測量による高さの基準点)，**電子基準点**(=全球測位衛星システム(GNSS)による位置の基準点)→いずれも記号に付く数値はその場所の標高を示している。

③地形図上での標高を調べる場合…水準点や**標高点**の数値の確認が必要。

等高線から起伏を読む

①**等高線**とは…地図で，土地の起伏を表現するため，地表の同じ高さの所を結んだ線。

②等高線の種類…計曲線(5万分の1地形図では100mごと，2万5千分の1地形図では50mごと)，主曲線，補助曲線がある。

😈 用語解説

*1 **図式**…地図を作成するとき，その規格，精度などを統一するために，表示する事項，使用する記号の寸法や色，文字などついて定められたすべての約束事のこと。

*2 **水準点**…全国的な水準測量のための基準点として，その標高が精密に求められた点。国土地理院によって設けられ，主要な道路に沿って約2kmごとに花崗岩またはコンクリートでつくって埋められている。

③ 統計地図の種類と利用

統計地図とその種類

①主題図の一つである**統計地図**とは…統計データ（人口，生産量など）や観測データ（気温，降水量など）を地図上に表したもの。

- ▶地図化の利点…視覚的に分かりやすく，比較や分析，管理の際にも効果的。
- ▶多くの統計地図の形態…事象の分布状況を表した分布図が多い→二つに大別される。
  - **絶対分布図**…データの絶対値を地図化したもの。
  - **相対分布図**…単位面積あたりや人口あたりの相対値を表現したもの。

②絶対分布図の種類…点，線，図形，地図を変形の4種類がある。

- ▶**ドットマップ**…その地点での数量を点の多さで表現したもの。
- ▶**等値線図**…等しい値の地点を線で結んだもの。
- ▶**図形表現図**や**流線図***1…図形の面積や体積，線の太さなどで絶対量を表したもの。
- ▶**カルトグラム（変形地図）***2…元の地図を変形させることにより，統計データを分かりやすく効果的に示したもの。

TRY 答え・解説　　　　　　　等値線図のつくり方　教 p.18

1　答右の図

2　答（例）東京都の区部や，神奈川県の横浜市・川崎市など，千葉県の船橋市などの大都市やその周辺と，埼玉県・群馬県・茨城県などの内陸部の平野部などで気温が高くなっている。その理由は，大都市が広がる関東平野部分の都市気候によるものや，海から離れた関東平野の内陸部や盆地などの地形的な要因が大きい。

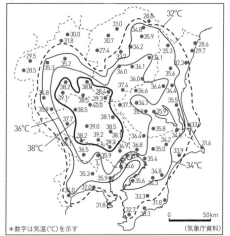

↓ 2018年7月23日午後2時の気温

＊数字は気温（℃）を示す

（気象庁資料）

3　答（例）神奈川県の三浦半島や千葉県の房総半島などの海岸部や，群馬県・栃木県・茨城県の山間部では，気温が中心部に比べ，低くなっている。その理由は，標高の高い山間地や，海からの風などによる影響である。

解説❹の地図と右の地図を比べてみると，関東平野部では気温が一般的に高く，山間部や半島の海岸部では気温が低いことが分かる。

TRY 答え・解説　　　　　　　階級区分図のつくり方　教 p.19

1　答Ⓐ。(例)Ⓑは，数値の高い階級から低い階級に向けて暖色から寒色へとなっていない点で，Ⓒは，人口密度の区分が大きすぎるため，人口密度の傾向が分かりにくい点。

2　答階級区分図作成は省略。(例)❺の図から見て，人口が密集している都府県に大学生数が比較的多く存在していることが分かる。

解説5階級に区分するので，10人未満，10~15，15~20，20~25，25人以上に区分するとよい。区分するにはどの階層が多いのか少ないのかを考えて区分するとよい。

③相対分布図の種類
- ▶**階級区分図**(コロプレスマップ)…地域ごとの比率や密度を何段階かの階級に区分し，色彩や模様のパターンで表現したもの。
  ⇒階級区分図は，対象となる地域の面積が異なると実際の値よりも過大または過小に見えることがある→階級区分図は絶対値を表現することには向かない。
- ▶**メッシュマップ**…地域を等面積のメッシュ(網目)に区分し，それぞれのメッシュを単位とし，統計データを地図化したもの。

統計地図の比較

①統計地図の比較から分かること…場所や地域による共通点や相違点，変化などが分かる。

②テーマの異なる統計地図の比較から分かること…地域の特徴や分布の背景などがつかみやすくなることがある。

③同じテーマで，異なる年次の統計地図の比較から分かること…地域の経済や結び付き，産業構造などの変化が分かる。

SKILL ❹　等値線図のつくり方

等値線図のつくり方

①等値線…分布状態を図式的に表現するため，同じ値をもつ点を結んだ線のこと。
⇒等値線には地形図に使用される等高線，天気図の等圧線，気温の等温線などがある。

②正確な等値線図…同じ値をもつ点の数が多いほど正確なものになる。
- ▶同じ値をもつ点が少ないときや，基準にしたい値の点がないとき…ほかの2点の値を基に線を描く所を決め，各点を滑らかに結ぶことが望ましい。
- ▶等値線図を見やすくするための工夫…等値線と等値線の間を着色すること。

③等値線図を読み取る際の注意点…等値線上の場所の値が実際に測った値ではない可能性を考慮すること。

SKILL ❺　階級区分図のつくり方

階級区分図のつくり方

①階級区分図の作成手順…統計データの最大値と最小値に注目し，3～5階級ほどに区分→階級区分に応じ，明るい色から暗い色へ，暖色から寒色へ，濃淡や色彩を決定する。

②階級区分図で大切なこと…それぞれの区分の大小の順が分かりやすくなるようにパターンを工夫する→これが適切でないと作図の意図が伝わりにくくなる。

③統計地図を作成する上での留意点…意図が伝わりやすくするための地図タイトルをつけること。凡例，統計の調査年，出典，縮尺(スケール)を記載することなど。

用語解説

*1 **流線図**…物品や人の輸送，自動車交通などの経路，方向，量などを帯状の線を用いて示したもの。普通は移動のルートを移動量の大小に対応した太さの線で表す。ほかの地域との結び付きを示すのに適している。

*2 **カルトグラム**(変形地図)…人口や移動時間，国内総生産(GDP)などを土地面積や距離に置き換えたもの。面積統計地図と距離統計地図の2種類があり，それぞれ値を地図化することにより実際の地形が変形している。

4 地理情報システム（GIS）の活用

GISのしくみ

①デジタル地図…コンピュータ上での観測データ（気温や降水量など）と統計データ（人口や生産量など）といった地理情報を重ね合わせた地図である。

②道案内などに生かされる技術とは…**地理情報システム（GIS）**[*1]とよばれる技術→カーナビゲーションや携帯端末による道案内，気象情報の提供などで使用されている。

GISを支える技術

①GISに不可欠なもの…緯度・経度などの位置情報である。

②GISを支える技術…アメリカ合衆国のGPSや日本の みちびき，EUのGalileo（ガリレオ）などに代表される**全球測位衛星システム（GNSS）**[*2]がその一つである。

▶GNSSにより，地球上のどこにいてもその現在位置の表示が可能となった。
- 現在の使われ方…航空機や船舶などの位置特定に使われている。
- 今後…自動車の自動走行や小型無人機（ドローン）による無人配送が本格化したとき，GNSSにより正確な位置情報を得る技術の重要度が高まってくる。

③GISを支える技術の一つ…**リモートセンシング（遠隔探査）**とよばれる技術は，地上から離れた場所で，陸上・海洋・大気などの現象を観測・探査するもので，これもGISを支えている。

▶気象衛星ひまわり…天気予報に用いられている→常時地球上の同じ範囲を宇宙から観測←赤道上で地球の自転と同じ周期で回っているためである。

▶リモートセンシングの利用…地表の起伏，火山活動の状況，世界のエネルギーの消費の実態，広範囲な土地利用や植生，農作物の生産予測など，さまざまな方面にわたり，GISを使っていろいろな地図として表している。

深める　リモートセンシングの農業利用

①今までの農業のしかた…農家の長年の経験や勘によって作物の収量や品質が大きく影響されてきた。

②近年の農業への試み…リモートセンシングの技術を利用→作物の生育状況を地図で可視化，農業生産性の向上，労働の負担の軽減。

▶人工衛星による数m単位の解像度から，ドローン使用による数cmの解像度での撮影が可能となった。

TRY 答え・解説　　　　　　　　地理院地図の利用　教 p.22～23

1 答『地図』の中には，「標準地図」，「淡色地図」，「白地図」，「English」，「写真」の5種類がある。

解説「地理院地図／GSI Maps｜国土地理院」をクリックし，そして「地図」をクリックすると，「地図の種類」を示した画面となる。

2 答省略

3 答省略

解説自分の通っている高校の所に旗のマークが出ているので，それをクリックすると緯度・経度などが表示される。

4 5 6 7 答省略

▶生育状況など植生指標を地図化…生育のむらや病虫害が発生している場所が分かる
　→農地を訪れたとき，携帯端末を使用してその箇所を特定できる。

さまざまな場面で活用されるGIS

①GNSSの整備と携帯端末の普及による動き…ヒトやモノなどの時空間上での移動は細
　かく記録されるようになった。

▶インターネット上で日々膨大に生成・記録されている**ビッグデータ**（＝情報通信技
術の進歩で，インターネット上で収集・分析できるようになった膨大なデータ）…
GISを使用することで地図による可視化が可能になった。

▶ビッグデータにより一層高まったGISの利便性→都市部における交通渋滞の緩和へ
の政策立案や，企業のマーケティングの支援などに役立てられている。

②地方自治体においても拡大されるGISの利用

▶上下水道や道路の管理など…紙の地図を基に管理してきた情報を電子化し，GISに
よる統一管理へ→行政サービスの向上が期待されている。

▶数多く公開されているデジタル地図のウェブサイト→誰もが自由に活用できる。

• 地理院地図…地形図や空中写真，災害情報などを基に，日本全土の様子が分かる。

• 地図で見る統計（jSTAT MAP）…統計データを基に，日本国内の統計地図を作成
することができる。

SKILL ❻　地理院地図の利用

地理院地図の特色と機能

①最新の電子国土基本図…国土地理院がインターネット上で公開している**地理院地図**。

▶地理院地図の特色…自由に動かせる。拡大・縮小や，2万5千分の1地形図のよう
に等高線や地図記号が表示できる。

▶地理院地図の機能…地図上での距離や面積の測定，断面図の作成，土地の3D化。

②地図以外にも多数の情報

▶最新のものだけでなく古い年代の空中写真や衛星画像→地域の変化の様子が分かる。

▶段彩図や，過去に発生した自然災害の被害を示した情報などもある。

地理院地図を使った情報の重ね合わせ・比較

①地理院地図では情報の重ね合わせが可能…複数の情報を組み合わせることができる→
土地利用と地形の関係，大雨による浸水被害範囲と地形の関係などが読み取れる。

🐱 用語解説

＊1　**地理情報システム（GIS）**…位置や空間に関する情報とそれらの収集・保存・加工・
検索・分析を行い,情報を視覚的に表したものであり,コンピュータ・ハードウェ
アとソフトウェアからなる一連のシステムである。この地理情報システムの最も
重要な利点は，スケールの異なるいろいろなデータを地図の上に統合することが
できる点である。GISは，Geographic Information Systemの略称である。

＊2　**全球測位衛星システム（GNSS）**…宇宙空間にある複数の測位衛星から時刻情報づ
きの信号を受信し，地上での現在位置を計測するシステムの総称。特に全地球を
対象とするもの。GNSSは，Global Navigation Satellite Systemの略称である。

SKILL ❼　e-StatとjSTAT MAPの利用

統計資料の入手ー政府統計の総合窓口（e-Stat）の利用ー

①主題図を作成するためには…目的に応じた統計データが必要。
- ▶基礎的な統計データの入手…地図帳の巻末統計や統計集から入手が可能である。
- ▶市区町村・町丁目別の細かいデータや，特殊な調査項目データの入手…専門的な統計書やウェブサイトから入手することが必要。
  - ⇒国が主体となって調査を行っている統計は**政府統計の総合窓口（e-Stat）**から入手。

地図で見る統計（jSTAT MAP）と地図表現

①**地図で見る統計（jSTAT MAP）とは**…地図上に統計データを示し，視覚的に統計を把握できるWebGISである。
- ▶e-Statの機能の一部として総務省統計局が提供。
- ▶誰でも利用できるjSTAT MAP…国勢調査や経済センサスなどの統計データをいろいろな集計単位で地図に表すことができる。

SKILL ❽　WebGISの活用

普及が進むWebGIS

①インターネット上に公開されているさまざまなWebGIS
- ▶地理院地図やjSTAT MAP，**地域経済分析システム（RESAS）**，ArcGIS Onlineなどがある。
  - ⇒地域経済分析システム（RESAS）とは…地域の活性化などを目的としており，内閣官房と経済産業省が運用している。
- ▶GoogleマップやGoogle Earthなどのデジタル地図・地球儀もWebGISの一つ。

②WebGISの特色…多数の地理情報を地図に関連づけて蓄積・表示することができる→大勢の人々と共有することができる。
  - ⇒情報量が多いので，目的によって最適な情報を選択する必要がある。

TRY 答え・解説　　　e-StatとjSTAT MAPの利用　教 p.24〜25

1 答省略
解説e-Statのウェブサイトを開き，「分野」をクリックする。17の分野の中で，「人口・世帯」に「国勢調査」の項目がある。

2 答（例）図**3**は市区町村別の人口総数を示したもので，それぞれの市区町村の人口総数などが示されている。図**4**は1kmメッシュごとの範囲で人口総数を示したもので，市区町村とは関係のないものである。

3 答（例）図**3**は円グラフの大きさでそれぞれの市区町村の人口総数と男女比が示されている。図**4**は市区町村別の人口総数を表したものではない。

TRY 答え・解説　　　WebGISの活用　教 p.26

1 答地理院地図やjSTAT MAPなどがあり，その特徴は教科書22〜23，25ページですでに学んでいるため省略。

2 答省略
解説RESASのトップページにある「RESAS動画」から「RESAS，V-RESASの解説動画」を開く。そこでは，いろいろな事例について知ることができる。

演習問題 ❶

1 次の問いに答えよ。

(1) 右の写真を見て，問いに答えよ。

① 写真の半球は何とよばれているか。

（　　　　　　　）

② この半球はどのようなことを示しているのか，簡単に書け。

（　　　　　　　）

(2) 高緯度地域では，冬の時期に正午になっても太陽が昇らない現象が起こる。この現象を何というか。　　　　　（　　　　　　　）

(3) 1884年，ロンドンを通る本初子午線が世界標準時として定められた。この標準時を何というか。　　　　　（　　　　　　　）

2 次の問いに答えよ。

(1) 右の地図を見て，問いに答えよ。

① この地図は何という図法で描かれているか。　　　（　　　　　　　）

② 地図中のア，イのうち，大圏航路を表しているものを選び，記号で答えよ。

（　　　　　　　）

(2) 低緯度での ひずみ が小さいサンソン図法と高緯度の ひずみ が小さいモルワイデ図法を接合してつくられた地図を何というか。　　　　　（　　　　　　　）

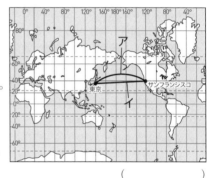

3 次の問いに答えよ。

(1) 国土地理院によって整備されている紙媒体の2万5千分の1地形図や空中写真などをデジタルデータにしたものを何というか。　　　（　　　　　　　）

(2) 絶対分布図の一つで，等しい値の地点を結んだ図を，下の選択肢から選び記号で答えよ。　　　　　（　　　　　　　）

> **ア** カルトグラム（変形地図）　　**イ** 図形表現図　　**ウ** 等値線図
> **エ** ドットマップ　　　　　　　　**オ** 流線図

(3) 相対分布図の一つで，地域ごとの比率や密度を何段階かの階級に区分し，色彩や模様のパターンで表現したものを何というか。　　　（　　　　　　　）

(4) 情報通信技術（ICT）の進歩によりインターネット上で収集・分析できるようになった膨大なデータを何というか。　　　（　　　　　　　）

［解答→p.172］

第2章 結び付きを深める現代世界　教科書 p.27~42

1節　現代世界の国家と領域 ➡ 教 p.28~31

1 現代世界の国家

さまざまな国境

①世界にあるいろいろな種類の境界線…この境界線を**国境**という。[*1]

- ▶**自然的国境**…山脈や河川，湖沼，海洋などの自然の地形を利用して定められている国境のこと。
- ▶**人為的国境**…緯線や経線，建造物などを利用して定められた国境のこと。

↓ アメリカ合衆国の国境

②さまざまな国境の様子や問題

- ▶山脈や河川などの国境…ピレネー山脈はフランスとスペインの国境，メコン川はタイとラオスの国境となっている。
- ▶海洋が国境…日本のような**島国**は海洋上の国境で隣国と接する。
- ▶アメリカ合衆国とカナダの国境やアフリカ諸国の国境…緯線や経線に沿って引かれた人為的国境も少なからずある。
- ▶国境に関する問題…国境を接する国どうして政治的な緊張が増すと，国境の一部が建造物で閉鎖されることも起こる。

国家の領域

①現代世界の構成単位…国家を単位としている。

②国家を構成する三つの要素…**主権・領域[*2]・国民**の三要素で成立している。

- ▶主権とは…他国からの干渉を受けることなく，国家を統治する権力のことである。
  - ・各国の法律…その国の主権に基づいて定められている。
- ▶領域とは…国家の主権が及ぶ陸（＝領土）・海（＝領海）・空（＝領空）の範囲。
- ▶国民とは…領域に所属している人たちである。
- ▶領海の範囲…**国連海洋法条約**で，自国の海岸から12海里までと定められている。
  ⇒日本を含む多数の国がこの条約に従っている。
- ▶領海の外…**接続水域**と，接続水域を含む**排他的経済水域(EEZ)**→その外側は公海。
  - ・排他的経済水域で沿岸国に認められているもの…独占的な資源の利用・管理。

深める　排他的経済水域を生かす太平洋の島国

①太平洋の赤道付近の水産資源…世界的な かつお や まぐろ の好漁場→日本もツナ（まぐろ）の缶詰や かつおぶし の原料をこの水域に依存。

②2012年以降のキリバスやソロモン諸島などの太平洋の島国と排他的経済水域

- ▶太平洋の島国が，排他的経済水域で漁をする外国船に高い入漁料を課している。
  - ・背景…これらの島国は，資源が乏しく，目立った産業がないためである。
  - ・増える入漁料の収入は，各国の財政の柱となっている→日本のツナの缶詰の値上がりなどの心配が起きている。

- 環境保全の観点からの期待…高い入漁料を課すことで，漁を行う船が少なくなり，水産資源保護の可能性が高くなる。

国家と主権
①主権をもつ国とは…他国からの干渉を受けずに政治を行うことができる国で，これを**独立国**という。
②植民地と宗主国…主権をもたない非独立地域を**植民地**といい，その植民地を領有・支配している国を**宗主国**(=非独立地域を領有・支配する本国)という。
- ▶第二次世界大戦終結までの植民地…アジアやアフリカ，オセアニアに多数の植民地が存在。
- ▶戦後は独立や返還が相次ぐ。
  - 1960年のアフリカの状況…この年に17か国が独立→**アフリカの年**[*3]とよばれた。
  - 1970~80年代にオセアニアの多くの島国が独立→今も旧宗主国のイギリスやアメリカ合衆国などとの結び付きが強い→経済的な支援を受けている国も多い。
  - 1997年にイギリスから中国に返還されたホンコン(香港)…返還後は中国本土と異なる制度の自治が認められているが，中国政府の影響が強まっている。

2 日本の位置や領域
日本の位置と領域
①日本の位置…**ユーラシア大陸**の東の海上に位置し，大小多数の島々からなる島国。
②日本の領土面積…領土面積は約38万km²(世界第61位(2019年))→領海と排他的経済水域の合計は約447万km²(世界第6位)となる。
- ▶日本の領海と排他的経済水域が広い理由…数多くの島々が広範囲に存在するため。
- ▶日本の排他的経済水域の様子…豊かな水産資源に恵まれ，**大陸棚**にはいろいろな海底資源の存在が確認・予測されている。

深める　大陸棚の開発
①大陸棚の定義…かつては水深200mまでの海底とされた→現在は水深130m程度までの比較的平坦な海底とされている。
⇒国連海洋法条約での大陸棚の規定…水深に関わらず海岸から200海里までの海底→一定の条件を満たすと，200海里を超える延長大陸棚を認めている。
②大陸棚の海底資源…石油や天然ガス，メタンハイドレートなどの資源が豊富に存在。

🐙 用語解説
- *1　**国境**…国家と国家との政治的境界のこと。
- *2　**領域**…国家の主権が及ぶ範囲で，領土・領海・領空の三つの要素からなる。領土は国家に属する陸地部分をいう。領海は，海岸に沿って一定の幅をもつ帯状の海域で，海岸から12海里(約22km)とされている。領空は，領土と領海の外側の限界において地表上に垂直に立てた線によって囲まれた空域部分である。しかし，その上限(宇宙空間との境界)は国際法上未確定。
- *3　**アフリカの年**…戦後のアフリカの激しい独立運動がピークとなった1960年のこと。カメルーン・コートジボワール・ナイジェリアなど17か国が独立した。

領土をめぐる問題

①現在の日本の領土の範囲が決定された条約…第二次世界大戦後の1951年に連合国側と日本が結んだ**サンフランシスコ平和条約**(→この条約により日本の主権が回復し，竹島などを含めた日本の領土が確定した)により，領土が定められた→領有をめぐって，隣国との間で問題が起きている地域もある。

②日本と隣国との間で領有をめぐり起こっている問題

- ▶日本固有の領土である**北方領土**とは…北海道北東部にある歯舞群島，色丹島，国後島，択捉島が北方領土とよばれている。
  - 北海道に所属している。
  - 1945年に，日本との条約を無視して，一方的に侵攻してきたソ連(＝1922~91年まで存在していた。現在のロシアとその周辺の国々で構成されていた**社会主義国家**)が不法に占拠したことで問題が発生。
  - 北方領土の現在…ロシアが不法に占拠した状態→日本はロシアに北方領土の返還を要求して，交渉を継続している。
- ▶島根県に所属する日本固有の領土である**竹島**。
  - 17世紀ごろから米子や隠岐の漁民が漁を行い，魚介類やアシカなどを捕獲し，生計を立てていた→1905年に，竹島の帰属を内外に宣言，**国際法**(＝国家間の合意に基づいて国家間の関係を規律する法)にのっとり島根県に編入。
  - 1952年以降，韓国が竹島を不法に占拠→日本は国際司法裁判所での話し合いを要求→韓国がその要求に応じようとしていない。
- ▶1895年に沖縄県に編入された日本固有の領土である**尖閣諸島**→尖閣諸島をめぐって解決しなければならない領土権問題は存在しないというのが，日本政府の基本的立場。
  - 編入後…羽毛の採集やかつおぶし製造などが行われ，200人以上が居住していた。
  - 1960年代に周辺海域で石油資源があることが確認→1970年代に中国などが領有権を主張しだした→2012年に日本は尖閣諸島を国有地化し，その監視を強化している。

2節　グローバル化する世界 ➡ 教 p.32~42

1 国家間の結び付き

国際関係と紛争

①多様な国々が共存するための しくみ…さまざまな国家がある地球上で共存していくために，国家どうしによる条約や同盟を締結している→政治的，経済的に協力し合ってきた。

②国際関係がうまくいかなかった場合…国際紛争が起き，戦争へ発展することもある。

- ▶第二次世界大戦後の**冷戦**の時代…アメリカ合衆国とソ連の二つの軍事大国の力が拮抗→アメリカ合衆国とソ連の両国が支援する国や民族が衝突→朝鮮戦争やベトナム戦争などが起きた。
- ▶冷戦の終結後の世界…アメリカ合衆国とソ連の軍事バランスが崩壊した→世界各地で民族間の対立などが表面化していった→地域的な紛争がよく起こるようになった。

国連が果たす役割

①国際関係と国連のもつ意味…国どうしの関係の複雑化→**国際連合（国連）**[*1]の果たす役割が重要化。

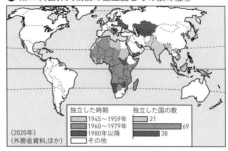

◆ 第二次世界大戦後の独立国とその数の推移

独立した時期	独立した国の数
1945〜1959年	21
1960〜1979年	69
1980年以降	38
その他	

(2020年)
(外務省資料, ほか)

- ▶国連の加盟数の変化…1945年の発足当初は51か国が加盟していた→その後，独立国が増えたことにより，2020年現在では193か国が加盟している。

②さまざまな分野に及ぶ国連の活動
- ▶国際平和の維持や社会問題の解決，人道支援などである。
- ▶世界各地で起こっている国境をめぐる紛争や民族間の紛争など←国連はこれらの紛争の解決を図るための国際的な組織として，重要性を増している。
- ▶環境問題のような地球的な課題の解決や，**持続可能な開発目標（SDGs）**[*2]に向けた取り組みなども行っている。

経済のグローバル化と地域ごとの結び付き

①経済のグローバル化と地域ごとの経済的な結び付き…経済のグローバル化の進展→現在，いろいろな活動が地球規模で行われている→地域ごとの経済的な結び付きの重要性が増している。

②地域ごとの経済的な結び付き
- ▶比較的規模の小さい国が多数あるヨーロッパにおける**ヨーロッパ連合（EU）**…その加盟国数は27か国（2020年現在）。
  - ⇒経済規模の指標となる国内総生産（GDP）では，アメリカ合衆国とほぼ同じぐらいの規模になっている。
- ▶1960年代当初，5か国で結成された**東南アジア諸国連合（ASEAN）**…1990年代末には10か国に拡大。
  - ・2018年に，加盟国の全域で関税を撤廃した。
  - ・ASEANに加盟しているほとんどの国が発展途上国…GDPや貿易額はEUの2分の1にも満たない。
  - ・ASEANの市場としての可能性…総人口は，EUやアメリカ合衆国を超える大きさである→これから大きく成長する市場として，世界は注目している。

🦉 用語解説

*1 **国際連合（国連）**…1945年，国際連合憲章が採択されたことにより誕生。国連の最大の目的は，戦争や紛争を防ぎ，世界の平和と安全を維持すること。主要機関には，総会，安全保障理事会，経済社会理事会などさまざまな機関が置かれている。

*2 **持続可能な開発目標（SDGs）**…発展途上国の開発を目標としているのではなく，持続可能な生産と消費，気候変動対策など，すべての国が取り組むべき開発目標としている。

▶ほかの地域経済圏…北アメリカでは**米国・メキシコ・カナダ協定**(USMCA)[*1]，南アメリカでは，**南米南部共同市場**(MERCOSUR)，環太平洋地域では**アジア太平洋経済協力**(APEC)などが結成されている。

⇒それぞれの地域でつくられた経済圏では，貿易の自由化などにより経済活動が活発に行われている。

2 貿易によって結び付く世界

暮らしと貿易

①私たちの経済や暮らしを支える貿易…今や外国から輸入した商品やサービスがないと，経済や暮らしは立ちゆかない。

②日本の場合

▶工業製品を輸出→工業製品の原料や燃料の多くを外国からの輸入に依存している。

▶小麦や大豆などの多くの農産物を輸入←国内生産ではコストが高くなるため。

▶外国企業から提供される金融や娯楽などのサービスの利用機会が増えた←交通網や通信網の発達による。

⇒目に見える商品だけでなく，サービスを輸入する**サービス貿易**[*2]の割合も拡大へ。

貿易の変化と国際分業の成立

①先進国と発展途上国の貿易

▶かつて…**先進国**(=工業化が進み経済が発展している国)が工業製品を輸出，**発展途上国**(=経済発展の水準が低く，経済成長が途上にある国)が食料品と原燃料を輸出→この関係を**垂直分業**とよぶ。

▶1980年代からの貿易の様子

●中国やタイなどの**新興国**(=発展途上国のなかで工業化などが進展し，経済成長が顕著な国)が工業製品の生産・輸出国となって，力をつけてきた。

⇒先進国の多国籍企業が労働力の豊富なアジア諸国に工場を移転したことによる。

●先進国と発展途上国の貿易の様子…互いに工業製品を輸出し合う**水平分業**に移行。

②先進国と発展途上国との生産される工業製品の違い

▶日本や韓国などでは高度な技術を用いた自動車や半導体などを生産している。

▶バングラデシュやミャンマーでは，多くの労働力を必要とする衣料品や雑貨などを生産している。

⇒それぞれの国が互いの強みを生かした工業製品を生産・輸出する**国際分業**[*3]が成り立っている。

自由化する世界の貿易

①世界の貿易の変化…世界の貿易額は，1970年代から現在に至る間に，右のグラフで示したように大幅に増加→これは貿易の自由化によることが大きい。

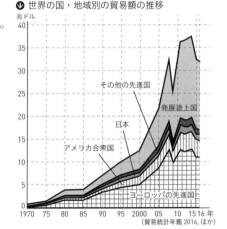

◐ 世界の国・地域別の貿易額の推移
(貿易統計年鑑 2016, ほか)

②20世紀前半の欧米諸国の貿易の様子…国内の産業を振興させるため，**保護貿易**（＝自国の産業を保護・発展させるため，輸入品の関税を高くしたり，数量を制限することで，輸入品が増えることを防ぐ貿易）を行った→国際的な対立が深刻化→これが元で第二次世界大戦が引き起こされた。

③第二次世界大戦後の保護貿易への反省

- ▶戦後，世界各国は**関税と貿易に関する一般協定**（GATT）を結ぶ→輸入制限の撤廃と関税の引き下げを行った。
- ▶1995年に，**世界貿易機関**（WTO）[*4]が誕生→GATTの役割を引き継ぐとともに，より一層の貿易の自由化を進めている。

④WTOの弱点とそれを克服する新しい取り組み

- ▶WTOの弱点…多数の国家が加盟しているWTOは各国の利害が一致しにくい→貿易の自由化に関するいろいろな交渉がまとまりにくい。
- ▶二国間で結ばれる**自由貿易協定**（FTA）…関税を撤廃したり，規制を緩和したりする→両国間の貿易を盛んにする試みである。
- ▶幅広い分野での連携を強化するための**経済連携協定**（EPA）…人の移動や投資，特許権・著作権・商標権などといった**知的財産権**の保護などをこの協定で行っている。
- ▶日本も参加している**TPP11協定**…この協定では環太平洋地域の国々で，大規模な自由貿易圏をつくることをねらいとしている。
  - この協定の協議からアメリカ合衆国が離脱した理由…先進国にとって自由貿易による利益が減少したため→再び保護貿易に転換する動きもみられる。

🦉 用語解説

*1　**米国・メキシコ・カナダ協定**（USMCA）…2018年に，従来の北米自由貿易協定（NAFTA）を抜本的に見直したもので，アメリカ，メキシコ，カナダ3か国間の新貿易協定である。USMCAは, United States-Mexico-Canada Agreementの略称。

*2　**サービス貿易**…一般に国と国との間の商業取引をいう。ふつうは商品の輸出入からなるが，国境を超えた国家間の運輸・情報通信・金融・旅行・建設・コンサルティングなどのサービス業の取り引きのことである。

*3　**国際分業**…各国がもっている生産の適性を生かし，最も合致した商品の生産に専門化すること（国際的特化という）。この国際分業の結果として，商品の国際貿易が生じる。

*4　**世界貿易機関**（WTO）…GATTの多角的交渉として1994年でのウルグアイ・ラウンドで合意された。その後，各国の批准を経て1995年1月に発足した貿易に関する国際機関である。WTO体制の主な目的は，一点目は商品の貿易ルールだけでなく，サービス貿易，知的財産権などの広範囲な分野における国際的ルールの確立である。二点目は，農業分野における関税化や輸出のための補助金の削減などによる自由化の促進である。三点目は，貿易国間の紛争解決手続きの大幅な強化などがある。また，アンチ・ダンピング協定においても，その国家の自分勝手な運用を避ける方向性を打ち出した。WTOは, World Trade Organizationの略称。

世界の中の日本　経済連携協定（EPA）によって変わる日本

①第二次世界大戦後の日本の輸出への考え方…GATTやWTOのしくみ を支持←輸出の拡大を図るため。

▶GATTやWTOのしくみ…特定の相手国を特別に扱うことを原則として認めていない→日本はFTA[*1]などの貿易協定を結ぶことを避けていた。

▶EPA[*2]のしくみ…人の移動や投資，知的財産権（＝人の知的創造活動などで生じた成果を財産として保護される権利）の保護を含めた幅広い分野での連携を目指すもの。
⇒日本も多くの国や地域とEPAを結ぶようになった。

②EPAが目指しているもの

▶当事国間での人の移動を促進することも目指している。

▶関税の撤廃なども含まれている→農業分野では，農業国から値段が安い農産物が流入→国内の農業が打撃を受けることを不安視する考えもある。

③ さまざまな交通網の発達

世界を結ぶ航空交通

①交通機関の高速化…高速化により，人が移動することが可能な範囲を拡大→社会や経済の様子が変わってきた。

②航空交通の発達による変化

▶航空交通…地形や海洋の影響を受けず，地球上の各地域を最短距離で結ぶことができる交通機関。

▶航空交通の発達…時間距離[*3]を飛躍的に縮小させた→時間距離とは，絶対距離ではなく，移動にかかる時間を示した距離のこと。

▶航空交通の長所と短所…長所は短時間で輸送できること。短所は輸送費用が高くなること。

• 貨物として輸送されるもの…電子部品や精密機械などの比較的軽量で単価の高い工業製品や，鮮度が重要な食料品や花卉などが中心。

• 空港周辺での産業立地…半導体などの電子部品を生産する工業団地や流通センターが数多く立地→産業の立地にも影響が出ている。

▶重要性が高まっているハブ空港…航空交通網の中心であるハブ空港は，旅客と貨物が集中することで，巨大な経済効果が生じる→ハブ空港をめぐる地域内での主導権争いも激化している。

深める　アジアのハブ空港

①ハブ空港とは…世界各地から航空路線が集まり，乗客や貨物を目的地に中継する機能をもった拠点空港のこと。

⇒自転車の車輪のタイヤから軸（ハブ）に向かってスポークが集まるようになっていることから，ハブ空港とよばれるようになった。

②アジアのハブ空港の一つである韓国のインチョン国際空港

▶4000m級の滑走路が複数あり，24時間の離着陸が可能である。

▶日本の空港より，空港利用料が安い。

近年，アジアのハブ空港の一つとして地位を高めている。

貿易を支える船舶（せんぱく）

①船舶による輸送の短所・長所
- ▶船舶による輸送の短所…速度面で，ほかの交通機関に劣（おと）る。
- ▶船舶による輸送の長所…安く大量に運
  ぶことができる。
  ⇒船舶は，貨物輸送で現在においても
  重要な交通機関である。

②貨物を運ぶさまざまな船舶…一般的（いっぱんてき）な商品を運ぶコンテナ船，原油などの液体を運ぶタンカー，鉱産資源や穀物を運ぶばら積み貨物船などがある。
  ⇒海上交通[*4]は，世界的な貿易の発展を支えている。

↓ ヨーロッパの内陸水路交通

(Dierce Weltatlas,2008,ほか)

凡例：
- 船舶が航行可能な河川
- 船舶が航行可能な運河
- その他の河川
- 主な港

③ヨーロッパ内陸部での船舶による輸送
- ▶国際河川（かせん）（＝いくつかの国の領域や国境を流れ，船の自由な航行が可能なように沿岸国間で条約が締結（ていけつ）された河川）であるライン川，ドナウ川などや，それらの河川を結ぶ運河がヨーロッパでは発達している（上の地図を参照）。
- ▶これらの河川や運河を使用し，内陸部でも船舶による輸送が行われている。

陸上交通の発達と都市の拡大

①陸上交通の果たす役割
- ▶陸上交通…鉄道や自動車など→比較的近い距離を頻繁（ひんぱん）に結ぶ役割を果たしている。

👹 用語解説

- *1　**FTA**…自由貿易協定。二国間または地域間（多国間）で交わした協定により，物とサービスの貿易の自由化を進め，関税などさまざまな壁（かべ）をなくすことで，市場を統合し，経済成長を高めることを目指している。FTAは，Free Trade Agreementの略称である。

- *2　**EPA**…経済連携協定。外国との貿易の自由化だけでなく，経済関係全般（ぜんぱん）にわたり連携を強化することを目的としたものである。財・サービス貿易の自由化，資本や人の移動，知的財産権の保護や競争政策におけるルールづくりなど国際取引を円滑（えんかつ）に行い，経済活動の一体化のための取り組みも行っている。EPAは，Economic Partnership Agreementの略称である。

- *3　**時間距離**…ある2点間のへだたりを人や物が移動するのに要する時間によって表す指標であり，kmで測る物理的距離に代わり，交通機関ではしばしば使用されている。

- *4　**海上交通**…交通路によって，沿岸，近海，大陸間の三つの航路に大きく分けられる。現在は，大陸間航路が主流であり，大陸間航路には北大西洋航路（ヨーロッパ－北アメリカ），北太平洋航路（北アメリカ－東アジア），アジア・ヨーロッパ航路（ヨーロッパ－東アジア，オーストラリア）などがある。

▶陸上交通は，航空交通に比べて輸送量が格段に多い。

▶産業革命以降…各国では高密度な鉄道網が整備→経済発展の基盤(きばん)へ。

▶現在の日本の鉄道網の様子…電車や新幹線を中心に，鉄道が旅客(りょかく)輸送の重要な手段である。

②陸上交通の主役は自動車…20世紀半ばから，鉄道に代わり自動車が陸上交通の主役となる車社会化(モータリゼーション)[*1]の進展。

▶自動車の普及(ふきゅう)により，都市はそれまでは鉄道路線沿いに形成されていたが，面的に広がっていった。

▶アメリカ合衆国は，特に道路網が発達している→自家用車の普及により，商業施設(しせつ)などが郊外(こうがい)へと進出している。

4 世界を結ぶ通信網の発達

通信技術の発達と一体化する世界

①通信技術の発達と通信網の整備…現代では，世界中で瞬時(しゅんじ)に情報交換(こうかん)を行うことが可能である。

⇒世界各地に中継(ちゅうけい)されるワールドカップなどのイベントも，行われている現地とほぼ同時に観戦することができる。

②データ通信には…高速かつ大容量の通信が可能である光ファイバーを使った大陸間の海底ケーブル[*2]を利用。

▶国際的な通信網の利用…インターネットで海外のウェブサイトを見る場合や電子メールを送る場合など。

▶新規の海底ケーブルの敷設(ふせつ)へ…国際的な通信量の急増や通信の高速化に対応するためである。

情報通信技術で変化する生活行動

①情報通信技術(ICT)の進化…インターネットなどの情報通信技術(ICT)[*3]の進化→人々の生活行動が変化しつつある。

▶電子商取引[*4]…インターネットを利用して商品(しょうひん)購入やチケット予約などができるこの取引が飛躍的(ひやくてき)に増加している。

▶電子商取引の増加による影響(えいきょう)…消費行動が変化したため，対面販売(はんばい)を行う実店舗にも影響が出ている。

▶電子商取引から得られる利点(りてん)…電子マネーやポイントカードが普及(ふきゅう)→これを背景に，消費者に関する膨大(ぼうだい)な情報(ビッグデータ)を入手することができる。

⇒企業(きぎょう)の販売戦略などに影響を及(およ)ぼしている。

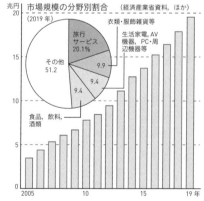

🌐 消費者向け電子商取引の市場規模

②情報通信技術によって可能になること…離(はな)れた場所の人どうしで会議やデータのやり取(と)りをする→自宅や遠隔地(えんかくち)での勤務が可能となっている。

▶山間部や離島の診療所における変化…高度な医療を受けることが困難な地域→近隣にある都市の病院と高速通信回線でつなぐ→専門医の診療が受けられる しくみ が整備されるようになった。

情報通信技術が生み出す地域差

①国や地域によって異なる情報通信技術がもたらす恩恵や影響
- ▶先進国…インターネットや携帯電話が広く普及している。
- ▶発展途上国の状況。
  - ●情報通信インフラの整備や情報機器の普及が一般的に遅れている。
  - ●同じ国内でも異なる状況…大都市と地方，富裕層と貧困層では，得られる情報や利用できる技術が異なっている。
- ▶**情報格差（デジタルデバイド）**[*5]…情報通信技術を利用できる人と利用できない人で，機会や収入などに格差が発生すること。

②情報通信技術が生み出す新たな格差…利用しにくい地域や階層が取り残され，社会的な格差が広がる→今後の課題は，格差が固定化されないようにすること。

用語解説

*1 **車社会化（モータリゼーション）**…自動車が普及し，自動車交通の発達した社会を意味する。日本のモータリゼーションの開花は1960年代後半になってからである。その要因としては，国民所得の上昇，高速道路の整備などが挙げられる。

*2 **海底ケーブル**…海底に敷設するためにつくられた通信用または電力用のケーブルをいう。電力用ケーブルはわずかであり，大部分が通信用である。海底ケーブルは，海底における高い水圧や海水による腐食から保護するため，一般に陸上ケーブルと異なる材料，構造が用いられている。1970年代からは損失が少ない光ファイバーによるケーブルが主体となった。なお，世界で最初の通信用海底ケーブルは，1850年にドーバー海峡に敷設されたものである。

*3 **情報通信技術（ICT）**…サーバーやインターネットなどの技術だけでなく，ビッグデータ，ソーシャルメディア（インターネットの技術を利用して，個人が情報を発信することで形成されるいろいろな情報交流サービスの総称）などのサービスやビジネスについてもその範囲に含めることが多い。ICTは，Information and Communication Technologyの略称である。

*4 **電子商取引**…インターネットを使用して商品やサービスの売買をしたり，契約をしたりすること。電子商取引で扱われる商品は物だけではなく，コンサートや航空券などのチケット予約，いろいろな有価証券，保険商品など，そして音楽，小説，漫画，動画などのデジタルコンテンツも取り引きされている。

*5 **情報格差（デジタルデバイド）**…コンピュータやインターネットを使いこなせる人と使いこなせない人の間に生じる格差のこと。また，情報格差は国内の問題だけにとどまらず，先進国と発展途上国の間の問題にもなっている。情報環境が整備されていない国々では，市場競争でおくれをとる「南北の格差」をさらに拡大する恐れも発生している。

5 観光のグローバル化

観光のグローバル化

①観光目的による人の動きのグローバル化

- ▶活発化する観光目的による人々のグローバルな移動←生活水準の向上と余暇時間の増加による。
- ▶観光目的の移動が特に活発化している国や地域。
  - 距離的に近く経済的に結び付きが強い地域。◀──────────────
  - 経済的にゆとりのある先進国間。◀──────────────
    日本・中国・韓国，アメリカ合衆国・カナダ・メキシコ，──
    ヨーロッパの国どうし。

②世界各国の国際観光収入・観光支出

- ▶観光収入の多い国…アメリカ合衆国のほか，観光産業が盛んなヨーロッパなどの国々。
- ▶観光支出に反映するもの…働き方や生活文化の違い。
  - 観光支出の多い傾向にある国…労働時間が少なく，夏に長期の休暇をとる**バカンス**[*1]の習慣があるヨーロッパの国々。
- ▶日本の国際観光の様子の移り変わりと国際観光収支。
  - 1964年に海外旅行が自由化→生活水準が上がり，世界各国を訪問する旅行者が増えた(右のグラフを参照)。
    ⇒日本の国際観光収支…長らく観光支出が観光収入を大きく上回っていた。
  - 2010年代の現状…アジアの近隣諸国を中心に，日本を訪れる外国人旅行者が急増→観光収入も増加→日本にとって，観光産業は重要な産業の一つとなっている。

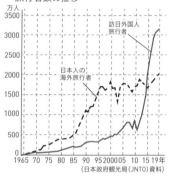

日本人の海外旅行者数及び訪日外国人旅行者数の推移

(日本政府観光局(JNTO)資料)

TRY 答え・解説　　　　　　　　　　　　　統計資料の活用　教 p.42

1 答(例)アジアからの人々が多い。

解説グラフから，1位東アジアの中国，2位東アジアの(台湾)，3位東アジアの韓国，4位東アジアの(ホンコン)，5位東南アジアのタイ，6位東南アジアのシンガポール，7位東南アジアのマレーシア，8位オセアニアのオーストラリアである。このことから多く訪日しているのはアジアの人々であると分かる。

2 答夏と冬

解説12月～2月の期間は，75万人以上が北海道を訪れている。また，6月～8月の期間には49万人以上～68万人近くが訪れている。これらをグラフから読み取る。

3 答(例)夏季は北海道の涼しい気候を楽しむために，冬季はスキーやスノーボード，雪まつりなどの雪を利用したスポーツやイベントなどを楽しむために訪れている。

解説北海道は亜寒帯気候なので，夏でも冷涼である。また，冬に降る雪はパウダースノーとよばれ，観光客はスキーやスノーボードなどを楽しんでいる。

世界の中の日本　増加する東南アジアから日本への旅行者

①経済成長の著しい東南アジア諸国の社会環境

- ▶東南アジア諸国は著しく経済成長が進んでいる→余暇にお金を使う人が増加。
- ▶日本と東南アジアを結ぶ格安航空会社(LCC)の便数が増加。
- ▶2013年以降，日本政府により，東南アジア諸国の短期観光ビザが免除。
  - →上の理由により，東南アジアの国々からの日本への旅行者が急激に増えている。

②ムスリムへの日本の対応

- ▶日本を訪れるインドネシアやマレーシアの旅行客…多くはムスリム*2である。
- ▶ムスリムへの対応…主要な国際空港でのイスラームの礼拝堂の整備や，各地の観光案内所でのハラールフード*3を提供する飲食店の案内の実施。

多様化する観光

①盛んな観光業

- ▶美しい自然景観や歴史的な文化財などをめぐる観光→ユネスコが登録して保護・保存を進めている世界遺産など。
- ▶バカンスのように避寒地や避暑地を訪れる観光など。

②多様化する新しい観光のスタイル

- ▶グリーンツーリズム…都市の住民が豊かな自然に親しむことを目的とした観光形態。
- ▶エコツーリズム…自然環境や歴史・文化を体験しながら学ぶ観光形態。
  - ●(例)貴重な動植物が生息する熱帯林が豊富なコスタリカは環境保護を行っている。
    - ⇒コスタリカでのエコツーリズムの展開…環境保護に取り組むとともに，環境に関する知識を備えたガイドを育成など→環境保全と観光振興の両立を目指す。

SKILL ❾　統計資料の活用

統計データの見方と分析

①統計データのグラフ化…統計データをグラフに加工することで，統計データがもつ意味を視覚化することができる。

- ▶データの最大値と最小値，変化の大きな部分などに着目→データ全体のおおまかな特徴や傾向をつかむ。
- ▶示したい特徴や傾向に合わせたグラフの種類を選択する→棒グラフは数値の大小の比較に，折れ線グラフなどは数値の変化を表すときに用いられる。

👾 用語解説

- ＊1　バカンス…連続した休暇のこと。また，その連続した休暇を利用した保養や行楽。
- ＊2　ムスリム…イスラム教徒を意味するアラビア語で，「(神に)絶対的に服従する者」を意味している。
- ＊3　ハラールフード…ハラールとは，「由緒正しい」，「法にのっとった」を意味している。ムスリムは豚肉を食べることを禁じられている。そのほかの肉もイスラーム式に正しく屠殺されたものでなければ食べないが，そのときにはアッラーに祈りを捧げる。訪日外国人が増加するにしたがい，日本でもこうして処理された「ハラール肉」や香辛料などのハラールフードを売る店が増えてきている。

演習問題❷

1 次の文中の①〜⑧にあてはまる語句を答えよ。

　　現代の世界は国家単位で構成されている。国家は(①　　　　　　　　　)・領域・国民
の三要素から成っている。(①)とは，ほかの国家からの干渉を受けることなく，国
家を統治する権力である。領域は(①)が及ぶ陸・海・空の範囲であり，おのおのは
領土・(②　　　　　　　　　)・領空とよばれている。(②)は(③　　　　　　　　　)条約
で海岸から12海里までの範囲とされている。(②)の外側には(④　　　　　　　　　)と，
(④)を含む(⑤　　　　　　　　　)がある。この(⑤)では，沿岸国に独占的な資源の
利用と管理を認められている。

　　ほかの国家から干渉されずに政治を行うことができる国家を(⑥　　　　　　　　　)と
いう。これとは逆に，(①)をもたない非独立地域を(⑦　　　　　　　　　)という。そ
の非独立地域を領有・支配する本国を(⑧　　　　　　　　　)という。

2 次の問いに答えよ。

(1)　この海底は，かつては水深200mまでといわれていた。しかし，近年の新研究成
果などから，水深130m程度の比較的平らな海底を指すようになった。このような
海底を何というか。　　　　　　　　　　　　　　　　　(　　　　　　　　　)

(2)　現在の日本の領土は，1951年に締結されたあ
る条約によって定められている。この条約を何
というか。　　　　　　(　　　　　　　　　)

水晶島

貝殻島

納沙布岬(根室市)

(3)　右の写真を見て，問いに答えよ。
①　写真中にある水晶島や貝殻島が含まれてい
る群島を何というか。　　(　　　　　　　　　)
②　北海道の北東部にある①を含む島々は，現在もロシアによって不法に占拠され
ている。この日本の領土を何というか。　　　　　　(　　　　　　　　　)
③　この②の中には，日本の北端の島がある。この島を何というか。
　　　　　　　　　　　　　　　　　　　　　　　　(　　　　　　　　　)

3 次の問いに答えよ。

(1)　1945年に発足した国際機構で，現在の活動は国際平和の維持や社会問題の解決，
人道支援など多岐にわたっている。この機構を何というか。　　(　　　　　　　　　)

(2)　ヨーロッパで，2021年現在，27か国が加盟しているヨーロッパ連合の略称を，下
の選択肢から選び記号で答えよ。　　　　　　　　　　　　　(　　　　　　　　　)

　　ア　EU　　イ　APEC　　ウ　MERCOSUR　　エ　USMCA

(3)　1960年代初めに東南アジア5か国で結成され，現在は10か国まで拡大された地域
協力機構がある。この機構では，2018年にその全域での関税を撤廃した。この機構
を何というか。　　　　　　　　　　　　　　　　　　　　　(　　　　　　　　　)

4 次の問いに答えよ。

(1) かつての先進国と発展途上国との貿易では，先進国が工業製品を輸出し，発展途上国が食料品と原燃料を輸出していた。この関係を何とよぶか。（　　　　　）

(2) (1)の関係は変化し，現在は先進国と発展途上国の貿易の関係は互いに工業製品を輸出している。この関係を何とよぶか。　　　　　　　　（　　　　　）

(3) ①～④の貿易に関する『　』の箇所の略称を，下の選択肢から選び記号で答えよ。

① 輸入制限の撤廃と関税の引き下げを図るために，世界各国で『関税と貿易に関する一般協定』を結んだ。　　　　　　　　　　　　　　（　　　）

② ①の役割を引き継ぎ，より一層貿易の自由化を進めるため，1995年に『世界貿易機関』を設立した。　　　　　　　　　　　　　　　　（　　　）

③ 関税の撤廃をしたり規制緩和をしたりするために，二国間で『自由貿易協定』を結んだ。　　　　　　　　　　　　　　　　　　　　　　（　　　）

④ 人の移動や投資，知的財産権の保護などの幅広い分野での連携を強めるため，貿易の新しいしくみづくりである『経済連携協定』が進められている。（　　　）

> ア FTA　イ EPA　ウ GATT　エ WTO

5 次の問いに答えよ。

(1) 地球上の各地を最短距離で結ぶ航空交通は，どのような距離を急速に縮小したのか。
（　　　　　　　　　）

(2) 右のグラフ中のA～Eにあてはまる輸送機関を，下の選択肢から選び記号で答えよ。

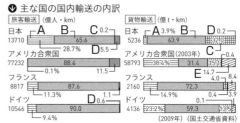

❤ 主な国の国内輸送の内訳
(2009年) (国土交通省資料)

> ア 航空　イ 自動車　ウ 船舶　エ 鉄道　オ パイプライン

A（　　　）B（　　　）C（　　　）D（　　　）E（　　　）

6 次の問いに答えよ。

(1) 高速・大容量の通信が可能な光ファイバーを用いて海底に敷設されデータ通信に使用されているものは何か。　　　　　　　　　（　　　　　　）

(2) 電子商取引は，電子マネーやポイントカードの普及により，膨大な情報を入手することができる利点がある。この膨大な情報のことを何というか。
（　　　　　　）

(3) 情報通信技術を利用できる人と利用できない人で機会や収入などに差が生じることを何というか。カタカナで答えよ。　　　　　（　　　　　　）

(4) 持続可能な環境保全への理解を深めるため，自然環境や歴史・文化を体験しながら学ぶ観光を何というか。　　　　　　　　　（　　　　　　）

[解答→p.172]

第2部 国際理解と国際協力

第1章 生活文化の多様性と国際理解 　教科書 **p.43~144**

序説　生活文化の多様性 → 教 p.44~45

1 生活文化を考察する方法

生活文化を考察する方法

①世界の多様な地理的環境…**自然環境**(地形や気候など)や**社会環境**(言語・宗教や歴史的背景，産業の営みなど)がある。

▶ 世界各地の生活文化の誕生…自然環境や社会環境から影響を受けて多様な形で誕生。

▶ これらの環境に影響を与えながら変化してきている。

● (例)アメリカ合衆国ホノルルには温暖な気候や美しい景観を生かした観光産業に携わる人が多い→世界各地域から観光客が訪れるため。

● フラなどのダンス…伝統芸能であり，これを観光資源の一つとしている。

②世界各地の生活文化について考察をするときには

▶ **地理的な見方・考え方**(=「位置や分布」，「場所」，「人間と自然の関わり」，「他地域との結び付き」，「地域の特徴」などの視点でみること)を働かせ，自然環境や社会環境に着目する→大切なことは，生活文化を育んできた背景を理解すること。

❤ 地理的な見方や考え方を働かせた問いの例

地理的な 見方・考え方	問いの例
位置や分布	・どこにあるのか。 ・どのような範囲に広がっているのか。
場所	・どのような場所なのか。
人間と自然の 関わり	・人々の生活は，周囲の自然環境とどのように関わり合っているのか。
他地域との 結び付き	・他地域とどのように結び付いているのか。
地域の特徴	・他地域と比較して，どのような特徴があるのか。

▶ 日本との共通点や相違点に着目→重要なことは，異なる習慣や価値観をもっている人たちと共生していくことの意義や必要性を考えること。

深める　日本との共通点や相違点に着目すると…

①世界の生活文化を学習するときには…日本の生活文化と似ている点(共通点)と異なる点(相違点)に着目しながら，資料を活用することが大切。

②写真などの資料から気づいた点に着目して次に行うことは…食文化や服装がなぜこのようになっているのかというような考え方を働かせる→私たち日本人との生活文化とは違う地域への理解を深められるようになる。

国際理解の重要性

①グローバル化の進展と摩擦・衝突

▶ **グローバル化の進展は人々の交流を活発化し広域化する**→異なる習慣や価値観をもつ民族間で，相互理解が足りないことにより摩擦や衝突が発生することがある。

▶ そもそも異なるいろいろな文化を取り入れて発展してきたのが私たちの社会である→多様な文化の存在は新しい文化を創造する原動力にもなる。

②異文化間の摩擦・衝突を回避し，人類の創造的な発展を維持するための方策…自国と他国の文化を相互に尊重し，**国際理解**を図っていくことの重要性が増している。

1節　世界の地形と人々の生活 ➡ 教 p.46〜59

1　大地形と人々の生活

生活の舞台となる地形

①人々の生活と地形…人々が営む生活は，土地の高低や起伏といった地形と関わり合いながら成り立っている→例えば，鉄道の線路がいろいろな地形に対応して敷設されている点からも理解できる。

②人々の生活舞台となっている陸地

❷ 地球表面の高度分布

(理科年表 2021, ほか)

- ▶陸地が占める割合…地球の表面の**3割**を占めており，海洋が**7割**である。
- ▶陸地での人々の生活の場…陸地の大部分は高度1000m以下である→そこで世界の人々のほとんどが生活を営んでいる。
- ▶大陸における平野と山脈の分布と産業。
  - 広大な平野は一般的に大陸内陸部に広がり，巨大な山脈は大陸の縁辺部に分布する傾向がある。
  - 起伏があまりない平野…開発を行うとき，地形的な制約が少ない→こうした平野に，大都市や農業地帯の多くが立地している。

地形をつくる力

①地球上の地形をつくる二つの力…地球の内部からの力である**内的営力**と，太陽エネルギーを源とした**外的営力**[*1]の二つの力が作用して地形がつくられている。

- ▶内的営力…地殻変動や地震，火山活動によって地形を変化させる力→大陸や大平原，巨大な山脈などのように広範囲に及ぶ**大地形**[*2]をつくっている。
- ▶外的営力…気温の変化や雨，風，氷河，河川などの作用によって地形を変化させる力→狭い範囲で作用する外的営力は，比較的小規模な**小地形**[*3]をつくっている。

👿 用語解説

*1 **外的営力**…外的営力の源は太陽の放射エネルギーである。気温の高低や，結氷・融解によって岩石が風化して土壌をつくり，雨，風などによって岩石や土壌が侵食・運搬され，低い所に土壌・岩石などを堆積して，地形を著しく変化させる。また，植物なども岩石の割れ目に生育して岩石を割り風化を進行させ，根から出る成分で化学的な風化も行っている。

*2 **大地形**…地球全体の規模からみて，広域的または中域的地形を指している。広域的なものとしては，それぞれの大陸や海洋底がある。また中域的なものとしては，大山系，火山帯，大高原，大平原，大陸棚，海溝などがある。

*3 **小地形**…侵食や堆積作用によって生じた地形(＝河食・氷食・カルスト地形など)と，小規模のテクトニクス(＝地質学において，地球や地球以外の惑星の主に岩石圏の動き)地形がある。

変動帯と安定地域

①二つに分かれる世界の大地形
- ▶**変動帯**…地震活動や地殻変動(=地球の表面を覆う地殻に発生する種々の変化のこと)が活発で,巨大な山脈や**活断層**,火山などが分布している所。
- ▶**安定地域**…地震・火山活動が不活発な所。

②プレートと変動帯の関係
- ▶地球の表面…厚さが100kmほどの固い岩石でできた**プレート**[*1]に覆われている。
- ▶変動帯はプレート境界に沿って広がる→プレートの運動と密接に関連。
- ▶十数枚に分かれるプレートは,ゆっくりと滑り動いている。

❻ 大陸の移動と現在の大陸の分布　　　　　(De Grote Bosatlas 2012)

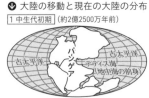
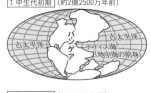
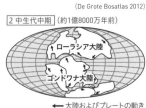

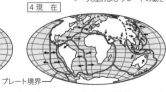

- ▶プレートの動きが原因で生じていると考えられていること…地殻変動や地震・火山活動と,これらによる大地形の発達。
  ⇒**プレートテクトニクス**[*2]…地球の表面で起こるいろいろな地学現象をプレートの運動に求める考え方。

③変動帯と安定地域の人々の暮らし…地形的な特徴や地震・火山活動が異なっているため,各場所に暮らしている人々の生活にも違いが出ている。

2 変動帯と人々の生活

変動帯の大地形と生活

①変動帯と観光資源…高い山地や深い谷などの起伏の大きな地形がみられる変動帯→そこでは美しい景観が見られ,それが観光資源となることが多い。

②変動帯と人々の生活…変動帯で多い自然災害→**地震**や**火山**の噴火など→人々の暮らしに大きく影響している。

③変動帯にみられるプレート境界…それぞれのプレートの動く方向により,3種類に分類される。
- ▶**広がる境界**…隣り合うプレートが互いに遠ざかる→引っ張り合う力が働く境界。
  - 太平洋や大西洋,インド洋の海底で**海嶺**(=大洋の底にある長大な海底山脈)が形づくられている。
  - 大西洋中央海嶺に位置するアイスランド…火山と氷河がつくる特異な景観→この景観を見るために多くの観光客が訪れる。
- ▶**狭まる境界**…隣り合う二つのプレートが互いに近づく→押し合う力が働く境界。
  - プレートの沈み込みや衝突→**海溝**(=海底の細長い凹地のこと。多くのものは深さ6000m以上ある)と列島や巨大な山脈などの大地形が形づくられている。

- 一般に高く険しい山地がみられる→地震や火山の噴火，山崩れなどの自然災害が多く発生する。

▶ **ずれる境界**…隣り合うプレートが互いにすれ違う→水平方向にずれ動く力が働く境界。

- 主に海域に分布。
- 陸上では，アメリカ合衆国の太平洋岸の**サンアンドレアス断層**(＝断層の長さは1000km以上に及ぶ)などがある。*3

地震・火山に対応した生活

①プレート境界で起こる地震とその被害

▶ 地震の発生→建物の倒壊や火災，土砂崩れ，地盤の液状化などの被害が生じることもある。

▶ 海底での地震の発生→**津波**によって沿岸に災害を起こすこともある。

▶ 地震が多発する地域での課題…建物の耐震化や津波を防ぐ**防潮堤**の建設，避難路の確保など，地震や津波への対策が必要。*4

②火山の多い地域での被害や利点

▶ 火山噴火による被害…噴火に伴って溶岩や火山灰，火山ガス，**火砕流**(＝火口から噴出した高温ガスが，砂礫や火山灰とともに火山の斜面を高速で流れ下る現象)などが発生し，火口周辺を中心にいろいろな被害が発生する。

用語解説

*1 **プレート**…地球の表層部を覆う非常に固い岩石で，地殻と最上部マントルで構成され，岩石圏とよばれている。プレートはより高温でやわらかい岩流圏の上に載っている。プレートには，海洋を載せている海洋プレートと，陸地を載せている大陸プレートがある。

*2 **プレートテクトニクス**…地球表面を覆う厚さおよそ100kmの岩石圏をいくつかのプレートに分割。それらの運動や相互作用の結果として，地球上にみられるいろいろな地学現象を説明する考えである。

*3 **サンアンドレアス断層**…北アメリカ大陸の西端にある大規模な断層(＝地殻の割れ目のうち，それを境として隣り合う部分が割れ目の面に平行な方向に相対的に変位しているもの)。この断層は，カリフォルニア湾の北端から北西に向かって，アメリカ合衆国のカリフォルニア州西部を1000km以上にわたってはしっている。太平洋プレートと北アメリカプレートの二つの主要なプレートは，年間4～6cmも移動している。この断層の活発な活動により，サンフランシスコをはじめとする周辺都市は大規模な地震にたびたびおそわれている。

*4 **防潮堤**…内陸部の地盤の高さが低い地帯に対し，海水が陸地に浸入することや氾濫することを防ぐためにつくられたものと，内陸部の地盤の高さにかかわらず，高潮，高波，津波などの非常時に，海水の浸入や海岸の一部が壊れることを防止するためにつくられたものがある。この堤防の高さは，過去の最高潮位に波の高さを加え，さらにある程度の余裕をみてつくられている。

▶ 火山が人々にもたらすいろいろな恩恵…火山活動で湧き出す温泉，火山灰や風化した溶岩を元とする肥沃な土壌，観光資源となる美しい景観，再生可能エネルギーとなる地熱などがある。

▶ 変動帯のなかには，**マグマ**により，銅や銀，すずを高密度で含む鉱床が形づくられている所もある→これらの鉱産資源は現代の産業に欠かせない。

③ 安定地域と人々の生活

安定地域の平野と生活

① 安定地域の範囲…安定地域はプレートの内側の大部分を占めている→変動帯はプレート境界を中心とした帯状の地域。

▶ **安定陸塊**…安定地域のなかで最も古い陸地→大陸の大半を占める。

• 安定陸塊では**侵食平野**(＝河川や氷河，風雨などの侵食作用によって形づくられた平野)などが広がる。
⇒地質構造から**楯状地**と**卓状地**に区分。

▶ 楯状地…**先カンブリア時代**(46億年前～5億4100万年前)の古い地層が広範囲に露出している平坦地。

• 楯状地のある所…高緯度にあるハドソン湾周辺やバルト海周辺は，氷期に氷河で地表が削られ，氷河が融解した今では古い地層が現れている。
→巨大地震が非常に少ないため，建物や構造物に石材が使用される場合もある。

▶ 卓状地…先カンブリア時代の地層の上に，**中生代**(2億5200万年前～6600万年前)や**古生代**(5億4100万年前～2億5200万年前)の地層がほぼ水平に堆積している平原や台地である。
→北アメリカの**中央平原**や**東ヨーロッパ平原**などには大規模な農地がある。

② ケスタとそこで行われている農業

▶ **ケスタ**[*1]…卓状地が少し傾き，硬軟のある地層が不均一に侵食されてできた地形である。

▶ ケスタ地形がみられるパリ盆地の農業…低平地では放牧や小麦を栽培，斜面ではぶどうを栽培。

③ 先カンブリア時代の地層の鉱床

▶ 先カンブリア時代の地層には，鉄鉱石の鉱床が広範囲に分布→オーストラリアやブラジルなどでは大規模な鉄鉱山の開発が行われている。

▶ 鉄は自動車や建材等の工業製品などに使用→人々の暮らしを支えている。

安定地域の山地と生活

① 安定地域のアパラチア山脈などの地形

▶ 安定地域には，アパラチア山脈のような低くなだらかな山地や丘陵がみられる所が存在する。
⇒アパラチア山脈のような所のほとんどは，安定陸塊よりも新しい陸地→かつての地殻変動で形づくられた大山脈が，長い間に侵食され，削り残されたものであると考えられる。

▶ 古生代に形づくられた大山脈は，今では平原となっている所が多い。

②古生代の地層と石炭層

▶古生代の地層にみられる石炭層…シダ植物の森林の遺骸(いがい)が炭化して形づくられたものが石炭層である。

- 長年にわたり侵食を受けた安定地域の山地や丘陵➡石炭層が露出している所が多い➡露天掘りの炭鉱が多数ある。

▶ヨーロッパの工業地帯の成立に大きな役割を果たしたのは石炭である。

深める　造山運動と造山帯

①造山帯と造山運動

▶**造山帯**…アルプスからヒマラヤにかけての地域や環太平洋地域(かんたいへいよう)において，褶曲(しゅうきょく)や断層などの複雑な地質構造を現している大山脈が発達している地帯のこと。

▶**造山運動**[*2]…造山帯をつくる地殻変動のこと。

②二つの時期につくられた造山帯

▶**新期造山帯**…中生代以降の造山運動によって形づくられた造山帯。

造山帯の分布

(Diercke Weltatlas 2008, ほか)

新期造山帯　　古期造山帯

*アイスランドやハワイは，どちらの区分にも入らないが，火山活動が盛んである

- 新期造山帯にあるのは，**アルプス＝ヒマラヤ造山帯**と**環太平洋造山帯**である。

⇒日本などが含まれる環太平洋造山帯は，火山活動が活発である。

▶**古期造山帯**[*3]…古生代の造山運動によって誕生した造山帯。

用語解説

*1 **ケスタ**…陸上の侵食作用に対して抵抗性(ていこうせい)が大きな硬岩層(こうがんそう)と，抵抗性が小さな軟岩(なんがん)層(そう)とが交互に重なり合った層が緩やかに傾斜(ゆる)(およそ20度以下)をしている構造をもつ地形。侵食されてきた対称ではない横断面形の起伏をもつ。

*2 **造山運動**…ヒマラヤ山脈やアルプス山脈，アンデス山脈などの大規模な褶曲山脈(こうきょく)，弧状列島(大陸と大洋との境に位置し，弧状に配列する列島で，アリューシャン列島・千島列島・日本列島などがある)をつくり上げるような地殻変動のことである。

*3 **古期造山帯**…古生代に造山運動が活発だった地域で，その後は隆起運動を終え，長い間に侵食を受けたことで，低くなだらかな山地として分布している。アメリカ合衆国にあるアパラチア山脈，アジア州とヨーロッパ州の境となるウラル山脈，オーストラリアにあるグレートディヴァイディング山脈，アフリカ大陸南部にあるドラケンスバーグ山脈，イギリスにあるペニン山脈，スカンディナヴィア半島にあるスカンディナヴィア山脈など世界各地にある。

4 河川(かせん)がつくる地形と人々の生活

河川がつくる地形と生活の関わり

①温暖で多雨の地域の地形と河川の影響(えいきょう)
- ▶日本を含む温暖で雨(ふ)の多い地域の地形→河川の影響を大きく受けている。
- ▶河川がつくる上流・中流・下流の異なる地形→その土地の農業形態や集落の立地など,いろいろな面で人々の暮らしに影響を与(あた)えている。
- ▶治水や利水の目的で河川と長い年月にわたり関わり,河川に人の手を加えてきた。
  ⇒河川がつくる沖積平野(ちゅうせき)(＝約1万2000年前から現在までの期間である完新世(かんしんせい)の地層が堆積し,現在も形づくられている平野)の性質を知ることは,持続的な土地利用や自然災害を軽減する上で重要である。

上・中流域の地形と生活

①傾斜(けいしゃ)が急な山地を流れる河川の特徴(とくちょう)…侵食力(しんしょくりょく)や運搬力(うんぱんりょく)が大きい。
- ▶V字谷(こく)…山地は河川により深く刻まれる→河川沿いの斜面(しゃめん)が不安定になり崩(くず)れててきた谷(しだに)。横断面がV字形になる。
- ▶山麓(さんろく)には,崩れた土砂(どしゃ)の堆積している所も多い→土砂災害が発生しやすい。
- ▶谷底平野(こくてい)…山間の盆地(ぼんち)などで,河川に沿って土砂が堆積してできた平野。

②山地から平地に流れ出た河川の特徴…流れが緩(ゆる)やかになり,運搬力が低下し,土砂を堆積させる→谷の出口に,礫(れき)や砂が扇形(おうぎがた)に堆積して扇状地(せんじょうち)[*1]を形成する。
- ▶水がしみこみやすい扇状地の土地利用…昔から水田ではなく畑や果樹園として利用。
- ▶水無川(みずなしがわ)…扇状地を流れる河川の水が地下に浸透(しんとう)して,地表では流水のない河川。
- ▶扇状地で集落が立地することが多い場所…地下水が湧(わ)き出る扇状地の末端(まったん)付近。

下流域の地形と生活

①下流域の河川の特徴…運搬力が弱くなり,河川の堆積作用で形成された氾濫原(はんらんげん)とよばれる低地が広がるようになる。
- ▶氾濫原を流れる河川から生まれた三日月湖(だこう)…河川が蛇行(だこう)する→洪水(こうずい)をきっかけに流路が変更→残された河道の一部は三日月湖となる。
- ▶自然堤防(ていぼう)とよばれる微高地(びこうち)を形成…河道の近くに,洪水時に水とともにあふれ出た土砂が堆積したもの。
  - 自然堤防の背後→水はけの悪い後背湿地(こうはいしっち)となる。
  - 日本の農村の土地利用…自然堤防上は集落や畑,後背湿地は水田として利用。
- ▶近年の河川…水害を防止するために河道を直線化,人工堤防がつくられている。

②氾濫原周辺の様子…台地[*2]が分布することがある。
- ▶台地のうち河川沿いに広がる河岸段丘(かがんだんきゅう)…谷底平野や氾濫原が河川に刻まれて階段状になったもの。
- ▶台地の土地利用。
  - 台地は,土地が高いため,水害を受けにくい。

⬇ 河岸段丘の形成

氾濫原　段丘面　段丘崖(だんきゅうがい)

- 水を得にくい台地は水田にはあまり適さない→畑や果樹園などに利用。
  - 現在の台地の様子…ニュータウンや工業団地などの開発が進む。
③河川の河口付近の特徴…傾斜がさらに緩やかになり，運搬力を失う→砂や泥が堆積した**三角州（デルタ）*³**がつくられる。
  - ▶三角州の欠点…土地が低く水はけが悪いため，高潮による被害が起きることがある。
  - ▶三角州の利点…堆積した土壌は肥沃で，網目のような水路は水運にも利用→昔から水田や人口密集地となっている。

深める　天井川の形成

①扇状地と河川の変容…耕地などを河川の氾濫から守るために堤防を築く→堤防により，河道に砂礫の堆積が進行して河床が高くなる→再度氾濫の危険性が増す→堤防をさらに高くしても，河床の上昇は止まらず，周囲の平野面より河床の高い**天井川**となる。
②天井川の危険性…堤防の決壊による浸水被害が発生することがある←住宅や道路より高い位置にある天井川が多いため。

5 海岸の地形と人々の生活

海の恵みを生かした産業

①沿岸域に分布する豊富な**海藻類**…魚や貝など，多様な生き物のすみかとなっている。
  →海岸では，このような環境を用いて，さまざまな産業や食文化が誕生してきた。
②三陸海岸や三重県の英虞湾の海岸などの様子と産業
  - ▶これらの海岸の様子…入り江が連続する**リアス海岸**や多くの島々が浮かぶ**多島海**。
    - リアス海岸…V字谷が土地の沈降や海面上昇により，海に沈んでできた地形。
    - リアス海岸の特徴…水深が深く波は穏やか→天然の良港，周辺に漁業を中心とした集落もある→かき や わかめ，真珠などの養殖が盛ん。
    - 養殖が盛んな地域の河川上流での活動…豊かな漁場を保護するため，**魚付林**の植林活動が行われている←海の豊かさは，森から河川によって運搬される栄養分に支えられているため。
    - この地形…平地が少なく，交通が不便←複雑に入り組んだ海岸線が続くため。
  - ▶リアス海岸と災害…入り江が狭いため，津波が押し寄せると高い波になりやすい→災害への備えが重要。

用語解説

*1 **扇状地**…山地や丘陵の谷口を頂点とし，河川によって低地に向かって扇状に開いてつくられた半円錐形の砂礫などの堆積した地形で，沖積平野の一つである。この地形は，上から扇頂，扇央，扇端部に分けられる。
*2 **台地**…上の部分が比較的平坦で周囲より一段と高く，ほぼ水平な地層から構成される地形である。多くは浸食により上の部分が準平原化されたり，いったん沈水して地層が堆積した後，再度隆起して形成されたものである。
*3 **三角州（デルタ）**…河口付近に形づくられた砂や泥が堆積してできた地形で，ギリシャ文字のΔの形をした沖積平野の一つである。河水の運搬する土砂の量が多いときには大規模なものになる。一般に低湿で，河川がいくつにも分流している。

海岸の地形と生活の関わり

①海岸の種類…二種類ある。

  ▶**砂浜海岸**…土砂が堆積してきた海岸。

  ▶**岩石海岸**…岩が侵食されてきた海岸。

  ▶海岸での土地の隆起または海面が下がることで，平坦な海底が海面上に出現→**海岸平野**や階段状に発達した**海岸段丘**が形成される。

  ● 砂浜海岸になることが多い日本の海岸平野…砂浜は海水浴場に利用，その背後の少し高い土地には集落や畑が広がる。

  ● 海岸段丘の土地利用…水はけのよい段丘上の平坦地では，畑などに利用されることが多い。

②砂浜海岸の地形の変化と生態系

  ▶潮の干満や波・沿岸流などの作用→砂浜海岸の地形の変化が活発。

  ▶奥行きのある湾の様子…満ち潮で海岸近くに泥や砂が堆積→引き潮のときに**干潟**[*1]となる。

  ● 干潟で形づくられる豊かな生態系…干潟には多数の小動物が生息→それを餌にするため鳥なども集まるため。

③砂浜海岸のさまざまな地形

  ▶**砂州**…河川が運んできた砂や，近くの海岸が侵食されてきた砂礫が帯状に堆積したもの。

  ▶**ラグーン(潟湖)**…砂州により湾や入り江が塞がれてできた浅い湖沼。

  ▶**陸繋砂州(トンボロ)**…砂州が海岸と島をつ
  なぐように延びた地形。

◐北海道，野付半島の砂嘴

  ▶**陸繋島**[*2]…陸繋砂州が発達して陸続きとなっ
  た島→景勝地になっている場所もある。

  ▶**砂嘴**…北海道の野付半島のように，陸から
  海に細長く突き出た砂浜。

  ● 野付半島の砂嘴の長さ…28kmにわたっ
  ており，日本一の長さである。

  ▶近年の砂浜海岸の変貌…浅瀬や干潟を埋め立てた人工海岸が増加→自然のままの砂浜海岸は減少している。

深める　サンゴ礁の発達

①サンゴ礁のみられる所…温暖な地域で，水深が浅い海岸に**サンゴ礁**[*3]がみられることもある。

②サンゴ礁の発達していく様子…島を縁取る裾礁が発達→海面上昇または地殻変動により，島が沈み始めると堡礁になる→やがて環だけが残され環礁となる。

③サンゴ礁が発達したトンガやツバル，モルディブなどの国々…人気の高い観光地となっている。

④標高が低いこれらの島々が直面している危険性

  ▶標高が低いため，高波などの被害を受けやすい。

▶地球温暖化により海面が上昇すると，島が水没する危険性もある。

6 氷河地形・乾燥地形・カルスト地形と人々の生活

氷河地形と生活の関わり

①スイスアルプスの様子
- ▶山麓から山頂までの標高差は3000mを超えている。
- ▶山頂付近に発達した**氷河**…氷河の美しい景観により，世界的な観光地である。

②高山や高緯度地域での氷河による地形
- ▶積雪が圧縮されて氷の塊に変化して氷河となる。
- ▶氷河は二つの種類に分類できる。
  - **山岳氷河**…谷を流れる氷河。
  - **大陸氷河（氷床）***4…巨大なドーム状をなす氷河。
- ▶山岳氷河がつくる**U字谷**…侵食力が大きい山岳氷河は，谷底や谷壁を深くえぐり取る→これによりU字谷がつくられる。
  - **カール（圏谷）**…U字谷の最も上の部分にできた，すり鉢状のくぼ地。
  - 貴重な平坦地であるU字谷の谷底…ここでは農牧業などが営まれている。
    - →スイスの山村では**移牧**がみられる。
    - →伝統的な山村…季節ごとに家畜を移動させる生活をしていた。
  - **フィヨルド**…U字谷の谷底が海面上昇により水没したもので，奥深い入り江である→ノルウェーなどの高緯度地域にみられる。
    - →フィヨルドの湾内の産業…よい漁場であり，さけなどの養殖を行ったり，観光用のクルーズ船も盛んに運行されたりしている。

用語解説

*1 **干潟**…潮の干満により，周期的に海面下から空気中への出現を繰り返す砂・泥の堆積した海岸地形である。ここには，ごかい類やかに類，二枚貝類，巻き貝類といった小動物が多く生息し，これを餌にする鳥や魚などがやって来る。

*2 **陸繋島**…陸繋砂州によって陸地とつながった島である。陸地の近くの小島によって沿岸流（＝海岸線に平行に流れる海流のこと）の流れが乱れ，運ばれてきた砂礫が両方の間に堆積して砂州を形成し，島と陸地をつないでいる。日本の代表的な陸繋島には，北海道の函館山や紀伊半島の潮岬などがある。

*3 **サンゴ礁**…熱帯や亜熱帯の浅い海に形づくられた，主に造礁サンゴ（＝サンゴ礁をつくるサンゴ類をまとめたよび名）の遺骸が集まってきた石灰質の岩礁や島である。造礁サンゴの分布する地域は，赤道を中心に北緯30度から南緯30度付近にほぼ限定されている。水温は少なくとも20℃以上，通常25～30℃の海での生育が盛んである。

*4 **大陸氷河（氷床）**…地表上の起伏にかかわらず広地域にわたって陸地全体を覆う氷河である。表面はドーム状をなしている。南極氷床がこのよい例である。氷期の氷床としては，スカンディナヴィア半島の氷床，北アメリカのローレンシア氷床などがよく知られている。

③氷河の末端部の地形

▶ **モレーン**…氷河の末端部に堤防状に堆積した丘。[*1]

▶ **氷河湖**…氷河の侵食でつくられたくぼ地やモレーンによる堰に水がたまってできた湖。

- かつて大陸氷河に覆われていたヨーロッパや北アメリカに残る大規模な氷河湖→大陸氷河は面的に非常に広範囲にわたり岩盤を削り取ったためである。

乾燥地形と生活の関わり

①乾燥地域の自然…植生がほとんどない**砂漠**が広がっている。

▶ 砂漠の気温は日較差が極端に大きい→岩盤が風化して崩れる。

▶ 砂漠の種類…大部分が岩石や礫が広がる**岩石砂漠**や**礫砂漠**，砂丘が発達する**砂砂漠**の割合は小さい。

▶ 乾燥地域の地形…硬軟のある地層が不均等に侵食→**メサ**とよばれるテーブル状の地形へ→さらに侵食されると**ビュート**が形成。

▶ 乾燥地形の模式図

②集落や農地が集中する所…湿潤地域から乾燥地域に流れ込む河川の岸辺や湧水地は**オアシス**とよばれ，そこに集落や農地が集まっている。

TRY 答え・解説　　　　地形図の利用－小地形と土地利用－　　教 **p.58**

1 [答]（例）扇状地で集落がみられるのは扇端部である。この扇端部では，人々の生活に必要な地下水が湧き出るためである。

[解説]扇状地は，谷の出口部分を扇頂，中央部分を扇央，末端の部分を扇端部という。

2 [答]省略

[解説]田を表す地図記号は「‖」，果樹園を表すものは「◌」である。これらの記号がある地域を着色したり，線で囲んだりすればよい。

3 [答]（例）台地では畑が広がっている。

[解説]台地上の部分にある地図記号から考える。畑の地図記号は「∨」である。

4 [答]神社と寺院の地図記号を赤色で囲むことは省略。（例）古くから立地している集落は，河川が流れる低地の近くの台地の縁にあるものが多い。

[解説]神社を表す地図記号は「⛩」，寺院を表すものは「卍」である。これらの地図記号を赤色で囲むと，集落が立地している場所が把握できる。

TRY 答え・解説　　　　　空中写真の利用　　教 **p.59**

1 [答]省略

2 [答]省略

[解説]この電子地形図は2万5千分の1であるので，50m，100m，150m等高線は計曲線である。つまり，ほかの等高線より太い。さらに，等高線上の数字をみつけることができれば，その等高線をなぞっていけばよい。

3 [答]（例）空中写真だけではその地域の詳しい土地利用の様子が分からない。地形図だけでは地表を立体的にとらえることができないので，位置や高さが正確に分からない。

▶シルクロードに代表されるオアシスの都市は，古くから交易が盛んであった。

▶乾燥地域の河川…ワジ[*2]とよばれるふだん流水がない かれ川になることもある。また，海に注がれない内陸河川が多い。

カルスト地形と生活の関わり

①石灰岩層からなる地域の地形

▶**カルスト地形**…石灰岩の主成分の炭酸カルシウムが，地下水や雨水に含まれた二酸化炭素と化学反応し，岩が徐々に溶ける（溶食）→溶食によって形成された地形。

▶カルスト地形の地表…**ドリーネ**[*3]とよばれる多くの円状のくぼ地，ドリーネが連なった**ウバーレ**，巨大なくぼみに成長した**ポリエ**（溶食盆地）などの独特の地形が現れる。

- 大規模ポリエ…農地や集落などができ，地下に鍾乳洞が出現することもある。
- 高温多湿な地域では，溶食が進行してタワーカルストなどの奇観がみられる。

深める　石灰岩の形成

①石灰岩の形成…古生代から中生代ごろの海で，有孔虫や貝類，サンゴなどが沈殿して生成されたと考えられる→ヒマラヤ山脈の山腹に，その時代に生成された石灰岩がある。

②日本各地にもある石灰岩地域…山口県の秋吉台，福岡県の平尾台など→観光地や，石灰岩の採掘などで発展した都市もある。

SKILL ❿　地形図の利用―小地形と土地利用―

地形図から土地利用を読み取る

①地形図を土地利用ごとに着色することで分かること…地域の土地利用の傾向が分かる。

②昔からの場所が変化しにくい建物に着目…集落の立地の変化が分かる。

③河川や道路などに着目…地形と人々の暮らしとの関係について考察が深まる。

SKILL ⓫　空中写真の利用

空中写真を利用して地形を読み取る

①一般に航空写真とよばれる空中写真…**空中写真**から，地表の様子（→土地利用や地形など）を読み取り，地形図の作成，都市開発，災害調査などに利用する。

②国土地理院が行っている空中写真の整備

▶国土地理院は多数の空中写真を保有→ウェブサイトで空中写真の閲覧が可能。

▶第二次世界大戦後から現在まで繰り返し撮影→同じ場所の時期の異なる写真を見比べると，地域の変化が読み取れる。

③地理情報と地形図・空中写真の関係…空中写真も活用しながら地形図を分析→より深い地形図の読み取りが可能になる。

用語解説

*1　モレーン…氷堆石，堆石ともいう。氷河の動くことによってもたらされた岩屑（＝土，砂，礫，岩塊の一部から構成）などの堆積物である。

*2　ワジ…アラビア半島やアフリカ北部の雨が降ったときにだけ水が流れる川のことである。ふだんは地下に水が浸透。アラビア語で河谷の意味である。

*3　ドリーネ…溶食作用を受けやすい石灰岩地域でみられるすり鉢状のくぼ地。ドリーネは谷を意味するセルビア語の「ドリーナ」に由来する。

2節　世界の気候と人々の生活 ➡ 教 p.60~77

1 気温・降水と人々の生活

世界の気温分布

①世界各地の家のつくりや材料から分かること

▶家のつくりや材料…**気候**(=長期間にわたって毎年繰り返される大気の総合的な状態)や**植生**(=ある地域に生育している植物の集まり)に対応している。

▶気候とは…気温・降水・風などの**気候要素**によって表される→気候は地域によって異なっている。

②地域によって異なる気温

▶太陽エネルギーにより,地表面が最初に温められ,その地表面が大気を温めることとなる。
- 低緯度の気温…多量の太陽エネルギーを受けるために気温が高くなる。
- 高緯度の気温…高緯度になるほど気温が低下する傾向がある。

▶気温の**気象因子**…緯度のほかに海抜高度や海洋からの距離,沿岸近くを流れる暖流や寒流など,これらによって気候は影響を受ける→同じ緯度でも,暖かい場所や寒い場所が生まれる。

③気温の変動

▶気温は1日周期,1年周期で変動している。
- **日較差**…1日の変化の大きさ→1日の最高気温と最低気温の差のことである。
- **年較差**…1年の変化の大きさ→1年のうち,最暖月の平均気温と最寒月の平均気温の差のことである。

▶陸地を覆う土や岩石と比較して,温まりにくく冷めにくい性質をもっている水。
- 海洋に近い地域では,気温の年較差が比較的小さな**海洋性気候**となる。

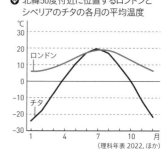

◆北緯50度付近に位置するロンドンとシベリアのチタの各月の平均温度

（理科年表 2022, ほか）

- 大陸の内部は夏の気温が高く冬の冷え込みが厳しい→気温の年較差が大きな**大陸性気候**となる(右上の各月の平均気温のグラフを参照)。

降水の条件

①降水と降水が発生する条件

▶降水とは…雨や雪,ひょうなどが空から降ってくる現象のこと。

▶降水の しくみ…湿った空気と冷たい空気が衝突したり,上昇気流が発生したりすると,空気中に含まれている水蒸気が冷やされる→雲が発生し,降水が生じる。

▶降水の多い少ないが起こる場所の条件
- 降水が少ないのは…周りより気圧が高く,下降気流が発生するという条件の場所。
- 降水の多いのは…周りより気圧が低く,上昇気流が発生するという条件の場所。
- 降水の少ない地域…下降気流が発生する山脈の風下側や,寒流が沿岸を流れる所。
→(例)ナミビアで,寒流が沿岸を流れる地域にできたナミブ砂漠。

- 降水の多い地域…斜面に沿って上昇気流が生じる山脈の風上側や，暖流が沿岸を流れる所。
  - →(例)インドの降水の多い所…夏の湿った**季節風(モンスーン)**の風上側の斜面にあたるインド半島西岸やヒマラヤ山脈の南側。

2 大気大循環と人々の生活

大気大循環と恒常風

①**風の吹く方向**

▶ 風は気圧が高い所から低い所に向かって吹く。

▶ 全地球的な規模で起こる風が吹く様子…高圧部から低圧部への風の流れ(**大気大循環**)がみられる。

- 大気大循環により，低緯度から高緯度へと熱が運ばれる→地球全体の気温差が小さくなる。

②**赤道付近から極までの低圧帯や高圧帯など**

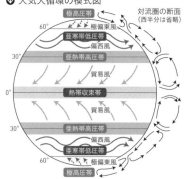

◎ 大気大循環の模式図

▶ 赤道付近にあるのは**熱帯収束帯(赤道低圧帯)**。[*2]

▶ 中緯度にある**亜熱帯高圧帯(中緯度高圧帯)**[*3]から東寄りの**貿易風**[*4]が吹いている。

▶ 緯度60度付近にあるのは**亜寒帯低圧帯(高緯度低圧帯)**。

▶ 極高圧帯から東寄りの極偏東風が吹いている。

▶ 西から東に向かって吹く**偏西風**。

- 偏西風は，亜熱帯高圧帯と亜寒帯低圧帯の間で吹いている。
- 偏西風の蛇行による影響…低緯度から高緯度へと温かい大気が運搬される。

▶ **恒常風**…偏西風や貿易風のように，一年中ほぼ同じ方向に吹く風のことである。
  →この恒常風は人々の暮らしに利用されてきた。

😈 用語解説

*1 **海洋性気候**…海洋の影響を強く受けた気候である。気温の年較差，日較差が小さい。一年中温暖で湿度が高いのが特徴である。

*2 **熱帯収束帯(赤道低圧帯)**…南・北半球の貿易風が合流する帯状の領域のこと。一般に北半球が夏のときには北半球に，冬には南半球に移動する。上昇気流が発生して積乱雲が発達し，降水量が多い。

*3 **亜熱帯高圧帯(中緯度高圧帯)**…南・北半球の緯度30度付近を中心とする気圧の高い地域を指す。大気大循環による力学的原因で存在している。赤道から極地方へ向かう上層大気の流れがコリオリの力(＝地球の自転により発生する力)によって西風の要素をもち，緯度30度付近で下降気流を発生するために形成される。

*4 **貿易風**…亜熱帯高圧帯から熱帯収束帯に向かって吹く大規模な偏東風である。北半球では北東寄り(北東貿易風)，南半球では南東寄り(南東貿易風)となる。昔，貿易船がこの風を利用したことから，この名前が付いた。

深める　風が吹くしくみ

①大気が上昇や下降する理由

- ▶大気が温められたり冷やされたりする→大気の温度や密度が変化する。
- ▶冷たく重い空気は下降気流を，温かく軽い空気は上昇気流を発生させる。

②大気の密度の高低で発生すること

- ▶周囲より空気の密度が高い場所は高気圧(高圧帯)，低い場所は低気圧(低圧帯)となる→気圧差が発生する。
- ▶地上付近の風…高気圧から低気圧に向かって吹く→気圧差が大きいと風は強くなる。

降水量の地域差と季節変化

①降水量が多い所…上昇気流が生じやすい低圧帯で多くなる。

- ▶特に降水量が多い所…大気中の水蒸気量が多い熱帯収束帯。
- ▶降水量が少ない所…下降気流が生じやすい亜熱帯高圧帯や極高圧帯。
- ▶気圧帯は季節により南北に移動→その影響を受ける地域には雨季や乾季[*1]が発生。

②低圧帯と高圧帯下の降水量…1年を通じて低圧帯下にある地域は安定した降水があり，1年を通じて高圧帯下にある地域は年中降水が少ない。

季節風(モンスーン)

①大陸と海洋のもつ性質の違いと季節風の出現

- ▶大陸は温まりやすく冷めやすいが，海洋は温まりにくく冷めにくい。
- ▶大陸と海洋の温度の違いなどから，季節により風向が変わる季節風(モンスーン)が出現する。
  - →冬には冷やされた大陸上に高気圧が発生→陸から海洋に向かい乾燥した風が吹く。
  - →夏には温められた大陸上に低気圧が発生→海洋から陸に向かい湿った風が吹く。
  - •夏の海洋からの季節風→特に東アジア〜南アジアにかけ，大量の降水をもたらす。
  - •季節風による夏の豊かな降水のおかげで，この地域の稲作地帯では，米の二期作や三期作が行われている所もある。
  - •季節風による大雨被害→毎年世界各地で洪水や地すべりなどの災害が起こる。

深める　貿易風の影響で発生するエルニーニョ現象

①太平洋の熱帯域…平常時は東寄りの貿易風により，ペルー沖などの太平洋東部の海水は冷たく，インドネシア沖などの太平洋西部の海水は温かい。

- ▶エルニーニョ現象…貿易風の力が弱まる→温かい海水が太平洋東部に広がる→この現象が数か月から1年ほど続くことがある→これをエルニーニョ現象とよぶ。
- ▶エルニーニョ現象が引き起こす異常気象→干ばつによる農作物の不作，大雨による洪水などの災害が発生。日本では気温が夏に上がらず，冬には下がらない。

②ラニーニャ現象…太平洋東部で海面水温が低下する現象→エルニーニョ現象と逆に，日本では夏がより暑くなり，冬がより寒くなる。

3　世界の植生と気候区分

植生と気候

①植生と気候に影響される植生の違い

- ▶植生…ある地域を覆っている植物の集まりのこと。

▶気候の違いによって現れる異なる植生。

　→世界各地には，その植生に適応したいろいろ
　　な生活文化が存在している。

▶森林がみられる地域…熱帯や温帯，亜寒帯(冷
　帯)。

▶森林がほとんどない地域

　•降水量が少なく，蒸発量が多い乾燥帯。

　•気温が低く植物が育ちにくい寒帯。

▶植生が強く受ける影響…気候に加え，地形や土
　壌などの自然環境や，農牧業や林業などの人為
　的なものがある。

⚫ 気候と植生の関係

ケッペンの気候区分

①ドイツの気候学者ケッペンの気候区分…ケッペンは，気候が植生に与える影響に着目
　→植生の分布を基準にし，気温と降水量を指標に世界の気候を区分。

▶世界の気候…樹林のある気候と樹林のない気候に大きく区分。

樹林のある気候

•A気候＝**熱帯**…最寒月平均気温18℃以上→最少雨月降水量60mm以上の熱帯
　雨林気候(Af)，弱い乾季のある熱帯雨林気候(Am)，サバナ気候(Aw)。

•C気候＝**温帯**…最寒月平均気温18℃未満－3℃以上→地中海性気候(Cs)，温
　暖冬季少雨気候(Cw)，温暖湿潤気候(Cfa)，西岸海洋性気候(Cfb)。

•D気候＝**亜寒帯(冷帯)**…最寒月平均気温－3℃未満，最暖月平均気温10℃以
　上→亜寒帯湿潤気候(Df)，亜寒帯冬季少雨気候(Dw)。

樹林のない気候

•E気候＝**寒帯**…低温が理由で樹林がない。最暖月平均気温10℃未満→最暖月
　平均気温0℃以上であるツンドラ気候(ET)，最暖月平均気温0℃未満であ
　る氷雪気候(EF)。

•B気候＝**乾燥帯**…乾燥が理由で樹木がない。乾燥限界未満の降水→乾燥限界
　の2分の1以上の降水があるステップ気候(BS)，乾燥限界の2分の1未満
　の降水である砂漠気候(BW)。

＊s＝夏季乾燥→最少雨月降水量30mm未満かつ冬の最多雨月降水量が夏の最
　少雨月降水量の3倍以上。w＝冬季乾燥→夏の最多雨月降水量が冬の最少
　雨月降水量の10倍以上。f＝s，w以外→a＝最暖月平均気温が22℃以上，b＝
　最暖月平均気温が22℃未満。

②植生の分布と農牧業や林業などとの関連

▶ケッペンの気候区分の長所…人々の生活文化を理解するために有用。また，世界各
　地の気温と降水量の気象データを指標としているので，各地の気候を比較しやすい。

😈 用語解説

＊1 **雨季**…ある地域の1年のうち，およそ1か月以上にわたって降水が非常に多い時
　期や季節のことである。熱帯などでは気温の年変化があまりないので，季節の移
　り変わりを降水量の年変化で示している。乾季はその反対語。

▶短所…地球規模での気候の判定が前提→比較的狭い地域での気候の判定に適さない。気候の地域的な違いが起こる原因の説明ができない。

SKILL ⓬ 雨温図・ハイサーグラフの見方

雨温図から気候を読む

①雨温図とは…気象データを基に作成された気候グラフの一種→一般に月別の気温と降水量の値が使われる。普通，気温は折れ線グラフ，降水量は棒グラフで示す。
　▶折れ線の凹凸…凹凸が大きいほど気温の年較差が大きく，水平に近いほど小さい。
　▶棒グラフの凹凸…数か月凹が続くときは乾季，凸が続くときは雨季の時期である。

雨温図の形から読み取れること

①雨温図から読み取れる半球の違い…雨温図から，7・8月の気温がほかの月より高めのときは北半球，逆に1・2月の気温がほかの月より高めのときは南半球である。

ハイサーグラフから気候を読む

①ハイサーグラフとは…縦軸に気温，横軸に降水量をとる→1月～12月までの平均気温と降水量の値を表す点を線で順に結んだもの。
　▶グラフの縦幅…気温の年較差の大小を示す。
　▶横幅が大きいもの…雨季と乾季の降水量の差が大きいことを表している。
②ハイサーグラフから分かること…おおまかな形から気候型を判断することができる。

SKILL ⓭ 写真の読み取り方－気候－

写真から気候を読む

①景観写真…その土地の景観を明確に表している写真。
②写真❻…イギリス南西部の海岸近くの景観→この地域は一年中偏西風の影響を受けているため，木の枝は一様に東側になびいている。夏の写真だが，日ざしは弱い。

TRY 答え・解説　　　雨温図・ハイサーグラフの見方　教 p.66

1 答最暖月は8月，最寒月は1月。気温の年較差は21.5℃である。（理科年表 2022）
解説気温の年較差は最暖月の月平均気温－最寒月の月平均気温で求められる。
2 答東京の最も降水量が多い月は10月，少ない月は2月。シンガポールで最も多い月は12月，少ない月は2月。（理科年表 2022）
3 答前の□に入るのは「7」，後ろの□に入るのは「1」。（理科年表 2022，ほか）
解説南半球と北半球とでは季節が逆になる。北半球のローマが夏のときは，南半球のケープタウンは冬である。この点を考慮して雨温図をみる。
4 答Aがインドのコルカタ，Bがロシアのモスクワ。（理科年表 2022，ほか）
解説Aは雨季と乾季があるサバナ気候，Bは気温の年較差が大きな亜寒帯湿潤気候。

TRY 答え・解説　　　写真の読み取り方－気候－　教 p.67

1 答(例)イギリスは一年中偏西風の影響を受けている。そのため，枝が風下の東側(写真では右側)になびいている。
2 答(例)屋敷を冬の強い北西の季節風から防ぐためである。
3 答(例)冬の運河でスケートを行っている。
4 答(例)強い日ざしや砂ぼこりから身を守るため，長袖で丈の長い服を着ている。
解説アラブ首長国連邦は，乾燥帯にある点から考える。

③写真**7**…日本海に面した山陰地方でみられる**屋敷林**の景観→冬に強く吹く北西の季節風から住居を守るため，敷地の北側と西側に背丈の高い松の生け垣を植えている。

④写真**8**…冬のオランダでスケートを楽しんでいる人々の景観→運河が凍っている。

⑤写真**9**…アラブ首長国連邦のらくだ市の様子→強い日ざしや砂ぼこりから，体を守るため人々は体全体を覆う服を着ている。

4 熱帯の生活

高温多湿な熱帯の生活

①**熱帯とその特徴**…熱帯は赤道付近の低緯度に分布→気温が高く降水量が多いことが特徴。

▶熱帯の気候に対応した人々の暮らし…豊富な森林資源や高温多湿の環境に適した家畜などを利用→人々は熱帯の気候に対応した生活文化を営んできた。

↓ 熱帯の分布

北回帰線
赤道
南回帰線

Af 熱帯雨林気候　Aw サバナ気候
Am 弱い乾季のある熱帯雨林気候

(ケッペン原図,ガイガーほか修正,ほか)

②**インドネシアの暮らし**

▶市場に並ぶもの…バナナやパパイヤなどの熱帯性の農作物。

▶食事…米のほか，キャッサバやタロいもなどの**いも類**が主食。

▶衣服の特徴…一年中風通しのよい衣服で過ごす←年較差が小さく四季がないため。

▶伝統的な住居の材料と工夫…材料は木材を使用。床は**高床**→家の中に熱や湿気がこもらないようにするため。

③**熱帯雨林気候（Af）の特徴とそこでの産業**

▶**熱帯雨林気候（Af）**…一年中気温が高く，降水量が多い。

→この気候の分布…ほとんどが赤道付近（上の地図を参照）。

• **スコール**…激しい雨を伴う強い風で，午後に発生する。

• **熱帯雨林**（＝降水量が特に多く，高温の地域で生育する森林）…多種類の常緑広葉樹からなる密林→高さの異なる樹木が層をなしている。

• 伝統的には狩猟や自給的な**焼畑農業**が行われていた→現在は**商品作物**（＝バナナや天然ゴム，油やしなど）の**プランテーション**が広がる。

▶**弱い乾季のある熱帯雨林気候（熱帯モンスーン気候）（Am）**[*1]…季節風（モンスーン）の影響が強い地域に分布→アジアでは稲作が盛ん。

😈 用語解説

*1　**弱い乾季のある熱帯雨林気候（熱帯モンスーン気候）（Am）**…熱帯雨林気候（Af）と類似しているが，季節風（モンスーン）のために冬に弱い乾季がある。また，熱帯の気候のなかで，気温の年較差が12℃くらいあるのも特徴的である。インドシナ半島やインド西海岸，アフリカ西部の海岸部，アマゾン川下流域などにみられる。米やバナナなどの栽培に適する気候である。

④サバナ気候(Aw)の特徴とそこでの産業

▶ **サバナ気候(Aw)**…夏には熱帯収束帯の影響により降水の多い**雨季**となる。逆に，冬には亜熱帯高圧帯の影響により降水の少ない**乾季**[*1]となる。

　→この気候の分布…熱帯雨林気候より高緯度側に分布。

　• **サバナ**(=熱帯の草原地帯)…草丈の長い草原のなかに樹木が点在する→アフリカではゾウやサイなどの大型草食動物が多い。

▶ 乾季に樹木のほとんどが落葉し，草原が枯れる。

▶ やせた土壌が多いが，**玄武岩**が風化した肥沃な土壌も広がる→その地域は，インドの**デカン高原**ではレグール，**ブラジル高原**ではテラローシャとよばれている所。

　• これらの地域で栽培されているもの…さとうきびや綿花，コーヒーなどの商品作物。

5 乾燥帯の生活

水の少ない乾燥帯の生活

①乾燥帯の特徴とその分布

▶ **乾燥帯**…乾燥のため，背の高い樹木が育ちにくい気候→全陸地の4分の1以上を占めている。

▶ 人々は**オアシス**(=乾燥地域で，湧き水や井戸，河川などから淡水を得ることができる所)の周辺で生活することが多い←水が得られる所が限定されているためである。

②アラビア半島南部に位置するオマーンで暮らす人々の様子

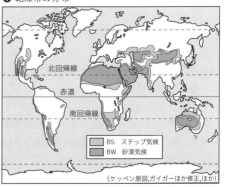

↓ 乾燥帯の分布

北回帰線／赤道／南回帰線

BS　ステップ気候
BW　砂漠気候

(ケッペン原図,ガイガーほか修正,ほか)

▶ 衣服…長袖で丈の長い衣服を着る←日中の強い日ざしや砂ぼこりから身を守るためである。

▶ 市場と食事…なつめやしの実や香辛料などが並ぶ市場。らくだや羊の肉を煮込んだ料理とクレープ状の薄焼きパンなどを食すことが多い。

▶ 伝統的な住居の材料…土をこねてつくられた**日干しれんが**を利用→森林が少なく，木材を得にくいためである。

③砂漠気候(BW)の特徴とそこでの産業

▶ **砂漠気候(BW)**[*2]…ほとんどの地域の年降水量が250mm未満。

　→この気候の分布…北・南回帰線周辺や中緯度の大陸内陸部に分布。

　• 一面に岩石や砂が広がっていて，河川のほとんどが**外来河川**(=湿潤地域に源流があり，乾燥地域を流れる河川)である。

　• 昼と夜との気温の差。

　　→昼には日射により，地表が直接温められて気温が上昇する。

　　→夜の**放射冷却**(=晴天の風のない夜，地表面から熱が放出されて気温が下がる現象)によって冷え込む。

　　→ 気温の日較差が大きい。

▶農牧業の様子と自然災害。

- オアシスの周辺で栽培されているもの…なつめやし や小麦など→乾燥に強い作物を栽培。
- 家畜の飼育のしかた…らくだ や羊，やぎ などの乾燥した気候に適応しやすい家畜を飼う**遊牧**が行われてきた。
- 自然災害…大雨が降ると，ふだんは水が流れていない**ワジ**(←かれ川をこのようによぶ)に流水が集中→洪水が発生することもある。

④ステップ気候(BS)の特徴とそこでの産業

▶**ステップ気候(BS)**…砂漠気候よりもやや降水量の多い地域に分布する。
　→ここには**ステップ**(= 乾燥地に広がる丈の短い草が生えている草原)とよばれる草原が広がっている。

▶降水量の違いによる牧畜と抱える問題。

- 比較的降水量の多い地域…草の量が多い→ウクライナからロシア南西部に広がる**チェルノーゼム**(←黒土を意味するロシア語の俗語が語源)のように肥沃な黒土が形成されている→世界的な農牧業地帯となっている地域もある。
- 降水量の少ない地域…まばらな草原になっている→羊や やぎ，馬などの放牧が行われている。
　→モンゴルの遊牧の様子…水や牧草を求め，家畜とともに住居を移動することが現在も継続されている。
- (例)アフリカの**サヘル**(= 世界最大の面積をもつサハラ砂漠の南縁に沿って東西に延びる帯状の地域)…降水量の減少や人口の増加などが起こっている→過放牧や過耕作が行われ，**砂漠化**が進んでいる地域でもある。

用語解説

*1　**乾季**…1年のうち降水の少ない期間または季節のことである。普通は，降水の少ない期間が1か月以上続くときにこの用語が使用される。年間を通じて気温が高く，降水量の季節変化が著しいサバナ気候の地域などでみられる。

*2　**砂漠気候(BW)**…1年を通じて降水が少ない。そのために樹木や草や木がほとんど生育しない気候である。この気候では乾燥し晴天が続くので，日中の強い日射で地表にある砂や岩石は高温になる。そのため，日中の気温は40〜50℃にもなる。また，水蒸気量が少ないため，夜間に放射冷却が活発に行われ，夜の最低気温は0℃近くまで低下する。この気候がみられる地域は，降水量が少ないサハラ砂漠，アラビア砂漠のように亜熱帯高圧帯に沿って分布する。

*3　**遊牧**…自然の草と水を求めて家畜の群(羊，牛，馬，らくだ，やぎ，トナカイなど)を伴って各地に移動してゆく牧畜方式のこと。遊牧は，中央アジア，西アジア，アフリカ北部などにかけて，砂漠または半砂漠地帯の農耕が適さない農耕限界地で発達してきた。この厳しい条件下の地域は，わずかなオアシスを除き大部分が不毛に近い乾燥地帯であるため，住民の暮らしは家畜を飼うこととその利用に頼らざるをえないものとなった。

6 温帯の生活

季節の変化に富む温帯の生活

①温帯の特徴

- ▶ **温帯**…背の高い樹木が育つ温和
な気候→**四季**の変化が明確。
- ▶ 古くから農業が盛んで，多くの
人々が暮らしてきた。
- ▶ 日本の大半は温帯に属している。

②地中海に面するイタリアで暮らす
人々の様子

- ▶ 市場での光景…さまざまなオ
リーブの実が並んでいる。
- ▶ 料理…パスタやピザなど，小麦
やオリーブオイルが使用される
料理が多い。

🔽 温帯の分布

Cs 地中海性気候　　　Cfa 温暖湿潤気候
Cw 温暖冬季少雨気候　Cfb 西岸海洋性気候

(ケッペン原図,ガイガーほか修正ほか)

- ▶ 伝統的な家のつくり
  - 夏の強い日ざしをさえぎるための工夫…窓によろい戸を付け，壁も厚いつくりに
している。
  - 漆喰で壁を白く塗った家も多数ある←日光を反射しやすくするため。

③地中海性気候(Cs)の特徴とそこでの産業

- ▶ **地中海性気候(Cs)**…年降水量が比較的少ない→夏は暑くて乾燥し，降水は冬に集中
する。
  - →この気候の分布…主に中緯度の大陸西岸に分布。
- ▶ この気候の地域での農業と観光。
  - 乾燥に強い樹木や樹木作物…耐乾性が強いオリーブやコルクがしなどの硬葉樹，
ぶどう やかんきつ類などの樹木作物の栽培が盛ん→丘陵に広がる ぶどう畑の景
観は世界文化遺産に登録されている。
  - 地中海沿岸にあるリゾート…温暖な気候を求めて，観光客が集まる。

④西岸海洋性気候(Cfb)の特徴とそこでの産業

- ▶ **西岸海洋性気候(Cfb)**…年降水量はあまり多くないが，季節に関係なく一年中降水
がみられる。
  - →この気候の分布…主に大陸西岸にみられ，温帯のなかでは最も高緯度に分布。
- ▶ 大西洋北東部の気候…緯度のわりに温和←暖流の**北大西洋海流**[*1]の上を**偏西風**が吹く
ためである。
  - この地域で行われる農牧業…**混合農業**[*2]や**酪農**[*3]が盛んで，羊の放牧が行われている
所もある。

⑤温暖冬季少雨気候(Cw)の特徴とそこでの産業

- ▶ **温暖冬季少雨気候(Cw)**…夏は熱帯同様の暑さとなり降水量も多いが，冬の降水量
は少ない。

→この気候の分布…サバナ気候の高緯度側と，大陸東岸の一部に分布。

▶この気候の地域，アジアで行われている農業…米の**二期作**[*4]や茶の栽培が盛ん。

⑥温暖湿潤気候(Cfa)の特徴とそこでの産業

▶**温暖湿潤気候(Cfa)**…**季節風**の影響が大きく，気温の年較差が大きい。多い年降水量→夏から秋にかけては**前線**[*5]や**熱帯低気圧**(→風の強いものは，東アジアでは台風，北アメリカではハリケーン，インド洋や南太平洋ではサイクロンとよばれる)により，大雨になることもある。

→この気候の分布…主に中緯度の大陸東岸に分布。

▶この気候の森林の様子…常緑広葉樹・落葉広葉樹・針葉樹が混在。

▶この地域の農牧業の様子。

• 東アジア…豊富な降水を利用し，稲作が行われてきた。

• アメリカ合衆国東部の中央平原や，南アメリカ南部の湿潤パンパ(→**パンパ**とはアルゼンチンなどのラプラタ川流域に広がる大草原のこと)…小麦や とうもろこしの栽培と牛や豚の飼育を組み合わせた混合農業が盛ん。

7 亜寒帯・寒帯の生活

冬が長い亜寒帯の生活

①亜寒帯(冷帯)の特徴

▶**亜寒帯(冷帯)**…長い冬は寒さが厳しいのに対し，短い夏は暑くなる→気温の年較差が大きい。

→背の高い樹木が生育する気候のなかで，最も寒冷な気候である。

②冬のシベリアで暮らす人々の様子

▶冬の外出着…保温性の高い毛皮のコートや帽子，手袋を身に付けて外出する。

▶市場…凍ったままの魚が売られている。

▶家庭の食卓…魚のほか，肉や乳製品，野菜を酢漬けにした保存食が並ぶことが多い。

用語解説

*1 **北大西洋海流**…暖流のメキシコ海流の延長で，北大西洋を東流する幅広いゆっくりした海流である。イギリス近海からノルウェー海域を経て北極海に至る。

*2 **混合農業**…耕種(=畑をたがやし作物をつくること)と家畜の飼育を結び付けた農業である。耕種では穀物より飼料作物に重きがおかれ，小麦，ライ麦，大麦，じゃがいも，とうもろこしなどを輪作している。家畜は牛，豚などが多い。

*3 **酪農**…乳用家畜(主として乳牛)を飼育し，乳やチーズやバターなどの乳製品を生産する農業のこと。

*4 **二期作**…同一の田や畑に同じ作物を年に2回栽培すること。主に稲作についていう。熱帯では現在でも稲の二期作を行う所が多い。日本では大正時代に普及したが，現在ではほとんど行われない。

*5 **前線**…密度が高い(冷たい)気団(=広い地域にわたって水平方向にほぼ同じ性質をもった空気の塊のこと)と，密度が薄い(暖かい)気団との境界を，前面または前線面とよぶ。これが地表面などと交わってできる線のことである。

▶住居の様子

- 住宅の多くは高床←永久凍土（＝地中の温度が一年中０℃以下で，常に凍結した状態にある土壌）に熱が伝わらないようにするため。
- 窓は二重，三重になっており，壁も厚い。

③亜寒帯湿潤気候（Df）の特徴とそこでの産業

▶**亜寒帯湿潤気候（Df）**…一年中降水がある。

🌍 亜寒帯・寒帯の分布

（ケッペン原図，ガイガーほか修正，ほか）

　→この気候の分布…ユーラシア大陸や北アメリカ大陸の北部など，主に北緯40度以北の地域に分布。

▶森林や農業の様子。

- 北部…常緑針葉樹の**タイガ**が広がっている。
- 南部…針葉樹と落葉樹の混合林がみられ，小麦栽培などの畑作が行われている。

④亜寒帯冬季少雨気候（Dw）の特徴とそこでの産業

▶**亜寒帯冬季少雨気候（Dw）**…冬の降水量は少なく極端に寒い。一方，夏は気温が高くなる。そのため，気温の年較差が大きい。

　→この気候の分布…ユーラシア大陸北東部に分布。

▶この地域の植生と産業…主に落葉針葉樹の からまつ が生育している。この樹木などを用いた林業が盛んである。

TRY 答え・解説 　　　　　　　写真の読み取り方－生活文化－　　教 p.76～77

1 答**1**いも類，**2**米，**3**肉と乳，**4**とうもろこし，**6**麦類とじゃがいも

2 答**1**D，**2**C，**3**B，**4**E，**6**A
解説**1**太平洋の島々で，**2**ベトナムなどで，**3**モンゴルなどで，**4**メキシコなどで，**6**ドイツなどで食されている。

3 答（例）**1**いも類は熱帯（AfやAw）などで，**2**米は温暖冬季少雨気候（Cw）や温暖湿潤気候（Cfa）などで，**3**肉と乳は乾燥帯（BSやBW）など，**4**とうもろこしはサバナ気候（Aw）やステップ気候（BS）などで，**6**麦類とじゃがいもは西岸海洋性気候（Cfb）などで栽培され，食べられている。

4 答**8**G，**9**F，**10**H
解説**8**写真の中で背後にある山脈はヒマラヤ山脈である。

5 答（例）トンガがある地域は高温多湿な環境である。
解説人々の伝統的な服装は一年中風通しのよい衣服である。

6 答（例）アラブ首長国連邦の人々は，日中の強い日ざしや砂ぼこりから身体を守るため，丈の長い衣服を着用している。また，この国では観光客が多く，他国からの出稼ぎ労働者を多数雇用している。外国資本の企業も多数進出している。

雪と氷に覆われる寒帯の生活

①**寒帯**…寒さが一年中厳しく，降水量は極めて少ない→樹木はみられない。

②ツンドラ気候(ET)の特徴とそこでの産業

- ▶**ツンドラ気候(ET)**…１年の大部分は雪と氷に覆われているが，短い夏には気温が上昇→低木や短い草，コケなどがまばらに生えている**ツンドラ**[*1]が広がる。
- ▶この地域に暮らす人々の様子。
  - 農耕は不可能である。
  - アザラシなどの狩猟を行う北アメリカの**イヌイット**や**エスキモー**，**トナカイ**の遊牧を行う北ヨーロッパのサーミなど北方民族が暮らしている。

③氷雪気候(EF)の特徴とそこでの産業

- ▶**氷雪気候(EF)**…降水量は少ないが，低温で積もった雪はとけない→大陸氷河(氷床)に覆われている。
  - →この気候の分布…南極大陸とグリーンランドに分布。
- ▶そこに暮らす人と観光…グリーンランドには約６万人が定住し，漁業などを行っている。南極大陸には，毎年３万人以上の観光客が訪れる。

深める　高山の生活

①ケッペンの気候区分になかった高山気候(H)

- ▶**高山気候(H)**…アンデス山脈やチベット高原[*2]などの標高が高い地域に分布。
  - →この気候は，ほかの気候と地域が重なる。
  - (例)赤道付近の熱帯地域でも，高山では常春のような気候となる←標高が100m上昇するごとにおよそ0.65℃ずつ気温が低下(**気温の逓減率**)するためである。
  - 低緯度の高山気候の地域…気温の年較差は小さいが，日較差は大きい。

SKILL ⑭　写真の読み取り方ー生活文化ー

写真から食文化を読み取る

①世界各地の主食の食べ物…その地域の自然環境をよく反映している。

家畜の写真から自然環境を読み取る

①遊牧で飼育されている家畜…農耕が不可能な地域の厳しい自然環境に適応できる動物
→その地域の気候や地形を読み解く手がかりとなる。

日常の写真から地域の文化を読み取る

①世界各地で撮影される日常の写真…その地域の文化が分かる地理的な情報が映り込んでいる→その地域の宗教や風土などが読み取れる。

用語解説

- *1 **ツンドラ**…北極海を囲んでいる高緯度地域では，タイガ(針葉樹林)よりさらに北では樹木の育たない土地が広がる。ここは地面が凍結し，厚い永久凍土層が形づくられている。この土地またはその植生をツンドラとよぶ。
- *2 **チベット高原**…中国のチベット自治区のすべてに広がる世界最大の高原である。平均標高はおよそ4500m。クンルン，カラコルム，ヒマラヤ，タングラなどの山脈に囲まれている。

追究事例　自然1　乾燥した大陸と太平洋の島々での生活 −オセアニア− ➡ **教 p.78~81**

1 人々をひきつける多様な自然環境

多くの観光客を魅了する自然環境

①オセアニアの範囲…オーストラリア大陸や
　ニュージーランド，太平洋の島々（→**ミク**
　ロネシア，メラネシア，ポリネシアに区分
　される）からなる広大な地域。

②オーストラリアの地形と観光の様子

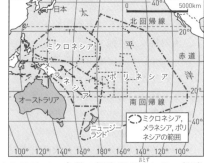

▼ オセアニアの範囲

　▶オーストラリアの内陸部…砂漠が広がり，
　　ウルル（エアーズロック）のような巨大な
　　岩がみられる。[*1]

　▶北東部の沿岸…世界最大の**サンゴ礁**であ
　　る**グレートバリアリーフ**が広がる。[*2]

　▶豊かな自然環境を求め，世界中からオーストラリアへ多数の観光客が訪れる→観光
　　客の半数はアジア諸国からで，近年，中国からの観光客が特に増加している。

③フィジーやサモアなどの太平洋の島々の観光…サンゴ礁のある美しい海や固有の文化
　を求めて観光客が増加→リゾート開発が促進している。

安定地域が広がる大陸と起伏に富んだ島々

①オーストラリア大陸…大陸が形成された年代は極めて古い→東部にはなだらかな山々
　が連なるが，そのほかは**安定陸塊**である。

②ニュージーランドと太平洋の島々の自然の様子

　▶ニュージーランド…変動帯に位置するため火山や地震が多い→温泉や地熱発電所が
　　ある。急峻な山々が多い。

　　●南島…温帯地域では珍しくフィヨルドや山岳氷河が分布。

　▶太平洋の島々…多くは**火山島**→地震や火山の活動が活発。[*3]

③オーストラリア大陸やニュージーランド，太平洋の島々の動植物…ほかの大陸から離
　れていた→カンガルーやコアラ，ユーカリなど独自に進化した固有の動植物が多い。

地域によって大きく異なる気候

①オーストラリアの気候

　▶シドニーやメルボルンなどの沿岸部の**温帯**地域の都市…18世紀にイギリス人の入植
　　の拠点となった→現在も人口の大部分が集中。

　▶19世紀半ばから農地や金鉱を求めて内陸へと開拓を進めたイギリス人→広大な**乾燥**
　　帯が広がる内陸部→自然環境が厳しいため，人の居住がごくわずかな地域が多い。

②ニュージーランドの気候…**偏西風**の影響が強い西岸海洋性気候が広がり，降雨に恵ま
　れている→島の東西で降水量の差が大きい。

③太平洋の島々の気候…多くは熱帯に属す→年間を通して温暖。

深める　オセアニアの歴史と多文化社会

①先住民…オーストラリアでは**アボリジニ**，ニュージーランドでは**マオリ**がそれぞれ先
　住民として暮らしていた。

②イギリス人の入植…18世紀から入植が本格化→初期の入植の拠点はシドニーやメルボルン，クライストチャーチなどの都市→今でもイギリスの歴史的な街並みが残る。
③オーストラリアが行ってきた政策と現在の政策
▶独立後の20世紀初頭から行われていた**白豪主義**の政策[*4]→1970年代後半に撤廃→アジア諸国をはじめとして，いろいろな国からの移民を受け入れた。
▶積極的に導入された**多文化主義**…異なる地域の文化や価値観を尊重すること。

2 自然環境を生かした産業と人々の生活

自然環境を生かした農業と食生活

①オーストラリアやニュージーランドの自然環境と農業の関わり…バーベキューに使われている牛肉や羊肉は，オセアニアの自然環境を生かした農業と深い関わりがある。
②オーストラリアの農業の様子
▶内陸部の乾燥地域の牧畜…**肉牛**の粗放的な放牧の中心地。
• **グレートアーテジアン（大鑽井）盆地**[*5]…豊富な**被圧地下水**（＝水を透さない層に挟まれた地下水）をくみ上げて，大規模牧畜を行ってきた。
• 北部の農場…牛の数に対して放牧地が特に広大で，日本の小さな県くらいある広い農場で，ヘリコプターを使用して肉牛を管理している所もある。
▶比較的降水量が多い南部の沿岸地域の農業…小麦や大麦などの穀物栽培と羊や肉牛の飼育とを組み合わせた**混合農業**地域である→小麦や牛肉などが大量に生産・輸出されている。
③ニュージーランドの農業…豊かな牧草を使った**羊**の放牧や酪農が中心→乳製品や羊肉は重要な輸出品である。
④太平洋の島々の農業…タロいもやキャッサバなどを栽培する自給的農業が中心→ココナツなどが重要な商品作物になってきた。

用語解説

*1 **ウルル**…オーストラリアのノーザンテリトリー南西部にある巨岩。周囲約9.4kmあり，単一の岩石としては世界で2番目に大きい。先住民アボリジニにとっての聖地である。
*2 **グレートバリアリーフ**…オーストラリアのクイーンズランド州北東岸に位置し，面積20万km²あまりの海域に広がる世界最大のサンゴ礁。幅24～145km，長さおよそ2000kmにわたって連なっている。大堡礁ともいう。
*3 **火山島**…海底の火山活動により海面上に現れた島。また，火山噴出物の堆積や，海底の隆起などによって，その頂部が水面上に現れ火山島になることがある。
*4 **白豪主義**…19世紀後半から20世紀半ばまでオーストラリアが行っていた，有色人種の移民を排斥し，白人移民を中心に社会構成しようとする政策である。
*5 **グレートアーテジアン（大鑽井）盆地**…オーストラリア中東部にある広大な鑽井（＝掘り抜き井戸）盆地である。面積はおよそ175万km²。鑽井盆地としては世界最大である。帯水層（＝地下水を帯びている地層）と不透水層が何層にも重なり，上層の不透水層を貫けば地下水が自噴する。

深める　端境期（はざかいき）に合わせた農業と太平洋の島々

①南半球にあるオセアニアの地理的な条件を生かした農業

▶南半球のオセアニアの国々の農作物の収穫時期…北半球の収穫時期と逆になる→これを利用した野菜生産が盛ん。

→(例)ニュージーランドのかぼちゃの生産と輸出…日本の市場で流通量が少ない**端境期**（1月から4月の間）にかぼちゃを収穫→日本の輸入量の5割を供給している（2020年）。

▶トンガやバヌアツ，ニューカレドニアなどの島々でもかぼちゃの生産が一時期急増した。

・外貨獲得ができる産業に乏しい太平洋の島々では，新たな輸出産業と期待。
・近代的な出荷体制や栽培技術の確立が遅れている→近年では生産が伸び悩む。

②太平洋の島々が抱えている課題…オーストラリアやニュージーランドへの出稼ぎや親族からの送金，先進国による**政府開発援助**に依存した経済→新たな産業を創出する必要がある。

自然環境を生かしたオーストラリアの鉱工業

①オーストラリアの鉱山と鉱山都市…**露天掘り**[*1]の鉱山→その周辺に，鉱山やその関連産業で働く人たちが生活する鉱山都市がある。

②オーストラリアの鉱産資源

▶オーストラリアは安定地域に位置する→先カンブリア時代の古い地層が広い範囲にわたって露出→西部のピルバラ地区には**鉄鉱石**の鉱床がある。

▶東部のボウエン地区…古生代の地層が露出→**石炭**に恵まれている。

▶鉄鉱石や石炭，ボーキサイト，ウラン，亜鉛，金などの鉱産資源の産出量は世界有数→ニッケルやチタン，マンガンなどの**レアメタル**[*2]の生産も多い。

③オーストラリアの鉱産資源の輸出と輸出先

▶オーストラリアの鉱産資源の輸出…鉱山は道路や鉄道で輸出港と直結→多くの鉱産資源を輸出→鉄鉱石と石炭は日本に大量に輸出され，生活や産業で幅広く利用。

▶旧宗主国であるイギリスとつながりが深かったオーストラリア→1970年代以降，アジア諸国との結び付きを強化→鉱産資源開発も日本や中国などの資本によって進行。

・2000年代以降，急速な工業化を進める中国への輸出が特に急激に増加。
・鉱産資源の輸出額…オーストラリアの総輸出額の2分の1以上を占める。

追究事例　自然2　モンスーンの影響を受ける地域での生活 −東南アジアー ➡ 教 p.82~85

1 モンスーンの影響を受けてきた人々の生活

モンスーンの影響を受ける人々の生活

①カンボジアのトンレサップ湖周辺で生活する人たちの住居…高い杭の上に住居を構えている→高床式住居である理由は，**季節風（モンスーン）**の影響で，湖の水量が**雨季**に増加することに備えるためである。

②東南アジアの地形と気候

▶地形…**インドシナ半島**を中心とした大陸部と，**マレー半島**および列状に連なる島々からなる島嶼部に区分される。

▶インドシナ半島の気候

- 5～10月ごろ…海から大陸に向かって，南西の湿った風が吹く→雨季となる。
- 11～4月ごろ…大陸から海に向かって，北東の乾燥した風が吹く→乾季となる。

▶島嶼部が位置する所の気候

- 赤道付近の気候…1年を通じて雨が多い→熱帯雨林気候（Af）になっている。
- 赤道から離れるにしたがい，明瞭な雨季と乾季があるサバナ気候（Aw）になる。

③大河の河口付近にできる地形…メコン川*3やチャオプラヤ川など（←季節風によってももたらされる雨が流れている）の河口付近には巨大な三角州（デルタ）が発達している。

④インドネシアやフィリピンの島々の地形…変動帯に位置し，多くの火山が存在。
→地震の多発地帯で，地震に伴う津波などによる自然災害がしばしば発生。

モンスーンを利用した交易の歴史

①東南アジアの位置と交易ルート，さまざまな文化の伝来

▶位置…インド洋と太平洋の間にあり，季節風を利用した船の往来が盛ん→古代から海の交易が行われていた。

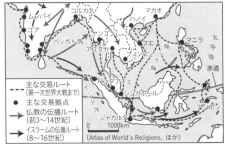
● 東南アジアの交易と宗教の伝播

- 「海の道」…ヨーロッパと東アジアを結ぶ交易ルートをこうよんだ。
- 西アジアのムスリム商人，中国やインドなどから多くの人が渡来→島嶼部が海上交通の拠点→言語や宗教・芸術・社会制度などいろいろな文化が流入する玄関口となる。

▶（例）東南アジアの宗教に注目。

- 仏教…インドから伝来→タイやミャンマー，カンボジアでは，今でも人々の暮らしに大きな影響をもたらしている。
- イスラーム（イスラム教）…交易の拡大とともにマレー半島やインドネシアの島々に広がる→インドネシアは世界最大のムスリム人口が存在する国である。

🧔 用語解説

*1 露天掘り…地表で鉄鉱石や石炭などの鉱産資源を採掘する方法。鉱床が地表に露出したり，地下の浅い所にあったりしたときに適した方法である。掘り方としては，渦を巻くようにして地下へと掘り進んでいく。

*2 レアメタル…地球に存在する量自体が少ないか，特別な使い途のために流通・使用量が少ない金属のこと。レアメタルとしては，インジウム・ガリウム・クロム・ゲルマニウム・コバルト・ジルコニウム・ストロンチウム・セシウム・セリウム・タングステン・タンタル・ニオブ・バナジウム・パラジウム・プラチナ・リチウム・ロジウムなどがある。希少金属ともいう。

*3 メコン川…東南アジア最長の国際河川。全長約4250km，流域面積約81万km²。中国のチベット高原東部に源を発し，ミャンマー，ラオス，タイ，カンボジアを経てベトナム南部で南シナ海へ注いでいる。

さまざまな民族が共に暮らす社会

①東南アジアの国々の様子と民族

- ▶東南アジアの国々…交易や植民地化の歴史により，多くの民族がまじり合った**多民族国家**となっている。
- ▶(例)マレーシアについて。
  - 住民…マレー系住民が人口の約6割(2018年)を占める→**華僑**(=中国から外国へ移住した中国人，国籍は中国)や**華人**(=外国生まれで，その国の国籍を取得している中国系の人々)とよばれる中国系住民，インド系住民も多い。
  - 日常語として使用される言語…マレー系住民はマレー語，中国系住民は中国語，インド系住民はタミル語→他民族間での会話には英語も使う。
  - マレーシアで生じた民族間の対立…都市部に多く，経済面で優位にある中国系住民と，農村部に多いマレー系住民との間に生じた。
  ⇒マレーシア政府の政策…マレー系住民を教育や就労の面で優遇→農業以外の分野に進出できるように配慮した**ブミプトラ政策**を導入→民族共生を図った。

2 気候を生かした農業と人々の生活

稲作の発達と米食文化

①東南アジアの米の種類と米を使った料理

- ▶東南アジアの多くの地域で食べられている米…日本の米より粒が長いインディカ米。
- ▶米を使った料理…白米として炊いたり蒸したりする。また，米粉にしてフォーのようなめんやライスペーパーなどに加工して，料理に使用する。
- ▶東南アジアの国々は，米を中心とした**米食文化**が広がっている。

②東南アジアの稲作の様子

- ▶**稲作**が特に盛んな地域…ジャワ島[*1]やインドシナ半島の平野部など←季節風の影響を強く受ける所。
  - 雨季の雨に恵まれて生育した稲は，乾季の強い日ざしの下で豊かに実る。
  - **チャオプラヤ川**[*2]などの大河川沿いの平野でつくられる米は，世界各地に輸出されてきた。
- ▶1960年代に開発された短期間で収穫できる**高収量品種**→政府が行った灌漑整備[*3]や肥料の補助により広く普及。
  ⇒これらの農業の技術革新は**緑の革命**とよばれ，東南アジア諸国の稲の収穫量は飛躍的に増えた。
- ▶今では機械化が進んだ商業的稲作も広く行われ，灌漑により年2回，稲を栽培する**二期作**が行われている所も多い。

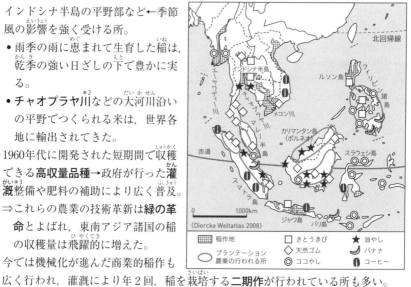

▼ 東南アジアの農業地域

北回帰線　ルソン島　フィリピン諸島　インドシナ半島　エーヤワディー川　メコン川　チャオプラヤ川　マレー半島　カリマンタン島（ボルネオ）　スラウェシ島　赤道　スマトラ島　ジャワ島　バリ島

0　1000km

(Diercke Weltatlas 2008)

稲作地　プランテーション農業の行われる所　さとうきび　天然ゴム　ココやし　油やし　バナナ　コーヒー

熱帯の気候を生かした商品作物の栽培

①東南アジアでの熱帯の気候を生かした農業

- ▶さとうきびや天然ゴム，油やし，バナナ，コーヒーなどの作物を広く栽培。
- ▶これらの**商品作物**(＝市場へ商品として売ることを目的とした農作物)…主に**プランテーション**(＝植民地化されたアジアやアフリカ，ラテンアメリカを中心に形成された大農園)でつくられ，世界各地に輸出。
  - →東南アジアにプランテーションが多い理由…かつてヨーロッパ諸国の植民地下にあったため，この時期にプランテーションや鉱産資源開発が行われたからである。
  - ●第二次世界大戦後，東南アジア諸国は独立→産業や文化，社会制度におき，旧宗主国の影響が残っている。
- ▶工業化を図る東南アジア諸国…農産物や鉱産資源の輸出に依存する**モノカルチャー経済**^{*4}からの脱却を目指す→人々の生活水準を向上させる努力を行った。

②マレーシアやインドネシアの開発と熱帯林の破壊

- ▶植物油や洗剤など原料となる油やしの栽培地の拡大が継続。
- ▶インドネシアなどの海岸部での えび や魚の養殖…**マングローブ**を切りひらいて養殖池をつくっている→養殖された えび は日本などへ輸出されている。
  - ⇒これらの開発で，熱帯林の破壊が進んでいる地域もある。

深める　工業化による経済発展と生活の変化

①東南アジア諸国の先進国企業誘致…関税などの優遇を行う輸出加工区を設けたり，人件費の安さを生かしたりして積極的に誘致している。

- ▶工業化に伴う経済発展による暮らしの変化…都市部の中間層の人たちが経済力をもつ→自動車や冷蔵庫，エアコンなどを購入する世帯が増加している。
- ▶大都市の中心部…高層ビルの林立や大型ショッピングモールなども見られる。

②タイやマレーシアの賃金水準の上昇による影響…**ドイモイ**(刷新)とよばれる市場開放政策を行うベトナム，工業団地の整備が開始されたミャンマーやカンボジアへの企業進出が広がる。

⇒**東南アジア諸国連合**(ASEAN)の国々は，大きく成長する市場として注目を集めている。

🔍 用語解説

- *1 **ジャワ島**…インドネシアの政治・経済の中心をなす島で，大スンダ列島の南東部に位置する。首都ジャカルタがある。アルプス＝ヒマラヤ造山帯に属している。
- *2 **チャオプラヤ川**…タイ中央部を縦断するタイ最大の河川。チャオプラヤデルタを形成しながらタイランド湾に注いでいる。
- *3 **灌漑**…作物の栽培に必要な水を，河川や湖，ため池などから水路で引き，農地を潤すなど，水利を図ること。
- *4 **モノカルチャー経済**…農産物や鉱産物など，特定の一次産品(＝農林水産業および鉱業によって産出される加工されていないもの)の生産と輸出に国が大きく依存している経済である。

演習問題 ❸

1 次の①〜⑧にあてはまる語句を答えよ。

　世界の大地形には，地震活動や地殻変動が活発で，巨大な山脈や活断層，火山などのある（①　　　　　　　　）と，それ以外の地震や火山活動が不活発な安定地域がある。地球の表面は厚さおよそ100kmの固い岩盤である（②　　　　　　　　）に覆われている。（①）の（②）には，その境界に特徴がみられる。隣り合う（②）が互いに遠ざかり，引っ張り合う力が働く境界では，太平洋などの大洋の海底に（③　　　　　　　　）が形成されている。一方，隣り合う二つの（②）のが互いに近づき，押し合う力の働く境界では，（②）の沈み込みや衝突により（④　　　　　　　　）と列島や巨大な山脈などの大地形が形づくられている。

　安定地域のなかで最も古い陸地は（⑤　　　　　　　　）とよばれている。（⑤）では，（⑥　　　　　　　　）などが広がり，その地質構造から（⑦　　　　　　　　）と卓状地に分けられる。卓状地がわずかに傾斜し，硬軟の地層が不均等に侵食されてできた地形が（⑧　　　　　　　　）とよばれる。

2 次の問いに答えよ。

(1) 氾濫原の周辺にある台地のうち，河川沿いに広がり，谷底平野や氾濫原が河川によって刻まれ階段状になった地形を何というか。　（　　　　　　　）

(2) 三陸海岸や三重県の英虞湾の海岸には，入り江が連続する海岸がある。このような海岸を何というか。　（　　　　　　　）

(3) 右の写真は，北海道の野付半島にみられる地形で，陸から海に細長く突き出した砂浜である。このような砂浜を何というか。　（　　　　　　　）

(4) 石灰岩層からなる地域では，石炭岩の主成分である炭酸カルシウムと，地下水や雨水に含まれる二酸化炭素との化学反応により，岩が徐々に溶けていく。これによって形づくられた地形を何というか。　（　　　　　　　）

3 次の問いに答えよ。

(1) 気温は1日周期，1年周期で変動している。このうち，1日の変化の大きさを何というか。　（　　　　　　　）

(2) 風は気圧の高い所から低い所に向かって吹くため，全地球的規模で，高圧部から低圧部への風の流れが起こっている。これを何というか。
　（　　　　　　　）

(3) 大陸上に冬は高気圧が生じ陸から海に向かって乾いた風が吹き，夏は低気圧が生じ海から陸に向かって湿った風が吹く。この風を何というか。　（　　　　　　　）

(4) ある地域を覆っている植物の集まりを何というか。　（　　　　　　　）

4 次の①～⑥にあてはまる語句を，下の選択肢から選び記号で答えよ。

　　熱帯の気候には，一年中気温が高く雨が多い熱帯雨林気候(Af)と，雨季と乾季がある（　①　）がある。乾燥帯には，一面に岩石や砂が広がり年降水量が250mm未満の地域が大部分の（　②　）と，（　②　）よりやや降水量が多いステップ気候(BS)が分布している。四季の変化が明瞭な温帯は四つの気候に分かれている。年間降水量が比較的少なく，夏は乾燥し，冬に降水が集中する（　③　），主に大陸西岸にみられ，温帯のなかで最も高緯度にある西岸海洋性気候(Cfb)，夏は熱帯並みの暑さとなり，降水量も多く，冬には降水量が少ない温暖冬季少雨気候(Cw)，季節風の影響が強く，気温の年較差が大きい（　④　）がある。亜寒帯(冷帯)の気候には，ユーラシア大陸や北アメリカ大陸北部など，主に北緯40度以北の地域に分布する（　⑤　）と，ユーラシア大陸北東部に分布する年較差が大きな亜寒帯冬季少雨気候(Dw)がある。寒帯には，夏に気温が上がり，低木や短い草，コケなどが生えるツンドラ気候(ET)と，南極大陸やグリーンランドに分布し，大陸氷河(氷床)に覆われている（　⑥　）がある。

| ア　亜寒帯湿潤気候(Df) | イ　温暖湿潤気候(Cfa) | ウ　砂漠気候(BW) |
| エ　サバナ気候(Aw) | オ　地中海性気候(Cs) | カ　氷雪気候(EF) |

①（　　　）　②（　　　）　③（　　　）　④（　　　）　⑤（　　　）　⑥（　　　）

5 オセアニアについて，次の問いに答えよ。

(1) オーストラリアの内陸部には砂漠が広がり，先住民アボリジニの聖地である巨岩がある。この巨岩を何というか。　　　　　　　　　　　　　（　　　　　　　）

(2) ニュージーランドの気候は，ある風の影響を強く受ける西岸海洋性気候で，降水に恵まれている。この風を何というか。　　　　　　　　　（　　　　　　　）

(3) オーストラリアの内陸部ではある家畜の粗放的な放牧が行われている。どの家畜の放牧が行われているのか，下の選択肢から選び記号で答えよ。　（　　　）

> ア　肉牛　イ　羊　ウ　やぎ　エ　らくだ

6 東南アジアについて，次の問いに答えよ。

(1) 季節風によってもたらされる雨水が流れるメコン川やチャオプラヤ川などの河口付近に形成されている地形は何か。　　　　　　　　　　　（　　　　　　　）

(2) 中国からマレーシアなどの外国に移住した中国人で，中国国籍をもつ人たちのことを何というか。　　　　　　　　　　　　　　　　　　　　（　　　　　　　）

(3) 右のグラフを見て，問いに答えよ。

① グラフ中のAにあてはまる農作物は何か。　　　（　　　　　　　）

② グラフ中のBは，東南アジア諸国の一つであり，Aの農作物の生産が特に多いのはB国のジャワ島である。B国の国名は何か。　　（　　　　　　　）

◆ Aの生産国

| A 計7億5547万t | 中国 27.7% | インド 23.5 | バングラデシュ 7.2 | B 7.2 | タイ 3.8 | フィリピン 2.5 | その他 18.8 |

ベトナム 5.8　　ミャンマー 3.5

(2019年) (FAOSTAT)

［解答→p.173］

3節　世界の言語・宗教と人々の生活 ➡ 教 p.86〜89

1 世界の言語と人々の生活文化

言語と民族の関わり

①世界のさまざまな言語と民族

- ▶世界では，さまざまな**言語**が話され，その種類もたくさんある。
- ▶言語のもつ性質…土地や宗教，衣食住などの慣習とともに，**民族**（＝共通の帰属意識をもった集団）の構成や人々の日常の暮らしに関わっている。
  ⇒共通の言語を話すことは同じ民族に所属しているという連帯感が強まる。

②ヨーロッパでの少数民族と公用語についての問題

- ▶独自の言語や文化をもつ**少数民族**…ほかの民族の国家に編入されていることが多い
  →スペインの**バスク地方**[*1]や**カタルーニャ地方**[*2]などがその例。
- ▶（例）スペインのバスク地方やカタルーニャ地方の場合。
  - スペイン北部のバスク地方に暮らす人たちは，独自の言語や文化をもち，バスク人とよばれている→この地方では，看板や道路標識などもバスク語が優先である。
  - スペインの公用語であるスペイン語は，マドリードを中心とした地域で話されているカスティリャ語→スペイン全土の共通語ではない。
  - バスク語やカタルーニャ語を話す人々の考え方…カスティリャ語だけをスペイン全土の公用語とする国家の在り方に反発。
    →そのため，長期にわたり分離・独立を求める運動を行っている。

公用語と人々の生活

①世界の国々での公用語

- ▶国家をまとめるため，特定の言語を**国語**（＝国の国家語として憲法などで定めた言語）や**公用語**（＝ある国が公に使うことを国家が定めた言語）として定めている。
- ▶英語やスペイン語，フランス語などは多くの国の公用語となっている→ヨーロッパの国々が植民地を広げるために世界各地に進出した時代にそれらの言語が広まった。

②複数の言語を公用語として定めている国とその理由

- ▶公用語が**母語**[*3]でない民族の人たちでも，その国に居住している限り，公用語を学ばないと就学や就職のときに不利になることもある。
- ▶（例）スイスの公用語について。
  - スイスの公用語は四つの言語…ドイツ語・フランス語・イタリア語・**ロマンシュ語**[*4]。
  - 内陸国のスイスには隣国からいろいろな民族が流入→今もその子孫たちが暮らしている。
    →地域によって，言語や文化に大きな違いが生じている。

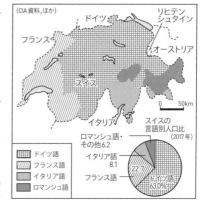
スイスの言語分布

- 住んでいる地域の言語以外の公用語を学び始めるのは小学校からである→2009年から，多くの州では外国語である英語も義務教育で学ぶことが義務化。
  ⇒ドイツ語圏(けん)の人とフランス語圏の人が話をするときの英語の併用(へいよう)や，職場での三つの言語の使用が日常的になっている。

2 世界の宗教と人々の生活文化

食生活と宗教

①宗教がもつ大きな影響力(えいきょうりょく)

- ▶宗教は人々の暮らしに影響をもたらす社会環境(かんきょう)の一つである。
- ▶宗教のもつ力…人の生き方や同じ信仰(しんこう)をもつ人たちの社会に規範(きはん)を示す→その教えは食生活にも及(およ)んでいる。

②宗教と食生活

- ▶(例)ムスリム(イスラム教徒)の食生活…豚肉(ぶたにく)を食することや飲酒は禁じられている→原則，宗教的に定められた方法で調理された食品(ハラールフード)を食べることになっている。
- ▶(例)ヒンドゥー教徒の食生活…神聖な動物であるとされる牛の肉は食べない→不殺生(ふせっしょう)の教えから菜食主義者(ベジタリアン)[*5]もいる。
- ▶日本人とムスリム・ヒンドゥー教徒の食生活との相違点(そういてん)・共通点。
  - 日本人とムスリム・ヒンドゥー教徒の相違点…日本の食生活には宗教の影響がほとんどないが，ムスリム・ヒンドゥー教徒には宗教上の制約がある。
  - 日本人とムスリム・ヒンドゥー教徒の共通点…どちらも，鶏肉(とりにく)や羊肉(ようにく)，魚肉などを食している。
    →日本人は，宗教による食生活に制限がかかっている所でも，料理を楽しむことができる。

用語解説

- *1 **バスク地方**…フランスとスペイン両国にまたがるピレネー山脈西部山麓(さんろく)からカンタブリカ山脈東部山麓に及ぶ地方。
- *2 **カタルーニャ地方**…スペイン北東端の地方。バルセロナ，ヘロナなど4県で自治州を形成。北はピレネー山脈，東から南は地中海に臨む地方。州都はバルセロナ。
- *3 **母語**…人が幼児期に，親などの周囲の人が話すのを聞いて自然に習い覚えた初めての言語。
- *4 **ロマンシュ語**…スイスのグラウビュンデン州の公用語の一つ。レト・ロマン諸語(イタリア北部やスイスのアルプス地方で話されている三つの言語の総称)の一つで，話し手はおよそ5万人といわれる。
- *5 **菜食主義者(ベジタリアン)**…肉や魚などの動物性食品を食することなく，野菜・いも類・豆類など植物性食品を中心に食する人のことである。この菜食主義者は，肉類に加え卵・乳製品なども一切食さないビーガン(ピュアベジタリアン)，植物性食品と卵を食するオボベジタリアン，植物性食品と乳製品を食するラクトベジタリアンなどに分かれている。

宗教と生活の関わり

①世界各地で広く信仰されている世界宗教

▶今の世界では，いろいろな宗教が信仰されている。

▶**世界宗教**…**キリスト教***1，**イスラーム（イスラム教）***2，**仏教***3→これらの宗教は，民族や言語のまとまりを越え，広い地域で信仰されている。

▶キリスト教の広がり…ヨーロッパやヨーロッパからの移民の歴史がある南北アメリカやオセアニアなどで信仰されている。

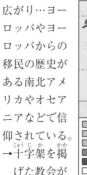

◆ 世界の宗教分布

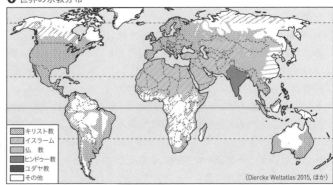

キリスト教
イスラーム
仏　教
ヒンドゥー教
ユダヤ教
その他

(Diercke Weltatlas 2015, ほか)

→十字架を掲げた教会が建ち，**聖書**の教えに基づいた生活がみられる。

▶イスラームの広がり…聖地**メッカ**があるアラビア半島を中心に，東南アジアから北アフリカに至る地域で主に信仰されている。

→ムスリムは**コーラン（クルアーン）**を聖典とし，そこに記載された礼拝や断食などの宗教儀礼を行っている。

▶仏教の広がり…東アジアや東南アジアで主に信仰されている。

→特にタイの男性は，一生に一度は出家して僧侶として修行する習慣があるなど，仏教が人々の暮らしと深く関わり合っている。

②特定の地域や民族に結び付いている宗教

▶**民族宗教**…インドで信仰されている**ヒンドゥー教**や，イスラエルに信者が多い**ユダヤ教***4→特定の地域や民族に結び付いている。

▶ヒンドゥー教…特定の教祖や経典をもたない**多神教**→沐浴*5などの儀式を行う。

▶ユダヤ教…男性の信者の正装は黒ずくめの服である。

▶宗教の違いにより，世界では多様な暮らしが営まれている。

追究事例 宗教1　イスラームと人々の生活の関わり ―中央アジア・西アジア・北アフリカ― **➡ 教 p.90〜95**

1 イスラームを中心とした生活文化

ムスリムの生活

①中央アジアから北アフリカにかけての地域の宗教と生活

▶**ムスリム**の多い地域…中央アジアから北アフリカにかけての地域である。

→この地域のほとんどの国ではイスラームの考え方や習慣が生活文化や社会の基盤となっている。

▶イスラームのおこりと広がり…7世紀にアラビア半島でおこる→西アジアや北アフリカ，そして中央アジアなどに広がった。

②聖典であるコーラン（クルアーン）と人々の生活

- ▶イスラームの教えが記載された聖典であるコーラン（クルアーン）は，**アラビア語**で書かれている。
- ▶アラビア語が重視されているイスラーム…人々は幼いころからコーランを通して，アラビア語の読み方などを学習する。
- ▶ムスリムが守るべき宗教儀礼が記載されているコーランの内容。
  - 1日5回，聖地のメッカの方向に向かって礼拝をすること。
  - イスラーム暦*6の断食月（ラマダーン）*7には日中に飲食をしないこと。
  - 生涯に一度はメッカに巡礼すること　など。
- ▶コーランに記載されている日常生活に関する守るべききまり。
  - 豚肉や酒の飲食をしないこと，宗教的に認められた方法で調理された食品（ハラールフード）を食べること。
  - 女性の外出の際の服装…肌や頭部を見せないようにすること　など。

🦉 用語解説

*1　**キリスト教**…ユダヤ教のなかから紀元前後にパレスチナで改革運動が始まり，神の国を説いたイエス・キリストの生涯と教えに基づき，イエスを復活した救い主と信じることによって成立した宗教。

*2　**イスラーム（イスラム教）**…ムハンマドによって創始された宗教で，その教えの柱は唯一絶対なる神アッラーへの帰依と服従である。ムスリムは，「アッラーのほかに神なし，ムハンマドは神の使徒」を唱え，信徒としての敬虔さを表明・再確認する。

*3　**仏教**…ガウタマ＝シッダールタ（ブッダ）によって創始された宗教で，バラモン教の形式化とヴァルナ制を批判した。その教えは，この世の苦難を乗り越えるための修行のしかたを説いた。

*4　**ユダヤ教**…唯一神ヤハウェを奉じる世界最古と考えられる宗教。初期の指導者のモーセに啓示したその教えは，「唯一神ヤハウェを信じること」，「十戒をはじめとする律法を遵守すること」，「朝・昼・晩に神に対して祈りをささげ，安息日の土曜日に集団礼拝を行うこと」，「豚肉など不浄とされるものを食べないこと」などである。

*5　**沐浴**…宗教的な意味では，穢れを除く清浄儀礼の一つ。ヒンドゥー教徒はガンジス川を神聖視しており，このガンジス川の水に浸って体を潔めている。

*6　**イスラーム暦**…ヒジュラ（聖遷）が行われた622年7月16日をイスラーム暦元年1月1日とする太陰暦。暦月は，交互に30日，29日とし，12暦月で1年，354日。イスラームの国々では現在も使用している。

*7　**断食月（ラマダーン）**…ラマダーンはアラビア語で「暑い月」の意味で，イスラーム暦第9月のことである。イスラームではこの第9月の27日にコーランが人々に与えられたとされるために神聖な月である。この月にムスリムには日の出から日没まで断食することを義務づけられている。

三つの言語集団と生活習慣の地域差

①中央アジアから西アジア，北アフリカにかけての地域の言語と宗教の差

  ▶中央アジアから西アジア，北アフリカにかけての地域に住む人々の言語…大きく区
分すると**トルコ語**，**ペルシア語**[*1]，**アラビア語**[*2]である（下の地図を参照）。

  ▶民族や地域などによって
コーランの解釈のしかた
に多少の差異がでている
→（例）三つの言語を話す
地域の女性の服装でみる。

⬇ 中央アジア・西アジア・北アフリカの言語分布

言語集団の分布	
アフリカ・アジア語族（アラビア語など）	その他の言語
インド・イラン語派（ペルシア語など）	無居住地域
アルタイ諸語（トルコ語など）	アラビア語を公用語とする国

カザフスタン／ウズベキスタン／トルコ／レバノン／イスラエル／イラン／サウジアラビア

（国立民族学博物館資料）

   ● サウジアラビアなどア
ラビア語を話す地域の
女性…規律がより厳格
であることが多い→外
出の際は，目と手足の先以外すべてを覆う**アバヤ**とよばれる黒色の長いローブを
着ることが義務づけられている。

   ● ペルシア語が公用語のイランの女性…一般的には**チャドル**とよばれる半円形の黒
い布をかぶって外出する→サウジアラビアほど厳格な規律でない。

   ● トルコ語を話すトルコやウズベキスタンなどの中央アジア諸国の女性…スカーフ
で頭だけを覆うことが多い→スカーフや服は色とりどりである。

  ▶ムスリムはアラビア語で記載されたコーランを学習することで，言語や規律を共有
→ムスリムとしてのまとまりを保っている。

  ▶西アジアは，キリスト教やユダヤ教が生まれた地域でもある→イスラエルやレバ
ノンなどでは，ユダヤ教徒やキリスト教徒も多い。

深める　パレスチナ問題

①パレスチナとその周辺の地域で誕生した宗教…ユダヤ教，キリスト教，イスラームが
成立→長い間ユダヤ人とアラブ人が共存。

②繰り返されるようになった衝突と戦争…ヨーロッパで迫害を受けたユダヤ人→第一次
世界大戦後，パレスチナとその周辺地域にユダヤ人の入植が増加→パレスチナのアラ
ブ人やアラブ諸国とユダヤ人の間で衝突や戦争が何度も発生。

③対立と共存…イスラエルが占領したヨルダン川西岸地区やパレスチナ自治区のガザ地
区では，今も領土をめぐって民族間での争いや宗教対立が続く。一方，エルサレムな
どでは，現在も両民族が共存。

2 乾燥地域で暮らすムスリムの生活文化

オアシス都市で発達したイスラーム

①中央アジアから西アジア，北アフリカにかけての地域の様子

  ▶多くの地域が乾燥帯…**砂漠**や**ステップ**が広範囲に分布。

  ▶水が得られる**オアシス**周辺に，ウズベキスタンのサマルカンドやイラクのバグダッ
ドなどの都市が成立。

   ● これらの多くの都市は，遊牧民と農耕民の**交易**の場として発達。

→中国とヨーロッパを結ぶ東西交易路の要衝として重要な役割を担っていた。
- サウジアラビアの**メッカ**(→イスラームの聖地)…交易が盛んなオアシス都市であったため，イスラームとその文化は交易ルートに沿って広まっていった。

▶交易を軸に都市が発展→人々の社会習慣や価値観に反映されることとなった。
- **バザール**や**スーク**とよばれる伝統的な市場…あらゆるものの売買や，多様な情報交換が行われている。
- 大勢の外国人の往来→都市住民は異文化に対し開放的で，客を**もてなす**ことを大切にする文化が根づいている。

乾燥した地域での暮らし

①乾燥地域での農牧業と人々の生活

▶砂漠やステップで暮らす人々の牧畜…昔から**らくだ**や**羊**などを飼育し，草や水を求めて移動する**遊牧**を行ってきた。
→特に乾燥に強い らくだ は砂漠の移動手段となり，町や村の間を結ぶ交易に役立ってきた。

▶オアシスでは，**地下水路**などを利用→貴重な水を公平に各家の畑に引く灌漑のしくみなどが発達。

▶乾燥した風土が食文化に与えた影響は大きい。
- 国土の大部分が砂漠地帯のモロッコで生まれたタジン鍋(= 帽子のようなふたの形は，水がなくても料理できるように考えられたものである)。
- オアシスでよく栽培される**なつめやし**の実…この実はデーツとよばれ，甘く，乾燥したものは保存ができる→西アジアを中心とした地域で，古くから人々の甘味として好まれている。

🦉 用語解説

*1 **ペルシア語**…インド・ヨーロッパ語族のインド・イラン語派に属する言語である。イランを中心に，アフガニスタンやタジキスタンなどで話されている。文字は，ほとんどがアラビア文字を使用している。

*2 **アラビア語**…アフリカ・アジア語族に属する言語である。西アジアから北アフリカにかけての広い地域で使用されており，公用語としている国や地域は20以上に及ぶ。国連の公用語の一つでもある。

*3 **バザール**…もともとはイスラームの文化圏で発達した伝統的な市場を指すペルシア語であった。モスクの近くにあり，イスラームを布教するための活動との関係が深いものであった。アラビア語ではスークという。

*4 **地下水路**…地下につくられた水路で，灌漑の水を供給している。地下につくられた理由は，水の蒸発を防ぐためである。北アフリカなどではフォガラ，イランではカナート(= アラビア語で地下水路の意味)，アフガニスタンなどではカレーズとよばれている。

*5 **なつめやし**…ヤシ科の常緑高木で，原産はペルシア湾沿岸。果肉は柔らかく生食ができるが，実を乾燥させて保存するほか，ジャムやゼリーなどもつくる。

<ruby>乾燥<rt>かんそう</rt></ruby>した地域での農業

①中央アジアから西アジア，北アフリカにかけての地域で行われる農業
- ▶オアシスの水を利用する<ruby>灌漑<rt>かんがい</rt></ruby>農業…小麦や野菜，なつめやしなどを<ruby>栽培<rt>さいばい</rt></ruby>。
  - ●サウジアラビアなどで行われている大規模灌漑農業…深い井戸を<ruby>掘<rt>ほ</rt></ruby>り，大量の地下水をくみ上げ，**スプリンクラー**で農地に散水して農業を行ってきた。
- ▶中央アジアの農業…カザフスタンでの大規模な**小麦**の栽培，ウズベキスタンなどでの**綿花**の栽培が<ruby>盛<rt>さか</rt></ruby>ん。
- ▶トルコやチュニジアなどの地中海沿岸での農業…かんきつ類やぶどう，冬小麦などを栽培。

３ 変化するムスリムの生活

人々の生活を豊かにした石油資源

①<ruby>恵<rt>めぐ</rt></ruby>まれたエネルギー資源と人々の暮らし…<ruby>砂漠<rt>さばく</rt></ruby>のなかの都市ドバイにスケート場がつくられたり，アゼルバイジャンの首都に近未来的なビルが建てられたりしている。
　⇒背景には，この地域における石油などのエネルギー資源の豊かさがある。

②**大規模な油田が集中する地域**…中央アジアの**カスピ海沿岸**から，**ペルシア湾岸**[*1]，アラビア半島を経て北アフリカに至る地域。
- ▶石油資源開発の当初…**国際石油資本(石油メジャー)**とよばれる<ruby>欧米<rt>おうべい</rt></ruby><ruby>企業<rt>きぎょう</rt></ruby>が石油利権を<ruby>独占<rt>どくせん</rt></ruby>→産油国の利益にならず，国民の暮らしも豊かにならなかった。
- ▶状況打開の動き…1960年に，産油国の政府が**石油輸出国機構(OPEC)**[*2]を結成。
- ▶1970年代以降…産油国が原油の価格や生産量の決定を主導している。
  - ●産油国は石油収入が<ruby>飛躍的<rt>ひやくてき</rt></ruby>に増えた。
  - ●経済的に豊かになった産油国…原油輸出の利益を，石油産業の育成や農業開発，交通・<ruby>通信網<rt>つうしんもう</rt></ruby>の整備，教育・<ruby>福祉<rt>ふくし</rt></ruby>の<ruby>充実<rt>じゅうじつ</rt></ruby>などに使用→現在，アラブ首長国連邦でのリゾート開発やバーレーンでの<ruby>金融<rt>きんゆう</rt></ruby>センターの育成など，新しい産業の<ruby>振興<rt>しんこう</rt></ruby>の動き。
  - ●自国の若者が働くことを<ruby>避<rt>さ</rt></ruby>ける建設現場での労働力不足→南アジアの国々から<ruby>出稼<rt>でかせ</rt></ruby>ぎに来た外国人労働者が<ruby>雇用<rt>こよう</rt></ruby>されている。

石油収入がもたらした生活の変化

①西アジアの国々の石油収入と人々の暮らしの変化
- ▶イスラームの教えを守っている国の変化…石油収入がもたらした発展→宗教の教えに<ruby>基<rt>もと</rt></ruby>づく人々の伝統的な暮らしを変化させていることもある。
- ▶(例)イスラームの規律に厳格なサウジアラビアでの<ruby>変容<rt>へんよう</rt></ruby>。
  - ●長い間，コンサートなどの上演や映画館での映画上映を禁止。
  - ●将来の資源<ruby>枯渇<rt>こかつ</rt></ruby>などに備え，2016年に<ruby>脱<rt>だつ</rt></ruby>石油政策が策定→規制により<ruby>遅<rt>おく</rt></ruby>れていた<ruby>娯楽<rt>ごらく</rt></ruby>産業や観光産業に力を入れ始めた→それにより映画館での映画上映が解禁。

②原油があまり産出しない国の現状
- ▶イエメンなどの原油をあまり産出しない国…産油国との経済格差が拡大。
- ▶欧米文化の<ruby>浸透<rt>しんとう</rt></ruby>に対する動き…イスラームの文化を守ろうとする気運の高まり→<ruby>貧困<rt>ひんこん</rt></ruby>に苦しむ人たちの間で，イスラームに基づく国家の建設を目指す運動もある→政情不安を起こしている。

③ソ連の解体で独立した中央アジア諸国
- ▶原油や金などの地下資源が豊富。
- ▶特定の資源に頼る経済の課題…資源価格の変動などにより不安定になるおそれがある→産業の多角化による経済の発展が必要に。

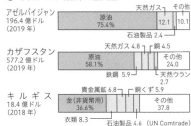

🔽 中央アジア諸国の輸出品

（アゼルバイジャン 196.4億ドル(2019年)：原油 75.4%、石油製品 2.4、天然ガス、その他 12.1 10.1。カザフスタン 577.2億ドル(2019年)：原油 58.1%、鉄鋼 5.9、天然ガス 4.8、銅 4.5、その他 24.0、天然ウラン 2.7。キルギス 18.4億ドル(2018年)：金(非貨幣用) 36.6%、衣類 8.3、貴金属鉱 6.8、石油製品 4.6、銅くず 5.9、その他 37.8 (UN Comtrade)）

深める　女性の社会進出

①イスラームの教えと女性
- ▶イスラームを国教としているアラビア半島の国々…ほかの地域からみると，女性への制限が厳格である。
- ▶(例)サウジアラビアの女性への対応の変化。
  - 女性への運転免許証の交付は不許可→2018年から認められるようになった。
  - サッカースタジアムでの男女一緒の観戦が認められたり，女性の起業家が増加したりするようになった。
  - 女性の社会進出が進展することで，経済発展につながることが期待されている。

追究事例　宗教2　ヒンドゥー教と人々の生活の関わり −インド− ➡ 教 p.96〜101

1 インドの歩みとヒンドゥー教

南アジアの民族と歩み

①インドは宗教面で多様な様相をもつ
- ▶ガンジス川沿いの**ヒンドゥー教**の聖地ヴァラナシ…この地に多数の信徒が集まり，沐浴をする。
- ▶インドの人口の8割はヒンドゥー教徒→**イスラーム王朝**が栄えた時代もあるので，北部を中心にムスリムも多い。
- ▶インドに興った**仏教**や**ジャイナ教[*3]**，**シク教**を信仰する人たちもいる。
  ⇒宗教面で多様なインドでは，特定の宗教を国教としていない。
- ▶隣国のスリランカ…政府は仏教徒のシンハラ人に優遇政策をとってきた→ヒンドゥー教徒のタミル人と衝突を繰り返してきた。

②南アジアの国々の変遷…南アジアでは，いろいろな国の興亡があった。
- ▶ヒンドゥー教を中心にしながら，イスラームやほかの宗教を信仰する人たちと共存してきた。

😈 用語解説

- *1　**カスピ海**…ロシアやトルクメニスタン，カザフスタン，アゼルバイジャン，イランに囲まれた世界最大の湖で，塩湖である。この沿岸や湖底に油田が多い。
- *2　**石油輸出国機構(OPEC)**…産油国の利益を守るために，1960年に結成された。この機構は石油の生産量や価格を調整することを目的としている。
- *3　**ジャイナ教**…前6世紀にヴァルダマーナが始めた宗教。ジナ教ともいう。ジナとは「勝者」という意味。禁欲・苦行を説き，徹底した不殺生主義で，戒律は厳しいものである。ヴァルナ制を否定し，主にヴァイシャである商人たちの信徒が多かった。現在はインド西海岸地域に信者が多い。

▶**大航海時代**以降，南アジアとヨーロッパの接触が活発化→19世紀に**産業革命**を達成したイギリスがこの地域の大部分を**植民地**とした。

▶第二次世界大戦後…宗教対立が原因で，ヒンドゥー教徒が多い地域がインド，ムスリムが多い地域はパキスタンやバングラデシュに分離・独立した。

▶インドと周辺諸国間で，領有をめぐる問題が発生している。

ヒンドゥー教と人々の生活

①インド社会の身分制度とその課題・解決へ向かう手立て

▶古代から続くインド社会の身分制度…ヒンドゥー教の教えに基づく**カースト制**とよばれる身分制度に規定されている。

▶カースト制が重視しているもの…**ヴァルナ**とよばれる身分と，出自で決定される**ジャーティ**という社会集団(右の図を参照)。

ヴァルナとジャーティ

ヴァルナ(身分)	ジャーティ(社会集団)
バラモン	僧侶
クシャトリヤ	王侯・武士
ヴァイシャ	商業
シュードラ	鍛冶屋，理髪屋など
ダリット(不可触民)	皮革業，洗濯業など

- ジャーティの決めごと…ジャーティごとに，伝統的に同一の職業に就くことで，社会の**分業**が成立し，結婚もその集団内で行う。

- カースト制の問題点…上位カーストは下位カーストとの接触を不浄と考えるなど，カースト制には日常の差別を助長しているところがある。

- 憲法ではカーストによる**身分差別の禁止**や，**職業選択**や**婚姻の自由**を認めている→就職で必要となる学歴には，親の社会的地位や経済力が要求されることが多いので，従来のカーストに基づく分業が繰り返されることが多い。

- 政府が行っている政策…下位カーストの人たちを対象に奨学金制度や就職の際の優遇政策を実施したり，特定のジャーティと結び付かない新産業の職に就くようにしたりする→カースト制の意味がしだいにあいまいになってきている。

多様な言語

①インドにはさまざまな言語がある…インドの紙幣には種々の言語の表記が存在。

▶雑誌や新聞…種々の言語のものが刊行されている。

▶南アジアで使われている言語…少数民族の言語や**方言**を含めると数百から数千の言語があるといわれている。

▶インドで最も話す人が多い言語…**ヒンディー語**で，**連邦公用語**と規定されている→そのほかに州や地方別の公用語も設けられている。

▶英語が共通語として使用されている。

▶近年の経済活動のグローバル化と英語…英語の重要性が増えてきているため，英語教育への関心がさらに高まっている。

② 宗教や自然環境の影響を受けるインドの食生活

宗教や農作物からみる食生活

①インドの料理とヒンドゥー教の教え

▶インドの代表的な料理はカレー…南部では，豆や野菜，ココナツを使用したカレーが，北部では，カシューナッツや豆に生クリームを加えたカレーがよく食べられる。

- ▶ヒンドゥー教では，左手は不浄としている→食事は右手を使用して食べる。
- ▶ヒンドゥー教では，**牛**はシバ神の乗り物とされ，神聖な動物であると考えられている→ヒンドゥー教徒は決して牛の肉を食べることはせず，牛を大切にしている。

②インドの北部と南部の食事には自然条件の違いが出ている

- ▶**ヒンドスタン平原**や沿岸の平野などでの主食…**季節風(モンスーン)**の影響で，年降水量が1000mmを超える地域は**稲作**が中心→米飯や，米と豆をすりつぶして焼いたドーサーなどが主食。
- ▶**パンジャブ地方**などの主食…年降水量が1000mm未満の地域は**小麦**の生産が盛ん→練った小麦粉を焼いたナンやチャパティなど小麦を用いたものが主食。

巨大な人口を支える農業改革

①南アジア諸国の食料不足とその解決策…およそ13億人(2019年)が生活しているインドをはじめ，南アジアの国々では食料不足の克服が長年の課題となっていた。

- ▶1960年代，収量の多い穀物品種の導入を中心とした農業技術革新を行った→農業生産が飛躍的に増えた→このことを**緑の革命**とよぶ。
- ▶この品種栽培に必要なもの…井戸や用水路などの灌漑施設，農薬や化学肥料など。
  - ●費用が負担できた農民…政府の買い上げ制度により穀物販売収入で裕福になった。
  - ●零細な農民や土地をもっていない農民…恩恵が少なかった。
- ▶その結果による問題…経済格差が拡大したほか，地下水の過剰なくみ上げ，農薬や化学肥料の過剰な使用などによる環境悪化の懸念がある。

畜産の発達と食生活の変化

①ヒンドゥー教徒の菜食主義者とインドの国民的な飲み物チャイ

- ▶ヒンドゥー教徒に多い**菜食主義者(ベジタリアン)**…肉は食べない→たんぱく質を摂取するため，ヨーグルトやミルクなどが多く飲まれてきた。
- ▶インドの国民的な飲み物であるチャイ…沸かしたミルクに紅茶を混ぜ，たっぷりと砂糖を入れた飲み物。
  - ●かつての宗主国イギリスに紅茶を輸出していたころにチャイを飲むようになった。
  - ●茶葉の生産地…降水量の多い**アッサム地方**や**ダージリン**など。

②1990年代からの急速な経済発展による食生活の変化

- ▶食生活…雑穀に代わり，米や小麦の消費量が伸び，生乳や乳製品への需要が増加。

👹 用語解説

*1　**カースト制**…インド特有のヒンドゥー教と結合した身分階層制度である。家系・血統を意味するポルトガル語のカスタに由来している。バラモン，クシャトリヤ，ヴァイシャ，シュードラの四階級に区別したことに始まるが，現在は二千数百に細分化しているといわれている。憲法によって禁止されたが，今なお影響力をもつ。

*2　**ヒンディー語**…インド・ヨーロッパ語族のインド語派に属する言語。インド北部で話され，インドの連邦公用語で，英語とともに，国会や中央官庁において用いられている。ヒンディー語を話す人の数はおよそ5億人で，世界では中国語，英語に次いで多い。

▶ミルクの生産量が増加←畜産における乳牛の品種改良や酪農協同組合の設立による。
　⇒このことは，ミルクの色にたとえて，**白い革命**[*1]といわれている。
▶宗教上の禁忌(タブー)が少ない鶏肉の生産が急増→これは肉の色にたとえて**ピンク革命**(＝経済成長などを背景とし，食肉の生産や消費が著しく増加)とよばれる。

深める　世界有数の牛肉輸出国 インド

①インドの牛肉輸出量は世界1位(2017年)
▶牛肉を決して食べることのないインドのヒンドゥー教徒は人口の8割→インドには約1.7億人(2011年)のムスリムがいる。
　・ムスリムは豚肉を食べてはいけないという宗教上の禁忌(タブー)が存在→牛肉を食べることは禁止されていない。
▶インドでは生乳の生産も急激に増加→その半分以上が**水牛**のもの→搾乳ができなくなった水牛は食肉用として出荷。
▶インドで生産されている肉牛や水牛の牛肉…国内でも消費されているが，多くは輸出される→インドは牛肉の輸出大国となっている。

3 変化するヒンドゥー教徒の生活

ICT産業の発展

①カースト制と職業の選択の関係
▶1950年に，インドではカースト制を憲法で禁止→職業の選択では，カースト制の影響がいまだに大きい。
▶**情報通信技術(ICT)産業**は，カースト制が廃止されたあとにできた産業→そのため，カースト制の影響は受けない。
▶インドではICT産業が急速に伸び，経済成長を支える産業になった。
▶インドでICT産業が発展した理由。
　・イギリスの植民地であったため，英語に堪能な人材が豊富なこと。
　・数学やコンピュータ技術などの教育に力を入れてきたこと。

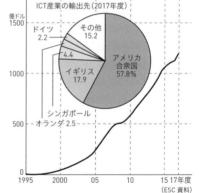

インドのICT産業の輸出額の変化と輸出先

ICT産業の輸出先(2017年度)
ドイツ 2.2
その他 15.2
4.4
アメリカ合衆国 57.8%
イギリス 17.9
シンガポール
オランダ 2.5
(ESC資料)

　・アメリカ合衆国との時差を生かして，
　コールセンター業務やデータ処理業務などを引き継ぐことができるなど。

②ICT産業の成長に伴う多くの都市との関連
▶**ベンガルール(バンガロール**[*2])やデリーなどの多くの都市に，ICT産業の関連企業が立地するソフトウェア テクノロジーパークが整備された。
▶技術者を育成する高等教育機関も増加→高い技術をもった人材が世界各地で活躍。

成長するインドの工業

①インドの工業化
▶インドが工業化していった背景…巨大な人口を抱える国内市場への販売や，海外への好調な輸出にある。

- ▶イギリスから独立したあとのインドの工業を守るための政策…高い関税を課したり，手続きの厳格化をしたりして，外国企業の活動を制限→国内企業により国内市場向けの生産を行う**輸入代替型**の工業化を進めた。
- ▶結果とその後の反動…1970年ごろには鉄鋼，自動車，衣類など，種々の製品の国内生産が実現→一方で，外国資本の排除により技術革新が遅れ，インド製品の国際競争力が失われていった。
- ▶インド政府の政策とその結果…1980年代から徐々に世界市場への開放を行う→1991年に外国資本への規制をほぼ撤廃。
  - 自動車や電気・電子部品などの分野に外国企業が参入。
  - 2000年代以降，インドは**BRICS**（＝経済成長が著しいブラジル，ロシア，インド，中国，南アフリカ共和国のこと）とよばれる経済成長国になった。

経済成長による生活の変化

①ICT産業の成長や外資の積極的導入による<u>人々の暮らしの変化</u>…ヒンドゥー教の伝統に基づく人々の生活に変化をもたらしている。
- ▶(例)牛肉などを使う外資系の**ファストフード店**…牛を神聖な動物とするヒンドゥー教徒や菜食主義者に配慮した独自のメニューを開発→店舗を拡大→インドの食文化に変化を与えた。
- ▶ICT産業に就職し，高い所得を得る中間層…なかには，欧米の生活様式を取り入れ，Tシャツやジーンズでショッピング・外食を楽しむ人たちもいる。

②経済成長と貧富の差の拡大
- ▶経済成長が著しい都市…高層ビルが建ち並び，現在も建設ラッシュが続く。
- ▶都市の鉄道や河川沿いて拡大する**スラム**（＝大都市などにみられる，失業者や低所得者が密集して住んでいる地区）→経済成長に伴う**経済格差**の拡大が背景→経済成長に取り残された農村部などで，多くの貧困層がいる。
  - →農村部から都市部への出稼ぎが増加→スラムでの生活を余儀なくされる人もいる。

深める　世界で活躍するインド系移民

①<u>世界各地に移民を送り出してきたインド</u>…19世紀の奴隷制度廃止後，インド系移民は，イギリス植民地を中心にプランテーションや都市建設の労働力となった。
②1970年代以降…西アジアへの出稼ぎ労働者が増加→この地域の政情不安により外貨獲得が困難になる→インドの市場開放の要因の一つ。
③近年…高い教育を受けた人材がその技術を海外で生かしている。

用語解説

- *1 **白い革命**…インドでは，牛乳が人々にとって重要なタンパク源であり，バターの生産量は世界一てある。近年，需要が増大したさまざまな乳製品の原料として，牛乳の生産・消費が急激に増加したことを，牛乳の色からこうよぶ。
- *2 **ベンガルール（バンガロール）**…インド南部にあるカルナータカ州の都市で，同州の州都である。デカン高原に位置している。20世紀にインド有数の工業都市になり，近年はICT産業の中心地てある。

4節　歴史的背景と人々の生活 ➡ 教 p.102～103

1 歴史的背景が人々の生活に与える影響

生活文化にみる歴史的背景

①世界各地の衣食住や言語・宗教…それぞれの地域の歴史的背景に影響を受けてきた。
- ▶歴史的な関わりが深い地域間で，場所が離れていても言語や宗教，音楽や祭り，習慣など，共通した生活文化がみられることもある。

②世界各地の生活文化に大きな影響を及ぼした歴史の一つ
- ▶15世紀ごろから開始されたヨーロッパの国々の世界進出。
- ▶**大航海時代**…スペインやポルトガルが こしょう などの**香辛料**の獲得と**キリスト教**の布教のため航海を始めた。
  - 南北アメリカ大陸に到達→先住民を制圧→鉱山開発などの労働力として酷使。
  - 先住民は，この重労働と，ヨーロッパ人が持ち込んだ**感染症**により激減→代わりの労働力としてアフリカから**奴隷**が連れてこられた。

③欧米諸国の発展から植民地の獲得へ
- ▶発展を続けた欧米の国々は，19世紀末ごろから本格的に**植民地**の獲得に力を入れ始めた。
  - 植民地支配を受けた地域…アフリカをはじめとして，南アジアや東南アジア，オセアニア諸国の多く。
  - この一連の動きに影響を受けたアフリカの国々…相当な労働力を失い，発展を阻害されてきた。
  - 植民地となった地域の産業…鉱山や さとうきび・茶などの**プランテーション**[*1]の開発が行われた→現在も**一次産品**の輸出に依存した**モノカルチャー経済**となっている国もある。
- ▶文化面での影響…キリスト教やヨーロッパの言語が広がり，食文化や建築様式にもみられる。
  - 移住してきた人たちの文化が移住先で影響を与え，新しい文化を創り出すこともあった。

④日本が歴史的背景をもつ文化の一つが文字…漢字は中国と日本両国で使用されている。
→漢字から生まれた ひらがな と かたかな は日本独自の文字である。

冷戦時代の体制が生活に与える影響

①冷戦時の両陣営の対立と冷戦後の経済
- ▶第二次世界大戦後の世界…アメリカ合衆国を中心とした**資本主義**(＝ 生産手段と資金をもつ資本家が労働者を雇い，生産したものを販売し利潤を得る経済活動・思想)諸国と，ソ連を中心とする**社会主義**(＝ 資本主義を批判→生産手段の共有と共同管理，計画的な生産と平等な分配を目指す経済体制・思想)諸国の対立→政治や経済などいろいろな面で争った。
  ⇒両者はそれぞれ軍事同盟を結成→直接戦火を交えない対立＝**冷戦**を行っていた。
- ▶冷戦中の社会主義諸国の人々の暮らし…国家が経済活動を統制→人々の生活水準はあまり向上しなかった。

▶1980年代末の冷戦の終結による変化…多くの社会主義国は資本主義へと体制を転換
　→産業の振興に力を入れた。

▶旧社会主義国の現在の様子…経済の停滞や施設の老朽化など，社会主義体制下のなごりを留めている。

追究事例　歴史1　移民の歴史と人々の生活の関わり　ーラテンアメリカー　➡ 教 p.104〜109

1 ヨーロッパ社会の影響が強い文化

ラテン文化の形成

①ラテンアメリカ…メキシコ，中央アメリカ，西インド諸島，南アメリカで構成。

　▶今のラテンアメリカの文化…ヨーロッパ人が持ち込んだ**イベリア半島**の文化や伝統[*2]と，先住民やアフリカ，アジアの独自の文化が長い歴史のなかで融合し誕生したもの。

　▶(例)リオデジャネイロ(リオ)の**カーニバル**…カーニバルはキリスト教の行事。
　→アフリカ系の人たちによってもたらされたサンバのリズムや楽器が加わった祭り。

ラテンアメリカの成り立ち

①ラテンアメリカの大航海時代以前と以後の歴史

　▶**コロンブス**が西インド諸島に到達する以前…ユカタン半島を中心とした**マヤ**，メキシコの**アステカ**，アンデス高地の**インカ**などで，**先住民**の高度な文明が繁栄。

　▶大航海時代…スペイン人やポルトガル人などのラテン系の人々が植民地化を進行。

　　●スペイン語やポルトガル語，カトリックなどのイベリア半島の文化と社会のしくみが持ち込まれた→今でもラテン系の文化が根づいている。

　　●先住民の人口は大幅に減少→過酷な労働やヨーロッパ人が持ち込んだ感染症が原因。

　　●西インド諸島やブラジルで行われていたプランテーション開発→新たな労働力としてアフリカから奴隷を強制的に移住させた。

↘ラテンアメリカ各国の旧宗主国とアフリカ系奴隷の数

メキシコ 1821　ジャマイカ (74.8)
キューバ 1902　ジャマイカ 1962　フランス領カリブ海
ドミニカ共和国 1844　ガイアナ 1966　(160.0)
ハイチ 1804　スリナム 1975
コスタリカ 1821　ネズエラ 1811
パナマ 1903　コロンビア 1819
スペイン領アメリカ (155.2)　エクアドル 1822　ブラジル 1822-89 帝国 1889 共和国 (364.7)
ペルー 1821　ボリビア 1825　パラグアイ 1811
チリ 1818　ウルグアイ 1828
アルゼンチン 1816 ラプラタ連邦として独立 1862 アルゼンチン共和国

独立前の宗主国
　スペイン　ポルトガル
　イギリス　オランダ
　フランス
＊年次は各国の独立年次
移入された主な地域のアフリカ系奴隷の数
　-----200万人
　----100万人

⑰(Putzger Historischer Weltatlas 2011, ほか)

👹 用語解説

＊1　**プランテーション**…19世紀後半以降，急速に発達した大土地所有に基づく大規模農園のこと。ラテンアメリカやアフリカ，東南アジアなど，熱帯や亜熱帯の植民地・半植民地に広く形成された茶，コーヒー，カカオ，さとうきび，天然ゴムなど，世界市場で商品価値の高い単一作物を大量に栽培していた。

＊2　**イベリア半島**…ヨーロッパの南西端，地中海の入口をふさぐような形で大西洋に突出しているヨーロッパ第二の広さをもつ半島。幅約14kmのジブラルタル海峡を隔てて北アフリカと面している。スペイン・ポルトガルなどが位置する。

▶19世紀以降，ラテンアメリカの国々は独立→政治や経済活動において一部の富裕層による支配が強く，ラテンアメリカの発展に影響を及ぼした。

▶奴隷制の廃止により労働力不足→ヨーロッパや日本などから移民を積極的に受け入れた。

深める　日本からの移民

①現在のブラジルにはおよそ200万の日系人が居住

▶日本人がブラジルに移住した当初は主にコーヒー農園の労働者→戦後，移住は再開したが，日本の経済成長により移民数は減少。

▶日本の法律改正で，ブラジルなどに住む**日系人**[*1]が日本で働くことが可能になった。

地域で異なる民族構成

①多様な人種や民族をもつラテンアメリカの人口構成…地域ごとに特徴がある。

▶地域的な特徴がある理由…旧宗主国の違い，奴隷や移民の流入数の違いなどにより，国によって歴史的背景が異なるため。

▶いろいろな人種や民族の**混血**（＝異なる人種や民族間で子ども生まれること→ヨーロッパ系と先住民の混血は**メスチーソ**など）が進むことで多様性が生じた。

→(例)さまざまな地域や国でその違いをみる。

• アンデスや中央アメリカ…もともと先住民が多数暮らしていたため，総人口に占める先住民の比率が高い。

• アルゼンチンやウルグアイ…先住民の人口が少なく，奴隷の労働力に依存するプランテーションが成立しなかったため，大多数がヨーロッパ系の人々。

• プランテーションが成立したドミニカ共和国やブラジルなど…ヨーロッパ系とアフリカ系の混血の比率が高い。

② 大土地所有制が生み出した社会構造

大土地所有制による農業と社会構造

①ラテンアメリカの大規模農牧業

▶ブラジルの農牧業…**コーヒー**や**さとうきび**をプランテーションで大規模生産，**肉牛**を大牧場で粗放的に飼育。

▶アルゼンチンにある肥沃な大草原の**パンパ**…肉牛の放牧や小麦などの生産が盛ん。

▶大規模農業がみられる理由…スペインやポルトガルから**大土地所有制**が持ち込まれたため。

②**大土地所有制**と社会の在り方

▶大土地所有制…都市に住む大農園を所有する農園主は農園の運営を管理人に任せ，農業をするのは住み込みの労働者とその家族である。[*2]

▶育たなかった**中産階級**の農民…ラテンアメリカの国々では，ほかの**新大陸**（＝大航海時代以降，ヨーロッパの国々の人たちが新しく発見した大陸）の国々と違い，自分で土地を所有し，農業経営を行う中産階級の農民が育たなかった。

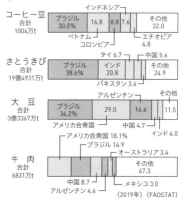

◆ 主な農産物の生産国

コーヒー豆
合計
1004万t
ブラジル 30.0% ／ インドネシア 16.8 ／ 8.8 ／ 7.6 ／ その他 32.0
ベトナム ／ コロンビア ／ エチオピア 4.8

さとうきび
合計
19億4931万t
ブラジル 38.6% ／ タイ 6.7 ／ インド 20.8 ／ 中国 5.6 ／ その他 24.9
パキスタン 3.4

大豆
合計
3億3367万t
ブラジル 34.2% ／ アルゼンチン 29.0 ／ 16.6 ／ その他 11.5
アメリカ合衆国 ／ 中国 4.7 ／ インド 4.0

牛肉
合計
6831万t
アメリカ合衆国 18.1% ／ ブラジル 14.9 ／ オーストラリア 3.4 ／ その他 47.3
中国 8.7 ／ アルゼンチン 4.6 ／ メキシコ 3.0

(2019年)　(FAOSTAT)

- ▶ラテンアメリカには，農園主を頂点とした**階層社会**が形づくられた→貧富の差が大きな社会となった。
- ▶ラテンアメリカの大土地所有制は，農業形態の基盤となっただけでなく，社会構造の基盤にもなった。

③20世紀後半以降のラテンアメリカ…**アグリビジネス**[*3]を行う企業の進出→企業的な農業経営への転換が進んだ。
- ▶(例)**ブラジル高原北部のセラード**[*4]…大型機械を導入し，大豆などの**商品作物**を大規模に生産→住み込みの労働者は農園から追い出された。
  - →農地改革は行われたが，大土地所有制が生み出した**貧困問題**は解消されず，貧富の差は今も大きい状態である。
- ▶エクアドルや中央アメリカ…アメリカ合衆国やヨーロッパの資本により，**バナナ**などの栽培がプランテーションで盛んである。

先住民の暮らしと伝統的な農業

①先住民の伝統的な農業
- ▶ラテンアメリカには，大土地所有制や大資本の影響をあまり受けていない先住民の伝統的な農業をしている地域もある。
- ▶アンデスの**市場**…じゃがいも やトマト，とうもろこし などいろいろな種類の農作物の売買が行われている。
- ▶ペルーやボリビアをはじめとするアンデスの高地の農業。
  - ●アンデスの高地…標高によって気候が大きく異なる。
    - →先住民は小屋をつくって一時的に移住などをしては，標高に応じて異なる作物を栽培している。
  - ●標高の高い冷涼な地域…じゃがいも や とうもろこし などの主食を生産し，**リャマやアルパカ**などの家畜を飼育→**自給自足**の生活を行ってきた。
  - ●アマゾン川流域の熱帯林が広がる**セルバ**…自給的な**焼畑農業**(= 野生の樹木や草を焼き，その灰を肥料として作物を栽培する農法)を行っている。

🦉 用語解説

*1　**日系人**…ブラジルやハワイなどの外国に移住し，外国の国籍を取得した日本人とその子孫たちのことである。

*2　**中産階級**…資本主義社会における資本家階級と労働者階級の中間に存在する中間的社会層のことである。その階層に含まれるのは，自営農民・中小商人・手工業者，医師・弁護士・教師などの知識層，ホワイトカラーなどである。

*3　**アグリビジネス**…農業を中心にすえた関連産業。種子，肥料，農業機械，飼料・農薬，燃料などの生産資材を供給する部門や，農産物を加工する食品工業部門，運送・貯蔵・貿易，卸売や小売などを行う流通部門など多岐にわたっている。

*4　**セラード**…ブラジル中央部のサバナ気候(Aw)の地域にみられる植生。イネ科の草が主体で，半落葉性の低木を交えた所，低木がまばらに散在する所，草原の地域までの総称である。

3 外国資本による工業化と生活の変化

鉱産資源を基盤とした工業化

①ラテンアメリカの経済発展とそれに伴う居住環境の悪化…都市には高層ビルが林立する一方で，**ファベーラ**とよばれるスラムが形成され，**ストリートチルドレン**が増加→居住環境が悪化←経済の発展が深く関わっている。

②ラテンアメリカの国々を支えている鉱産資源の輸出

- 16世紀にスペインによって開発されたボリビアの**ポトシ銀山**[*1]…産出された銀は，当時の世界経済を結び付けていた。
- 豊富な鉱産資源…ベネズエラやメキシコの**原油**，ブラジルの**鉄鉱石**，チリの**銅**など。
- 鉱産資源の開発…アメリカ合衆国やヨーロッパの資本や技術を導入し，道路や通信網を整備しながら行われた。
- 鉱産資源の輸出による恩恵…長い間ラテンアメリカ諸国の経済を支え，工業化の基盤となってきた。

③ラテンアメリカのモノカルチャー経済からの脱却と工業化

- ラテンアメリカで長く続いていた一部の農産物や鉱産資源の輸出に依存するモノカルチャー経済→20世紀半ばに**輸入代替型**（=従来輸入に頼っていた製品を国内生産することで，工業化を達成しようとすること）の工業化が行われるようになった。
- ブラジルの工業化…**コーヒー**が重要な輸出品であった→第二次世界大戦後，**マナオス**[*2]に**自由貿易地区**を設けた→積極的に外国資本を導入→自国の工業化を図った。
  - その結果…機械類や自動車などの工業製品を輸出→航空機やソフトウェアの開発など**先端技術産業**が発達→**輸出指向型**（=工業製品の輸出の拡大で，工業化や経済発展を実現しようとすること）の工業へと変化。
- メキシコ…1960年代後半，アメリカ合衆国との国境沿いに輸出加工区を設置→主にアメリカ市場向けの自動車部品や電子部品などを製造する外国資本の加工工場が集積→1994年**北米自由貿易協定**（**NAFTA**）（→現在は米国・メキシコ・カナダ協定）の成立→欧米や日本の企業が進出→工業化に貢献。
- ラテンアメリカの課題…現在も鉱産資源の輸出に頼る国が多い→政治と経済を安定させるために，産業の多様化が必要である。

主な国の輸出品の変化

ブラジル
1970年 合計27億ドル：コーヒー豆 35.9% / 鉄鉱石 7.7 / 綿花 5.8 / 砂糖 4.9 / その他 45.7
2019年 合計2254億ドル：原油 11.6 / 鉄鉱石 10.7 / 肉類 10.1 / 大豆 7.3 / 機械類 7.2 / 鉄鋼 5.1 / 自動車 4.0 / その他 44.0

メキシコ
1970年 合計12億ドル：機械類 10.6% / 砂糖 9.3 / 綿花 8.6 / 野菜・果実 8.1 / 化学品 6.9 / 肥料 5.2 / その他 51.3
2019年 合計4723億ドル：機械類 34.1% / 自動車 24.6 / 原油 4.8 / 精密機械 3.7 / その他 32.8

アルゼンチン
1970年 合計18億ドル：肉類 24.9% / とうもろこし 15.0 / 小麦 / 飼料 6.4 / 繊維原料 6.4 / 油脂類 5.6 / その他 34.6
2019年 合計651億ドル：大豆飼料 13.1% / 自動車 9.1 / とうもろこし 6.6 / 大豆油 5.0 / 肉類 5.8 / 大豆 5.2 / その他 55.2

（UN Comtrade, ほか）

経済発展による生活の変化

①ラテンアメリカ諸国の工業化…急激な経済成長をなし，人々の生活水準が向上した。

- **BRICS**の一員として世界に存在感を示すブラジル…1995年に近隣諸国と**南米南部共同市場**（**MERCOSUR**）[*3]を結成→加盟国間の自由貿易を促進することで地域統合を進めている。

▶中米統合機構やアンデス共同体も発足→ラテンアメリカ諸国の間での経済的結び付きが強化されている。

②ラテンアメリカの問題点…外国資本の導入により無理な経済政策を進める→多額の累積債務(=返済能力を超えて過大な金額にまで累積された対外債務)に苦しむ国が多い。
▶ラテンアメリカの国々はもともと貧富の差が大きい→経済発展により,地域間の経済格差がさらに広がった。
●(例)ブラジルでは,工業化が進展している南東部と,発展が遅れている北部の間に大きな地域格差が存在。
●仕事を失った農民など多くの人たちが仕事を求めて都市へ移住→スラムが拡大へ。

深める　変化するキューバの市民生活

①1959年の革命により,社会主義政権が誕生したキューバ…ラテンアメリカで唯一の社会主義国→医療費や教育費は無料,食料は配給制,国民の収入は低い。
▶2015年のアメリカ合衆国との国交回復以降,経済の自由化が始まっている。
▶制限されていたインターネット接続も利用が可能に→通信料は非常に高い。

追究事例　歴史2　植民地支配の歴史と人々の生活の関わり　－サハラ以南アフリカ－　➡ 教 p.110~115

１ 生活文化に残る旧宗主国の影響

西・中央アフリカにみる旧宗主国の影響

①西・中央アフリカの国々の生活文化に残る旧宗主国の影響
▶セネガルやマリなどの西アフリカの朝食など…フランスパンを日常的に食べている。
▶西・中央アフリカの国々の人々の主な使用言語は**フランス語**,**植民地**時代から使用されていたCFAフランを今も共通通貨としている国が多い。
●**宗主国**フランスはかつてこの地域を植民地として支配していた→その影響は人々の生活文化に色濃く残っている。

植民地支配の歴史

①サハラ以南アフリカの歩み…かつて多くの王国や都市が栄えていた。
▶(例)アフリカ大陸西部の二ジェール川上流域に金の産地を支配した**マリ王国**が存在。
●マリ王国は北アフリカとの交易が盛ん…サハラ砂漠を横断するムスリム商人らが活躍→西アフリカにイスラームを広めた。

用語解説

*1 **ポトシ銀山**…現在のボリビアの南西端のポトシにある銀山。1545年先住民により発見され,翌年スペインにより都市ポトシが建設されてから,スペイン人による本格的な採掘が始まった。

*2 **マナオス**…ブラジル北部にあるアマゾナス州の州都で,アマゾン川の河港都市。外洋船遡行(=流れを上流にさかのぼって行くこと)の終点。1967年自由貿易地区に指定された。工業団地が造成され,電機,機械などの工業が誘致された。

*3 **南米南部共同市場(MERCOSUR)**…アルゼンチン,ブラジル,パラグアイ,ウルグアイの4か国により,1995年1月に発足した南アメリカ地域における自由貿易市場の創設を目的とする関税同盟である。

▶アフリカ大陸東部の沿岸地域…季節風(モンスーン)を利用して**インド洋交易**が繁栄。
　●交易の拠点…**港湾都市**のケニアのモンバサなどが繁栄→ムスリム商人らが定住→イスラームとアラビア語の影響がみられる**スワヒリ語**が東アフリカに広がった。

②15世紀以降，サハラ以南アフリカでヨーロッパとの交易が盛んになった理由
▶現在のセネガルからアンゴラにかけての大西洋岸で行われていた交易…ヨーロッパ諸国による**奴隷貿易**[*1]→アフリカ大陸で奴隷にされた人たちの多くは，**カリブ海**の島々や南北アメリカに送られていった。
▶19世紀前半に奴隷貿易は廃止→19世紀末までにはアフリカ大陸のほぼ全域がヨーロッパの国々の植民地になった。
　●植民地での産業…ヨーロッパ向けの農産物や鉱産物を生産。
　●ヨーロッパからの入植者が多かったアフリカ南部・東部…キリスト教が広まった。

③1960年代，植民地から独立して国家を形成
▶独立後の各国の国境…植民地時代にヨーロッパの宗主国が緯線や経線に沿って機械的に引いた**人為的国境**が目立つ。
▶人為的国境であるため，同じ民族集団が複数の国に分かれたり，異なる民族集団が同一国に含まれたりすることが生じている。

④独立後のアフリカの国々と旧宗主国の関係…種々の形で旧宗主国とつながっている。
　▶(例)フランスとその植民地であった国々の関係。
　●フランスと旧植民地諸国との間には航空路線が多い→人の往来が活発。
　●フランスにはアフリカからの移民が多数暮らす→フランス社会で活躍する人も。

深める　共生の道を歩む南アフリカ共和国

①かつて白人優遇政策を行っていた国…白人の優遇と非白人の差別を柱とした**人種隔離政策(アパルトヘイト)**→1991年に廃止→1994年，全国民が参加した初の総選挙で黒人大統領が選出された。
▶1996年に新憲法が制定…制度上の差別や隔離はなくなり，無償の義務教育の導入など，黒人の生活基盤を向上させる取り組みを進めた→人種にとらわれない共生へ。
▶問題点…社会・経済面にいまだに残る人種間の格差。

2 植民地支配の影響が残るアフリカの産業

風土に合わせた商品作物の生産

①サハラ以南アフリカは，かつては宗主国への原料供給地→植民地支配の歴史的経緯から，現在もいろいろな**商品作物**の生産が盛んである。

②アフリカ大陸の気候や植生と農業
▶赤道を挟んで南北に対称的な気候や植生→各地の風土に適した商品作物を栽培。
▶(例)一年中高温多雨な**ギニア湾岸**[*2]地域…ヨーロッパ人によって南アメリカから持ち込まれた**カカオ**→チョコレートやココアの原料として栽培されるようになった。
　●収穫までに長い時間がかかるカカオは大農園での栽培に不向き→主に小規模な農家で，**キャッサバ**などの**自給作物**[*3]との混作で栽培されている。
　●現在，**コートジボワール**やガーナなどのギニア湾岸の国々で，**カカオ豆**の世界生産量の7割(2019年)を生産している。

▶ケニアの高原地帯…赤道直下であるが標高が高いため涼しい→ヨーロッパ人が入植しやすかった→大規模な**茶**のプランテーションが植民地時代につくられた。

- 現在も茶の世界的な生産地である。

▶商品作物は各国の重要な輸出品→商品作物の栽培が優先され，自給的農業が衰退した地域も出ている。

→増える人口に追いつかない食料生産…自国民に必要な穀物を輸入に頼る国が多い。

一次産品への依存が強い産業

①鉱産資源に恵まれているサハラ以南アフリカ…鉱産資源は植民地時代からヨーロッパなどへの主要な輸出品。

▶2000年代に高騰した鉱産資源の価格…**ナイジェリア**や**アンゴラ**は原油，南アフリカ共和国などは**レアメタル**の産出国として関心が集まる→外国企業の進出が進む。

▶鉱産資源の生産と輸出が主要産業となっている国々…マリでは金，ザンビアでは銅，ボツワナではダイヤモンド→輸出額の多くを占める。

②サハラ以南アフリカの経済傾向…農産物や鉱産物などの特定の**一次産品**の生産と輸出に国の経済が依存する**モノカルチャー経済**の国が多い。

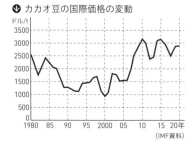

↷ カカオ豆の国際価格の変動

▶**干ばつ**などで農産物が不作になったり，輸出される産物の国際価格が下がったりする→国の経済が安定しない。

▶輸出品となるほとんどの農産物や鉱産物は加工されない→生産国が十分な利益を残すことができず，工業化といった新たな産業の創出が困難になっている。

③サハラ以南アフリカの生産者と先進国の企業

▶ケニアでは，1980年代からヨーロッパや日本向けのバラの生産が増加→競争力の高い商品作物の導入例として注目されている。

▶市場での適正な価格での取り引きを目指す**フェアトレード**の取り組みが，生産者と先進国の企業を中心に広がりをみせている。

🎓 用語解説

*1　**奴隷貿易**…奴隷を商品として取り引きした貿易のこと。16~19世紀に南北アメリカ大陸などに向けて行われた黒人奴隷の売買では，主にアフリカの大西洋西岸で捕らえた黒人たちを植民地の労働力として輸出したものである。ヨーロッパの国々は特許会社をつくってこれを行った。少なくとも約1000万人にのぼる黒人が南北アメリカ大陸などに送られたといわれている。

*2　**ギニア湾**…アフリカ大陸の西岸にある大西洋の大きな湾で，リベリアとコートジボワール国境のパルマス岬からガボンのロペス岬にかけて広がっている。湾沿いは，植民地時代にヨーロッパの交易商人が取り引きする商品により，奴隷海岸，黄金海岸，象牙海岸，穀物海岸などと名づけられた。

*3　**自給作物**…生産者自身が消費するために栽培する作物のこと。

3 人々の生活の変化と経済成長への取り組み

生活を変えた携帯電話の普及

①サハラ以南アフリカで，2000年代以降急速に普及した携帯電話

- ▶急速に普及した理由…携帯電話は，固定電話のような大規模な設備基盤が不必要→都市部だけでなく，農村部でも普及しつつある。
- ▶携帯電話を介して**インターネットサービス**を利用することが可能に→金融や医療などの生活のいろいろな場面でも変化が現れている。
- ▶(例)ケニアでは，銀行口座がなくても，携帯電話番号で送金や現金の受け取りができるサービスを開始。
  - 買い物の支払いや給与の受け取り，都市へ出稼ぎに来た人から遠くの農村で暮らす家族への送金が簡単にできるようになった。
  - エボラ出血熱のような**感染症**[*1]が発生したとき，病気への対処の情報を携帯電話のショートメッセージで伝達できるなど，医療機関が遠くても必要な情報を得ることが可能になりつつある。

都市への人口集中

①サハラ以南アフリカの人口…10億人を超え(2019年)，今後も増加すると予想→農村人口のほうが多いものの，都市人口も着実に増加→ナイジェリアの都市ラゴスは人口1000万人以上。

②大都市とそこにつくられるスラム

- ▶大都市…建物の高層化，大規模なオフィスや近代的な商業施設がつくられている。
- ▶居住環境が劣悪な**スラム**の形成←住宅や電気，上下水道などの**インフラ**[*2]の整備が整わないためである。
- ▶スラムに暮らす多数の人々の現状…十分な収入を得る仕事に就くことができない→貧しい暮らしを余儀なくされている→経済的な格差を解消する取り組みが必要。

経済成長に向けた取り組み

①若年人口が多いサハラ以南アフリカは経済成長に向けた取り組みが進行…人口が増えたため。

- ▶1990年代に悲惨な**民族紛争**を経験したルワンダの今…2000年代以降，情報通信技術(ICT)産業を国の成長戦略の要と位置づけた→光ファイバー網の整備などを行った→ソフトウェア開発などで「アフリカの奇跡」といわれる高い経済成長率を維持している。
- ▶観光産業などの新しい産業の振興に取り組む→経済の多角化を模索する国もみられる。
- ▶産業の振興をはばむ問題も少なくない。
  - 産業に携わる人たちにとり，文字の読み書きができることが必要→一部の国を除くと，**識字率**[*3]は低い。
  - 人や物の輸送を支える道路や鉄道などの整備，産業の発展に欠くことができない電力の安定供給ができていない国も多数ある。
- ▶産業を振興するための改善に向けて…旧宗主国などの外国からの援助が行われているが，近年は中国の対外政策によるインフラ整備が目立っている。

追究事例　歴史3　国家体制の変化と人々の生活の関わり　－ロシア－　⇒　教 p.116〜119

1 国家体制の変化が人々の生活に与えた影響

激動の時代と人々の生活

①ソ連の時代の社会とその変化

- ▶**社会主義**体制だったソ連の時代。

▼かつてのソビエト社会主義共和国連邦(ソ連)の範囲

ロシア　　ソ連から独立した国々
1922〜1991年のソ連の国境

- ソ連の時代…国家が経済を統制する**計画経済**(＝政府により立案された生産計画に基づいて，企業や農民に生産を指令する経済のしくみのこと)であった。
- 働けば無料で教育や医療を受けられ，食料も安く入手することができた。
- 労働者の給与…個人の努力に関係なく設定されていた→人々の労働意欲が上がらなかった。
- ▶1980年代後半に，**市場経済**を導入…業績の悪い**国営企業**を解体したため，多くの人たちが失職した→ロシアの経済と社会は混乱におちいった。
- 国民は生活物資の不足に苦しみ，食料を入手するときにも，長い時間行列に並ばなければならなかった。

②ソ連の解体によるさまざまな影響

- ▶1991年にソ連の解体→ロシアは**資本主義**体制へと大きく転換→急激な物価上昇により，ロシア国民は苦しい生活を余儀なくされた。
- ▶1990年代前半の混乱期に，国家資産を安く入手→巨額の富を得る人々も現れた。
- ▶2000年代に入ると，物資の流通がようやく安定し，今は人々が自由に物を買えるようになった。

用語解説

- ＊1 **感染症**…細菌やウィルス，寄生虫などの病原体が空気や水，食べ物，人間などを介して感染し，いろいろな症状を引き起こす病気である。
- ＊2 **インフラ**…「産業や生活の基盤」もしくは「社会資本」などを意味する「インフラストラクチャー」の略語である。道路・港湾・鉄道・空港・工業用水といった産業基盤となる施設や，住宅，環境衛生，上下水道，公園，学校などの生活基盤となる施設が含まれている。
- ＊3 **識字率**…社会の15歳以上の人口のなかで，母語の読み書きをする能力のある人の割合を示している。この識字率は，国の全体としての教育水準を示す指標として重視されている。

ロシアの文化と多様な民族

①ロシアの人口・人種・宗教・文化

▶ロシアの人口と宗教…人口は1億4000万(2018年)を超えており、**ロシア正教**[*1]を信仰する**スラブ系民族**のロシア人が8割を占めている。

▶主に**ウラル山脈**より西のヨーロッパロシアに住むスラブ系の人々…バレエやオペラなど、美しく芸術性が高い文化を長い歴史のなかで受け継いできた。
- ロシア国民の娯楽の一つ…特にバレエは世界最高の水準を誇っている→劇場で、バレエを鑑賞することはロシア国民にとって楽しみである。

②ロシアの民族構成…ロシアには、ロシア人以外にも100を超える少数民族が暮らす。

▶イスラームを信仰する**トルコ系**のタタール人や**モンゴル系**のブリヤート人など、多様な民族からなる**多民族国家**である。

③ロシアの周辺諸国が抱える問題

▶周辺諸国では、ソ連時代に定住したロシア系住民と、ロシア系でない民族との間に**民族紛争**が起こりやすい。
- 2014年、ウクライナの東部にある**クリム(クリミア)半島**[*2]で、ロシア系住民とウクライナ政府との衝突が発生→この衝突にロシア軍が介入したことで、紛争へと発展した。

▶資源が豊富なカスピ海沿岸地域…民族間の衝突に油田などをめぐる利害関係が絡むため、政治的に不安定な地域となっている。

2 変化するロシアの産業

ダーチャが支える食生活

①ダーチャでの野菜の生産

▶ロシアでは、郊外に**ダーチャ**とよばれる菜園付きの別荘を多くの人がもっている→週末や夏休みに、家族とそこで過ごすことが習慣。

▶ソ連解体後の混乱期…苦しい市民の暮らしを支えたのはダーチャにおける食料生産。

▶現在…ロシア国内の野菜の生産は、多くがダーチャなどでの生産による(右のグラフを参照)。

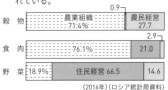

⬇ ロシアの作物別経営形態　小規模な自給経営＝「住民経営」には、ダーチャが含まれている。

	農業組織		農民経営
穀物	71.4%		27.7 (0.9)
食肉	76.1%		21.0 (2.9)
野菜	18.9%	住民経営 66.5	14.6

(2016年)(ロシア統計局資料)

②ロシアの農業では寒さに強い農産物を生産

▶ロシアの農業地域…**落葉広葉樹林帯**と**ステップ**にほぼ限定→**北極海**[*3]に面したツンドラから**タイガ**に至る針葉樹林帯にはみられない。

▶ロシアで栽培されている農作物…主に小麦や**ライ麦**などの穀物、てんさいやじゃがいもなどの寒さに強い作物が中心。

▶ロシアの主食…やせた土壌でもよく生育するライ麦を使ってつくった黒パン。

▶寒さの厳しいロシアの家庭料理の定番…ボルシチなど→暖炉の火で調理しやすい煮込み料理である。

▶ロシア南部に広がる**チェルノーゼム**とよばれる肥沃な黒土…食用油用のひまわりの栽培や小麦の大規模生産が盛ん→近年、ロシアは世界有数の小麦輸出国である。

経済成長と格差の拡大

①現在のロシアの経済を支えるもの

▶今のロシアの経済…豊富な鉱産資源の輸出により支えられている→**原油や天然ガス**の輸出量は世界でも１，２位(2018年)を誇っている。

▶ソ連時代から延びる**パイプライン**[*4]…原油や天然ガスを輸送するパイプラインが東ヨーロッパの国々に延びていた。

●冷戦終結後…どのパイプラインもさらに西に延ばされ，西ヨーロッパの国々に輸出されるようになった。

●近年…日本や中国などに原油を輸出するためのパイプラインなど，アジア向けの輸送ルートも開発されるようになっている。

②鉱産資源の輸出の恩恵を受けて高成長をするロシアの経済

▶鉱産資源の輸出により，ロシアの経済は急成長を遂げる→市場経済へ転換したのち，**GDP(国内総生産)**も急速に増えている。

▶現在のロシアは**BRICS**の一員として将来性が注目されている。

●(例)**モスクワ**やサンクトペテルブルクなどでは，外国資本の自動車・家電メーカーなどが多数参入→ロシア市場向けに，これらの都市で現地生産を行っている。

▶経済格差や貧富の差の拡大…富と政治の中心であるモスクワやサンクトペテルブルクなどの都市部と，新たな農業政策がほとんど施されていない地方の農村部との経済格差，また，国民の間での貧富の差が拡大している問題が起こっている。

深める　モスクワの地下鉄

①モスクワの地下鉄の使用のしかたの変遷

▶ロシアの首都モスクワの地下鉄…1930年代に建設が開始された。

▶第二次世界大戦中は防空壕として，冷戦時代は核シェルターとして使われることが想定されていた。

→モスクワの地下鉄は，これらの想定により地下のかなり深い所を通っている。

②近年の状況…通勤時間帯の交通渋滞が深刻な問題となっている。

▶モスクワでは，市内の地下鉄網の整備を急速に進めている→2016年に，中央環状線が新たに開通→現在も地下鉄と新駅の建設ラッシュが起こっている。

用語解説

*1 **ロシア正教**…キリスト教の一派で，正教会(＝カトリック教会，プロテスタント教会と並ぶキリスト教三大宗派の一つ)の中心的勢力である。

*2 **クリム(クリミア)半島**…ウクライナ南部にあり，黒海の北岸から南に突出した大きな半島である。

*3 **北極海**…北アメリカ大陸とユーラシア大陸の間の海洋。大西洋の付属海ともみなされる。海域はほとんど凍結しているが，夏季には海面がみられる所もある。

*4 **パイプライン**…石油や天然ガスなどを連続的に輸送する管路。管路の一端に圧力をかけ，液体や気体を長距離にわたって輸送する。輸送コストが安く，輸送能力や安全性の点でも優れている。

📝 演習問題 ❹

1 次の問いに答えよ。

(1) 一つの国で，公に使用することを国家として決めている言語のことを何というか。
（　　　　　　　　　）

(2) 右のグラフを見て，問いに答えよ。

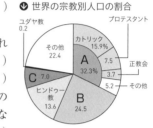

↓ 世界の宗教別人口の割合

(2021年)(World Almanac 2021)

① グラフ中のA～Cにあてはまる世界宗教名をそれぞれ答えよ。　A（　　　　　　）
　B（　　　　　）　C（　　　　　）

② グラフ中のヒンドゥー教やユダヤ教は，特定の地域や民族に結び付いた宗教である。このような宗教を何というか。（　　　　　　）

2 次の問いに答えよ。

(1) イスラームの教えが記された聖典はアラビア語で書かれている。この聖典を何というか。
（　　　　　　　　　）

(2) 中央アジアから西アジア，北アフリカにかけての地域は乾燥帯で，砂漠やステップが広く分布している。そのため，この地域では，水を得ることができるある場所の周辺に，人々が生活する都市が成立した。この場所を何というか，下の選択肢から選び記号で答えよ。（　　　　）

ア　オアシス　　イ　カナート　　ウ　カレーズ　　エ　フォガラ

(3) 1960年に産油国の政府により結成され，1970年代以降，産油国が原油の価格や生産量の決定に主導権をもつようになった国際組織を何というか。（　　　　　　　　）

3 次の問いに答えよ。

(1) 次の文中の①～④にあてはまる語句を答えよ。

　インド社会は古代から，ヒンドゥー教の教えに基づく（①　　　　　　　）とよばれる身分制度に規定されている。この（①）では（②　　　　　　　）とよばれる身分と，出自が決定される（③　　　　　　　）という社会集団が重視されている。この（③）ごとの伝統的に同一の職業に就くことで，社会の（④　　　　　　　）が成立している。

(2) インドでは，1960年代，収量の多い穀物品種の導入を中心とした農業の技術革新を行ったことで，農業生産が飛躍的に増えた。このことを何とよんでいるか。
（　　　　　　　　　）

(3) ヒンドゥー教徒に多い肉を食べない人々を何とよぶか。（　　　　　　　）

(4) インドの経済は2000年以降，著しく成長した。インドを含めて，ブラジル，ロシア，中国，南アフリカ共和国の経済成長が著しい5か国のことを，ある略称でよぶようになった。この略称を英文字で答えよ。（　　　　　　　）

4 次の問いに答えよ。

(1) 農産物や鉱産物などの特定の一次産品の生産と輸出に国の経済が依存する国々もある。このような経済を何というか。　　　　　　　　　　　（　　　　　　　　）

(2) ラテンアメリカでは，ユカタン半島を中心とするマヤ，メキシコのアステカ，アンデス高地のインカなどに高度な文明が栄えていた。これらの文明を担っていた人々のことを何とよぶか。　　　　　　　　　　　（　　　　　　　　）

(3) 20世紀後半以降，ブラジルなどに農業の新しい形態の企業が進出し，その結果，企業的農業経営へと転換していった。この企業は，農産物の生産や流通，種子や農薬・化学肥料・農業機械の開発などを行っている。これらの農業に関連した多岐にわたる事業のことを何というか。　　　　　　　　（　　　　　　　　）

(4) ブラジルは，1995年に近隣の国々とある国際組織を結成した。これにより加盟国の自由貿易を促進することで地域統合を進めている。この国際組織の略称を何というか。　　　　　　　　　　　（　　　　　　　　）

5 次の問いに答えよ。

(1) 15世紀に入ると，サハラ以南アフリカではヨーロッパとの交易が盛んになった。今のセネガルからアンゴラにかけての大西洋岸でヨーロッパの国々が行っていた貿易を何というか。　　　　　　　　　　　（　　　　　　　　）

(2) 植民地時代に，ケニアの涼しい高原地帯にヨーロッパ人が入植してある農産物のプランテーションをつくった。そこで栽培されていた農産物にあてはまるものを，下の選択肢から選び記号で答えよ。　　　　　　　　（　　　　　　　　）

> ア　カカオ　　イ　さとうきび　　ウ　茶　　エ　綿花

(3) 市場で適正な価格での取り引きを行うことで，生産者の生活と自立を支える取り組みを何というか。　　　　　　　　　　　（　　　　　　　　）

(4) 大都市でしばしば問題となるのは，住宅や電気，上下水道などのインフラの整備が遅れた劣悪な居住環境の地域で暮らす人々がいることである。このような劣悪な居住環境の地域を何とよぶか。　　　　　　　　（　　　　　　　　）

6 次の問いに答えよ。

(1) ロシアの人口の8割を占めるスラブ系ロシア人が信仰しているのは正教会のうちの何という教派か。　　　　（　　　　　　　）

(2) 右のグラフを見て，問いに答えよ。

　① グラフ中のア，イのうち，天然ガスを表している記号を選べ。　　　（　　　　　　　）

　② 原油や天然ガスは，主にどのような施設を用いて西ヨーロッパ諸国などに輸送されているか。　　　　（　　　　　　　）

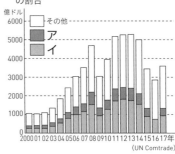

↓ ロシアの輸出額に占める原油と天然ガスの割合

億ドル
6000
5000
4000
3000
2000
1000

その他
ア
イ

2000 01 02 03 04 05 06 07 08 09 10 11 12 13 14 15 16 17年
（UN Comtrade）

［解答→p.174］

5節　世界の産業と人々の生活 → 教 p.120~125

1 人々の生活を支える農業の発展

人々の工夫と農業の発展

①農業が行われようになる以前の様子と農業の始まりの理由

▶農業の開始以前…人は狩猟と採集で食料を獲得→食料の確保に不安定さがつきまとった。

▶その克服のため，野生の植物と動物の成長を管理し，作物や家畜とした→これが農業の始まり。

②農業の自然条件・社会条件や，農作物の改良

▶農業が受ける自然条件の影響…栽培地の気温や降水量，地形，土壌など。

• 各作物がもつ**栽培限界**(=作物栽培の可能な地域の限界のこと)…極端に寒い地域や降水量が極めて少ない地域では，作物や家畜が生育しづらい。

▶社会条件の影響を受ける農業…輸送機関，食生活や食文化，食料政策などの社会条件により，地域ごとにいろいろな農業が行われてきた。

▶農業技術の向上による自然条件の克服…作物栽培に必要な水を引く**灌漑**，生産力向上のためにその作物に適した土壌をほかの所から運んでくる**客土**[*1]，気候に合わせた**品種改良**など→生産が困難であった地域でも，いろいろな作物や家畜を栽培・飼育できるようになった。

農業の発展と生産性

①産業革命以前の農業

▶農産物は家族や小さな社会での消費向けに生産(**自給的農業**)→ごく一部の農産物が地域外に流通した。

▶共同で行われた農作業…農具は簡易で，飼育できる家畜も限定されてい

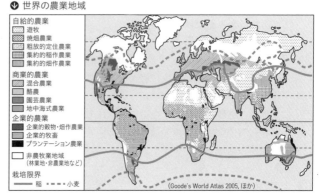

↓世界の農業地域

自給的農業
　遊牧
　焼畑農業
　粗放的定住農業
　集約的稲作農業
　集約的畑作農業
商業的農業
　混合農業
　酪農
　園芸農業
　地中海式農業
企業的農業
　企業的穀物・畑作農業
　企業的牧畜
　プランテーション農業
　非商業牧業地域
　(林業地・非農業地など)
栽培限界
　稲
　小麦
(Goode's World Atlas 2005, ほか)

た→農業の生産性は低いものであった。

②産業革命期に発達した商業的農業

▶産業革命期に**商業的農業**[*2]が発達した←原料や，労働者の食料として，都市部での農産物の需要が高まったため。

▶西ヨーロッパで土地の生産性が向上…根菜類やマメ科の植物を**輪作**(=同じ作物を同一の農地で栽培すると**地力**が低下する。これを防ぐため，種類の異なる作物を一定の周期で循環するように作付けをすること)で栽培する農法と，盛んになってきた畜産による堆肥が増えたことによる。

▶労働生産性の高まり…農業機械の開発と普及による。

▶**企業的農業**…商業的農業のうちの一つで，企業が大きな資本を用いて大規模な生産を行う形態。

⇒企業的農業の**特徴**…大型の農業機械や農業施設を使用した高い労働生産性。

農業の近代化とその課題

①食料問題の解決策とそれに伴う課題と解決方法

▶第二次世界大戦後の人口の急増に伴う食料問題の解決策…米や麦の**高収量品種**を開発して発展途上国に普及させた←この技術革新が**緑の革命**である。

● 食料増加と社会の安定をもたらし，近代的な農業を発展途上国に広めた。

▶緑の革命による負の面…農薬や肥料による環境への負担，人への健康被害の恐れなどがある。

▶現在の農業の生産方法を見直す動き…**有機農業***3の推進や**遺伝子組み換え作物**（＝遺伝子を人工的に操作することで，新しい特性が与えられた作物）の使用制限。

2 人々の生活を支える工業の発展

工業の発展と生活の変化

①工業のもつ意味と工業の発展の歴史

▶工業とは…農産物や鉱産資源などの原材料を加工し，**付加価値**（＝製品をつくることで生み出される新しい価値）を加えた製品をつくる産業。

▶最初は**手作業**…生活や農作業で使用する道具などを手でつくる手工業から開始。

▶18世紀後半の**産業革命**を経て，**機械**を使用して生産する工業に移行。

②近代工業は，軽工業に始まり，重工業，重化学工業へと発達

▶近代工業の発達…食料品や衣類・日用雑貨などの暮らしに必要な**消費財***4をつくる**軽工業**→鉄鋼や工業用機械などの生産活動に使われる**生産財**をつくる**重工業**へと発達。

▶20世紀になると重化学工業が発達…自動車や航空機，化学製品などをつくる工業。

▶ベルトコンベアを用いた**大量生産方式**を工場に導入…製品の生産時間が大幅に短縮→いろいろな工業製品の低価格化が進んだ。

用語解説

*1 **客土**…土壌の性質を改善して生産力を向上させることを目的に，ほかの場所から土壌を運び，いまある土壌の層に付け加えること。

*2 **商業的農業**…自給的農業に対して，農産物の商品化を目的として行う農業である。産業革命期に農産物を消費する人口が大幅に増加して農産物の商品化が進み，農業の資本主義化が進んだ西ヨーロッパをはじめ，アメリカなどで発展してきた。特にアメリカの農業は商業化の進展が著しい。

*3 **有機農業**…農薬や化学肥料などの人工的につくられた物を使用せず，動物や植物のもつ力に依存する農法。食品の安全性や環境との調和などの理由で注目されている。アメリカ合衆国で行われているorganic farmingを日本語化したもの。

*4 **消費財**…人間がもつ欲を満たすため日常の暮らしで直接消費する物品のこと。食料・燃料などのように一度の使用で消費されてしまう消耗財と，自動車・冷蔵庫・エアコンなどのように繰り返して何度も使用される耐久消費財がある。

③日本の人々の暮らしのスタイルの変化や進んだ車社会化など

▶日本の1950年代…洗濯機や冷蔵庫が普及→家事の時間が短縮され，テレビをみる娯楽（らく）の時間をもてるようになるなど，生活スタイルが変化した。

▶**車社会化**の進展…1960年代後半以降，自家用車のある家庭が増加→買い物や通勤などの移動手段に自家用車などが加わったことや，道路網の整備が進んだことなどによる。

▶近年…先進国を中心に，急成長した**先端技術産業**→インターネット関連機器や携帯（けいたい）電話，デジタル家電など，**情報通信技術（ICT）**に関連した製品が普及。

• 情報通信技術（ICT）に関連した製品が普及したことにより，日常生活のなかで格段に容易になった通信や情報収集→家電の使用のしかた自体も変化するなど，日本人の暮らしが大きく変わった。

工業地域の地域差

①工業生産や付加価値の大小による地域差

▶工業生産の大小…西ヨーロッパ，北アメリカ，日本などの**先進国**[*1]では生産力が大きい→成長が著（いちじる）しい中国などを除く**発展途上国**[*3]では小さい。

▶工業生産が大きい国ほど**重化学工業**の割合が高い→小さい国は**軽工業**の割合が高い。

▶重化学工業や先端技術産業は高い付加価値を生み出すため，これらの工業が発達している先進国では1人あたりの**国民総所得（GNI）**（＝一つの国の国民や企業が一定期間に受け取った所得の総額のこと）が高くなる。

◆ 世界の国・地域における1人あたりの国民総所得（GNI）

1人あたりのGNI
（2019年）
- 20000ドル以上
- 10000～20000
- 5000～10000
- 2000～5000
- 2000ドル未満
- 資料なし

＊日本は41690ドル

(World Bank資料)

• 中国は国としての工業生産は大きい→1人あたりのGNIは先進国の水準を下回っている（上の地図を参照）。

▶発展途上国でよくみられる軽工業…軽工業は重工業のように高い技術を必要とせず，大型の設備も必要としない→軽工業の付加価値は総じて低い。
⇒国の経済力は，その国の中心となっている工業の種類と関係が深い。

3 グローバル化する現代の産業と人々の生活

企業活動のグローバル化

①多国籍企業がもつ大きな影響力（えいきょうりょく）

▶**多国籍企業**…巨大（きょだい）な資本力をもち，複数の国に生産・販売（はんばい）の拠点（きょてん）を置く企業→現在の国際社会のなかで，大きな影響力をもっている。

▶多国籍企業の本社が置かれている国…アメリカ合衆国や日本，EU諸国などの先進国が中心。

▶(例)衣料品量販店（りょうはんてん）の経営をしている日本企業。

- 付加価値の低い衣類の縫製作業を人件費の安いバングラデシュなどの工場に委託(いたく)している。
- 国内での企業活動…新素材や新デザインの開発，世界の市場を見据(みす)えた販売戦略の研究などに，資金や人材を集中させている。
- ▶多国籍企業の活動…より多くの**利潤**を生み出すために，**グローバルな分業**体制を敷(し)いている。

② 多国籍企業と発展途上国との関係と課題

- ▶多国籍企業から製造を委託された発展途上国…ある産業が一国の基幹産業に発展することもある→バングラデシュのように総輸出額の 8 割以上(2019年)が衣類で占(し)められている例もある。
- ▶生活水準が向上…多くの人たちが工場で労働をして，賃金を得るようになったため。
- ▶課題(かんきょう)…労働環境の改善や，安全管理を徹底(てってい)することが必要である。

脱工業化社会(だっこうぎょうか)と人々の生活

① 付加価値のより高いものを生み出すための産業の転換(てんかん)

- ▶産業の**グローバル化**[*4](ともな)に伴う発展途上国と先進国の立ち位置。
  - 付加価値の低い製品の製造…先進国から発展途上国へと移動した。
  - 先進国の動き…付加価値の高い製品を継続(けいぞく)的に生み出すことができる産業への転換(はか)を図っている。
- ▶日本やアメリカ合衆国，EU諸国などの先進国の中心産業…新しい知識や技術により高い利益を生み出す**知識産業**[*5]へと転換しつつある。
- ▶近年の先進国の動き…研究開発によって生み出された技術を海外へ輸出→対価として特許権などの知的財産使用料を受け取る**技術輸出**(＝海外へ特許権や技術などを提供し，その使用料を受け取ること)も増加している。

😈 用語解説

*1　**先端技術産業**…ハイテク産業ともいい，最先端技術により工業製品などを生産する産業。半導体を用いたコンピュータや航空宇宙産業などがある。

*2　**先進国**…発展途上国と対比した言葉で，工業が発達し経済が発展している国のことである。はっきりした定義があるわけではないが，OECD(経済協力開発機構)に加盟している国を指すことが多い。

*3　**発展途上国**…開発や発展の途上にあり，現在は 1 人あたりの実質所得が低く，一次産品の生産に比重が大きい国のこと。この「発展途上国」という言葉が誕生したのは1960年代に入ってのことである。

*4　**グローバル化**…経済など人間が行うもろもろの活動が，国や地域などの地理的境界，枠組(わくぐ)みを越(こ)えて大規模に行われるようになり，広がり一体化していくことをいう。

*5　**知識産業**…「知識」を商品とみなして，これを生産，販売，サービスする産業のことである。教育産業や研究開発産業，情報産業，出版印刷業，通信放送業などがある。

②先進国の脱工業化社会への動き

▶**第3次産業**の就業人口の増加の理由…一般に産業活動が活発化し多様化することで，物・資金・情報・サービスなどの移動が盛んとなる→工場で製造業に従事していた人たちがサービス業や通信業などで働くようになるためである。

▶特に**脱工業化社会**への移行が進んでいる先進国…第3次産業の就業人口の割合が高い→日本でも7割(2019年)を超えている。

▶新しい産業の登場→日本ではアニメやゲームなどを制作・販売する**コンテンツ産業**（＝娯楽や教育などを目的に音声や映像などを使用して創作される商品の生産や販売に関わる産業）が国際的にも競争力がある産業として注目を浴びている。

世界の中の日本　世界に広がる日本のポップカルチャー

①世界の若者の人気が集まっている日本のアニメや漫画

▶日本のアニメや漫画の魅力は，「COOL(かっこいい)」や「KAWAII(かわいい)」と評されている→ゲームや音楽，ファッションなどにも波及。

▶日本のコンテンツ産業で創作されるいろいろな作品…国際競争力がある商品として世界に輸出→これらの作品により日本語や日本文化に興味をもつようになった外国人が増加している。

▶日本のポップカルチャーの現状…産業としての側面だけでなく，外国人が日本への理解を深めるための役割も担っている。

追究事例　産業1　産業力が世界の生活文化に与える影響　−アメリカ合衆国−　➡ 教 p.126~131

1 世界に大きな影響力をもつ知識産業と資源

世界標準を生み出すICT産業

①アメリカ合衆国で開発された情報通信技術(ICT)を使った人々の日常の暮らし

▶アメリカ合衆国で開発された**情報通信技術(ICT)**の利用…人々の日常で，パソコンやスマートフォンを使用し，インターネットによる情報検索や商品の購入，**ソーシャルネットワーキング サービス(SNS)**[*1]の利用などを行っている。

▶携帯端末の基本ソフトウェア(OS)は，ほとんどがアメリカ合衆国で開発されている。

▶アメリカ合衆国で発達した**知識産業**…研究開発により生み出された新たな知識や技術を商品として販売したり，蓄積した知識を組み合わせることによって新しい分野の開拓を行ったりする。

▶ICT産業などの分野で特許登録された知識や技術…**知的財産使用料**という形で国際的に取り引きされる→その収入はアメリカ合衆国の経済をけん引している(右のグラフを参照)。

◆ 主な国の知的財産使用料

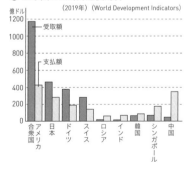
(2019年)　(World Development Indicators)

産業構造の変化とサンベルトの台頭

①20世紀前半までのアメリカ合衆国の工業地域

▶20世紀前半までのアメリカ合衆国の工業…石炭や鉄鉱石などの豊富な鉱産資源と水運を生かして重工業が盛んてあった。

- その中心地…五大湖沿岸から大西洋沿岸にかけての北東部。
  - 特にピッツバーグでは鉄鋼業が，デトロイトでは**大量生産方式**による自動車産業が発展した。
- ▶第二次世界大戦後，日本やヨーロッパの工業が発展→鉄鋼業や自動車産業が厳しい国際競争にさらされた→この地域（ピッツバーグやデトロイトなど）の工場は次々に閉鎖され，失業者が増えた→**スノーベルト（フロストベルト**[*2]）とよばれるようになった。

②**アメリカ合衆国での新しい工業地域の形成**
- ▶1970年代以降に新しい工業地域が形成…北緯37度以南の**サンベルト**[*3]とよばれる地域←北東部の伝統的な工業地域での経済は衰退した。
- ▶サンベルトでの産業…航空宇宙産業やICT産業などの先端技術産業が発達←背景には温暖な気候や安価な土地と労働力などがあったため。
  - →特にカリフォルニア州の**シリコンヴァレー**[*4]…名門大学を研究開発の拠点とし，多数のICT企業が集中している。

世界を揺るがしたシェール革命

①**アメリカ合衆国のシェール革命の恩恵と問題点**
- ▶アメリカ合衆国で始まった頁岩（シェール）層での採掘…シェール層での天然ガスや原油の採掘は難しかった→それが可能になり，2000年代後半以降，特に**シェールガス**（＝地下のシェールという地層の隙間から採掘される天然ガスのこと）の開発が急速に進んだ。
- ▶天然ガスの国内生産量が増加した結果…西アジアやアフリカの産油国へのエネルギー依存率が減少。
- ▶供給過多による天然ガスの国際価格の下落→世界のエネルギー需給に大きな影響を及ぼした→これが**シェール革命**とよばれるもの。
- ▶採掘方法の問題点…化学物質を含んだ高圧の水で地下の岩盤を壊す採掘方法は，**地盤沈下**や地下水の汚染などを発生させる可能性が指摘されている。

🦉 用語解説

- *1　**ソーシャル ネットワーキング サービス（SNS）**…人と人をつなぎ，コミュニケーションを図れるように設計されたインターネットを利用した会員制のサービスのこと。SNSは，Social Networking Serviceの略称である。
- *2　**スノーベルト（フロストベルト）**…五大湖周辺からメガロポリス（巨帯都市）に至る都市一帯を指している。
- *3　**サンベルト**…ノースカロライナ州北部とカリフォルニア州中部を結ぶ北緯37度線以南に位置する合衆国南部，西南部の地域を指す。
- *4　**シリコンヴァレー**…アメリカ合衆国，カリフォルニア州サンフランシスコの南東にあるサンタクララ・パロアルト・サンノゼ地区の通称である。この地域には，半導体産業やICT企業，研究所や関連企業が密集している。半導体の材料にシリコンを用いることからこの名称が付いた。

2 世界の食卓に影響を与える農業

世界の穀物市場を動かす穀物メジャー

①アメリカ合衆国のアグリビジネスと穀物メジャー

▶広大な国土をもつアメリカ合衆国では，**アグリビジネス**（農業関連産業）が盛んである。

▶アグリビジネスを行う企業…農産物の生産・流通，種子や農薬・化学肥料・農業機械の開発など，いろいろな方面にわたって事業を展開している。

▶**穀物メジャー**[*1]とよばれる巨大な穀物商社…多くの国や地域に拠点をもち，穀物の生産，小麦粉・食用油などへの加工，製品の流通と販売に関わっている。

⇒世界の穀物の需給に大きな影響を与えている。

◐ 穀物メジャーの一つ，カーギル社が進出している国・地域

カーギル本社
（ミネソタ州ミネアポリス近郊）

☐ カーギル社の
　 進出国・地域
＊一部非公開
（2020年1月現在）

（カーギル資料）

②アメリカ合衆国の農業は大規模な生産と輸出が特徴

▶アメリカ合衆国の農業生産と輸出。

• 世界有数の農産物の生産国であり，輸出国でもある。

• 世界の食卓を支えているアメリカ合衆国の農業…小麦や大豆などの穀物，牛肉や豚肉などを大量に生産し，それを輸出している。

▶アメリカ合衆国の農業の特徴…規模が大きいこと。

▶アメリカ合衆国の農業…労働生産性が高い農業を行っている。

• アメリカ合衆国の農業従事者は労働人口のわずか数％に過ぎない。

• 穀物の生産方式…穀物の生産では大

◐ アメリカ合衆国と日本の農業の比較

	アメリカ合衆国	日本
1人あたりの耕地面積[*]	73.6ha	1.6ha
1人あたりの穀物収量[*]	214.6t	4.6t

＊農林水産業従事者　　　（2018年），（FAOSAT, ほか）

型農業機械や**リモートセンシング**（遠隔探査）の技術を使用し，農薬や化学肥料，**遺伝子組み換え作物**（→省力化やコスト削減をするため，除草剤や病害虫に強くなるように開発している）などを多用する生産方式である。

• 食肉の生産方式…**フィードロット**[*2]とよばれる大規模な肥育場で，とうもろこしなどを飼料として肉牛が飼育されている。

→日本はアメリカ産牛肉の最大の輸出先（2020年）である。

適地適作の農業と大規模農業の課題

①アメリカ合衆国の農業のしかたは適地適作

▶アメリカで行われている農業…自然環境に合った農産物を生産する**適地適作**の農業である。

▶農業地域…**西経100度**付近を境に，降水量の少ない西側では**放牧**や**灌漑農業**，降水
量が多く湿潤な東側では**畑作**農業が発達している。

- **酪農**が盛んな五大湖周辺…かつて**大陸氷河**に覆われていたため，土壌はやせている。
- **コーンベルト**[*3]とよばれる五大湖周辺より南の比較的湿潤な地域…とうもろこし
や大豆などの飼料作物と家畜の飼育を組み合わせた**混合農業**の盛んな地域。
- **グレートプレーンズ**(＝ロッキー山脈の東側に南北に広がる台地状の大平原)での
農業…1960年代から豊富な地下水を使った**センターピボット方式**[*4]の灌漑による飼
料作物の栽培が盛んになった→コーンベルトに代わって肉牛の一大産地へ。
- 西海岸のカリフォルニア州で行われている農業…温暖な**地中海性気候**の特性を生
かして，**かんきつ類**[*5]やぶどう，野菜の生産が盛んに行われている。

②アメリカ合衆国の農業が抱えている自然環境問題

▶アメリカ合衆国の農業方式による問題が発生している。

- 省力化を追求し，大型機械を使い，少ない種類の作物を繰り返し耕作する農業が
行われるようになった。
- このような方法で農業を行った結果…各地で**土壌侵食**や農地の荒廃などの問題が
起こるようになった。

▶懸念される地下水の水位の低下…大規模な灌漑農業により，地下水を過度に使用し
ているため。

⇒農地や土壌，農業用水を適切に管理することが必要である。

用語解説

*1 **穀物メジャー**…世界の穀物市場を支配しているカーギル社，コンチネンタル・グ
レイン社，ブンゲ社，ルイ・ドレフュス社，アンドレ社などの多国籍穀物商社の
こと。この5社でアメリカ合衆国の穀物の取り引きのおよそ3分の2，輸出の80
％以上，世界穀物市場の70〜80％を占めているといわれている。

*2 **フィードロット**…放牧によって育成した食肉用の牛や豚などを出荷前の1〜3か
月の間に太らせるため，露天で囲い込み，ここでエネルギーの高い飼料を与えて
十分に肥育する飼育場。

*3 **コーンベルト**…アメリカ合衆国中西部に位置する，とうもろこしや大豆の大規
模な栽培を行っている地域。オハイオ州，インディアナ州，イリノイ州，アイオ
ワ州を中心にその周辺にも広がる広大な地域である。

*4 **センターピボット方式**…地下水をくみ上げて，化学肥料をその水に入れたあと，
たくさんのスプリンクラーの付いた長さ400mにも及ぶ散水アーム管に圧送して，
コンパスで円を描くように動きながら散水していくというものであり，その結果，
畑は円形となる。

*5 **かんきつ類**…ミカン科の果樹。熱帯から温帯にかけて栽培され，生産量も多い主
要な果樹である。アメリカ合衆国ではグレープフルーツやオレンジなどが栽培さ
れている。

③ 産業の発展を支えてきた移民の力

集まる世界の人材

①世界から多くの優れた人材が集まってくるアメリカ合衆国

▶世界をリードする知識や技術を生み出すアメリカ合衆国…この国に，世界中から優れた才能や頭脳をもつ人材が集まってきている。

▶シリコンヴァレーのICT企業…世界標準となる情報技術を次々と開発し続けている。

　→この分野で，インド人や中国人などのアジア系技術者をはじめとして，世界各国から集まった優秀な人材が，その発展に寄与している。

▶世界で最も留学生の多い国であるアメリカ合衆国…特にアジアからの留学生が増え続けている（右のグラフを参照）。

　•留学先として人気の理由…英語を身に付けられること，政府や企業から多額の研究費をもらっている大学が多いことなど。

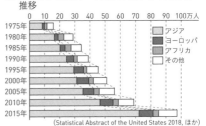

アメリカ合衆国への留学生数とその出身地の推移

(Statistical Abstract of the United States 2018, ほか)

移民国家としての発展

①先住民と移民によってつくられたアメリカ合衆国

▶アメリカ合衆国は，先住民（ネイティブアメリカン）[*1]と移民[*2]によってつくられてきた国である。

▶17世紀に，イギリスなどのヨーロッパの人たちが大西洋岸に入植→西に向かって領土を拡大していった。

　•建国当時からアメリカ合衆国の政治・経済・文化の発展をけん引していたのはワスプ（WASP）（＝アメリカ合衆国で暮らす白人「White」，アングロサクソン系「Anglo-Saxon」，プロテスタント[*3]「Protestant」の人たちのこと）であった。

　•未開の地を切り開く開拓者精神（フロンティアスピリット）…アメリカ合衆国建国の原動力である→やがて努力することで成功をつかむことができるというアメリカンドリームの概念が生まれた。

　　→アメリカンドリームの概念は，現在でも世界中から多くの移民をひきつける魅力の一つである。

　　→アメリカ合衆国には，経済的な豊かさと仕事を求めて，多数の移民が流入し，年間110万人（2018年）を超える人たちが永住権を取得している。

　•移民の多くは，働き盛りの若い年齢層である。

　　⇒アメリカ合衆国は，先進国のなかでも高齢化[*4]の進み方が緩やかである。

②アメリカ合衆国は人種のサラダボウル

▶アメリカ合衆国の人口の様子…3億人以上（2019年）の人口を抱えており，多民族国家を形づくっている（次のページのグラフを参照）。

▶アメリカ合衆国にやって来た移民の多くが母国の文化を維持しながら，互いを尊重して生活を送っている。

⇒アメリカ合衆国の**多民族社会**はサ
　ラダボウルにたとえられる。
　→「サラダボウル」の意味は，それ
　　ぞれの人種や民族が独自性を保
　　持しつつ，なおかつアメリカ人
　　として一つの皿(さら)のなかにあるということである。

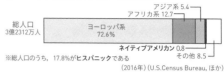

↓ アメリカ合衆国の人種・民族構成

```
　　　　　　　　　　　　　　　　　　　アジア系 5.4
　　　　　　　　　　　　　　　　　アフリカ系 12.7
　総人口
　3億2312万人　　　ヨーロッパ系
　　　　　　　　　　72.6%
　　　　　　　　　　　　　ネイティブアメリカン 0.8
　　　　　　　　　　　　　　　　　その他 8.5
```
※総人口のうち，17.8%がヒスパニックである
(2016年) (U.S.Census Bureau, ほか)

▶(例)メキシコ国境沿いやフロリダ州などに多い**ヒスパニック**(＝スペイン語圏(ごけん)から
アメリカ合衆国へ移住して来た人たちのこと)…メキシコ，キューバ，プエルトリ
コなどの出身者が多い。
- スペイン語を話したり，スペイン語の新聞やテレビ放送を利用したりする→母国
　の文化や価値観を保持している。
- 農作業や建設業，サービス業など，賃金が低い労働の多くはヒスパニックが担(にな)っ
　ており，地域の経済を支えている。

多民族国家で生まれた文化

①多様な文化が持ち込まれたアメリカ合衆国

▶移民が持ち込んだ多様な文化…アメリカ合衆国の社会に活力を与(あた)えている→世界中
で受け入れられる文化を誕生させる基盤(きばん)となっている。
▶(例)アイルランドからの移民が持ち込んだ**ハロウィン**[*5]…アメリカ合衆国の年中行事
として根づき，日本でも行われるようになった。
▶世界中に浸透(しんとう)したアメリカ合衆国から生まれた生活文化…ハンバーガーなどの**ファ
ストフード**[*6]やジーンズなどの服装，ハリウッド映画，**テーマパーク**などがある。

😈 用語解説

[*1] **ネイティブアメリカン**…北アメリカ大陸に住む先住民の公称である。主にアメリ
カ・インディアンとよばれてきた人々である。

[*2] **移民**…個人あるいは集団が仕事を求めるなどのいろいろな動機や理由によって，
恒久的(こうきゅうてき)に，または相当長い期間にわたって，ある一つの国や地域からほかの国に
移り住むこと。

[*3] **プロテスタント**…16世紀初め，カトリック教会の改革を主張した人たちによって
成立したキリスト教の教派の一つである。プロテスタントとは，「反抗(こうぎ)する者」，
「抗議する者」の意味をもっている。

[*4] **高齢化**…総人口中に占める65歳以上の高齢者人口の比率(し)がしだいに増加していく
ことである。一般的(いっぱんてき)に65歳以上の老年人口の比率が総人口の7％を超(こ)えた高齢化
の進んだ社会のことを高齢化社会という。

[*5] **ハロウィン**…アングロサクソン系民族の祭日である。10月31日はキリスト教の万
聖節(せいせつ)(＝全聖人を記念するキリスト教の祝日)の前日である。

[*6] **ファストフード**…客の注文に応じてすばやく出せる料理や調理済みの食品のこと
である。第二次世界大戦後のアメリカ合衆国で生まれた外食産業の一つの形態。
ファストフードの反対語として「スローフード」がある。

追究事例　産業2　経済成長による人々の生活の変化 －東アジア－ ➡ **教 p.132～137**

1 東アジアの経済成長とその歩み

急速に経済が成長した東アジア

①急激な都市化と急速に進んだ工業化

▶20世紀後半以降，中国や朝鮮半島，日本などの東アジアでは，劇的な都市化が進んだ。中国のシェンチェン(深圳)などが例。

▶急激な都市化が進んだのは，急速に工業化が進展したからである。

- 1960年代…日本がまず**先進工業国**への仲間入りを果たした。
- 1970年代…韓国・台湾・ホンコン(香港)(＝旧イギリスの植民地で，1997年に中国に返還された)などが外国からの資本や技術を導入→質の高い労働力と比較的安い**人件費**により**輸出指向型**の工業を発展させた→**アジアNIEs**(＝1970年代以降，急速な工業化を遂げたアジアの国や地域のこと。上記の1国2地域のほかに，東南アジアのシンガポールも含まれる)とよばれる新興工業経済地域となった。
- 第二次世界大戦後，社会主義国として建国された中国…1970年代末から高度経済成長が開始された。

▶工業化とともに東アジアの人たちの生活水準は大幅に向上した。

市場経済の導入で成長した中国

①中国の建国後の経済政策の移り変わり

▶建国後の中国…政府が経済全般を統制する**計画経済**を導入。
- 計画経済の下で，企業は**国有化**または集団化された。
- 農村…集団で農業や工場を営むとともに，行政や教育の機能をもつ**人民公社**[*1]とよばれる組織がつくられた。

▶生産意欲が低下し，生活水準が停滞する→中国政府は1970年代末から**市場経済**のしくみを取り入れる→外国からの投資も受け入れる**改革開放政策**へと転換した。
- 農村では人民公社が解体→農家が自由に経営することができる**生産責任制**[*2]が導入された。
- 導入された結果…生産意欲が高まり，農産物の生産量が飛躍的に増えた。
- **郷鎮企業**(＝農村部の郷<村>や鎮<町>で農民たちが集団で設立した工場や商店，および農民個人でおこした工場や商店)が多数設立→農民に働く場を提供→農業以外の収入が増えた。
- 都市…国有であった企業の民営化などが進められるようになった。

◆中国の歩み

年	事　項
1937	日中戦争が起こる(～45)
1945	国共内戦(～49)
1949	**中華人民共和国**の成立
1953	**5か年計画**を開始する(計画経済)
1954	中華人民共和国憲法の制定
1958	人民公社を開始する
1966	文化大革命(～76)
1972	日中国交が正常化する
1976	毛沢東の死去
1978	改革開放政策への転換
1982	人民公社の解体
1989	天安門事件(民主化運動を弾圧)
1993	社会主義市場経済の導入
1997	ホンコン(香港)の返還(イギリスより)
1999	マカオの返還(ポルトガルより)
2001	**世界貿易機関(WTO)**に加盟
2008	ペキン(北京)オリンピックの開催
2010	GDPが日本を上回り，世界第2位となる

世界の工場から世界の市場へ

①改革開放政策から始まった世界の工場への道程
- ▶中国で始まった改革開放政策により，南部の沿海地域に**経済特区**[*3]が設置された。
  - ●経済特区…外国企業への税金が低く抑えられた→安価で豊富な労働力も得られたため，国外からの企業進出が進んだ。
  - ●中国本土とは異なる資本主義の地域である台湾との関係…中国政府は，1980年代に台湾との経済交流を回復→電子機器を中心とする台湾企業が，中国本土への進出が行われるようになった。
- ▶**世界の工場**とよばれるようになった中国…多くの工業製品の世界最大の生産国となり，それらの製品を世界中に輸出したことによる。

②豊かになった中国とその魅力ある市場
- ▶経済発展に伴って豊かになった中国…**世界の市場**ともよばれるようになりつつある。
- ▶中国は巨大な人口を有し，都市部を中心に富裕層や中間層が急激に増加している→世界の企業にとって魅力ある市場である→いろいろな分野の外国企業が中国に進出している。

深める　先端技術産業が経済成長をけん引した台湾

①台湾が力を入れた先端技術産業
- ▶台湾で1980年代から力を入れていた**先端技術産業**の育成→税制を優遇する輸出加工区の整備など。
- ▶結果…パソコン・集積回路(IC)・液晶パネルなどの製造分野で，世界有数の実力をもつ企業が成長した。
- ▶台湾と中国との間で経済交流が回復したことによる結果。
  - ●台湾の企業…より生産コストが低い中国本土に工場を進出させた。
  - ●世界の有力メーカーの電子機器を受託製造している台湾企業…中国本土を生産基地にして発展→世界を代表する電子機器受託製造企業になった。

用語解説

- *1 **人民公社**…中華人民共和国政府の下で計画経済による農業の集団化が進み，1958年に成立した。行政部門と農工業生産部門，学校，民兵などを含む集団組織である。しだいに存在意義を失い，1985年に解体が終了した。
- *2 **生産責任制**…農業生産請負制ともいい，1980年代，人民公社の解体に伴い導入されたもの。農家が政府と請負契約をかわし，収穫の一定量は政府に上納するが，余った分は自由に売却できるようにした制度。
- *3 **経済特区**…改革開放政策により，特別な経済政策をすることが公認された輸出加工地区である。外国企業などの資金をよび込み，中国国内の労働力を用いて，輸出競争力のある商品をつくることが主な目的である。コワントン(広東)省のシェンチェン，チューハイ(珠海)，スワトウ(汕頭)，フーチエン(福建)省のアモイ(厦門)の4か所が当初指定された。1988年にはハイナン(海南)島が省に格上げされたことで，ハイナン省が5番目の経済特区となった。

2 経済成長による中国の生活の変化

経済成長と生活の変化

①急激に変化しつつある中国の都市部の生活
- ▶中国の都市部の生活…この20年余りで急速に変貌した→生活様式は先進国とほとんど変わらないものになっている。
  - 自動車や家電製品，携帯電話などの普及率が高まっている。
  - 日本や東南アジアなどの海外へ旅行に行く人も珍しくなくなった。
- ▶中心市街地の様子…オフィスビルや高級ホテル，デパート，大規模なショッピングモールなどが集まる→**商業**や**サービス業**の発展が著しい。
- ▶市街地の様子…マンションが多数建設され，新築された高層マンションをマイホームとして購入しようとする人たちが増加している。
- ▶市内の様子…地下鉄などの鉄道が網の目のように張りめぐらされており，国際空港や高速道路，高速鉄道など，交通機関の整備が急速に進行している。

②中国の人たちの食生活の変化
- ▶所得の上昇により中国の人々の食生活が変化している。
  - 米や小麦などの**主食**の1人あたりの摂取量は減少。
  - 肉や卵，乳製品，魚介類，果物などの**副食**の需要が増加している。
- ▶(例)もともとは中国の人たちは生魚を食べる習慣はなかった→近年，日本食の刺身やすしを食べることが珍しいことではなくなってきている。
- ▶肉の消費量が増加したことによる影響…食用油の原料となり，そのしぼりかすが家畜の飼料になる**大豆**の輸入量が急増しており，飼料用の とうもろこし の国内生産量も増えている。

深める　普及するスマホ決済

①中国におけるスマートフォンと支払い方法の変化
- ▶近年，中国ではスマートフォンを用いたモバイル決済サービスが普及。
  - 屋台などでの支払い…スマートフォンで**QRコード**を読み込むことで，モバイル決済が可能である。
  - タクシーの配車サービス…アプリケーションの機能と合わせることで利用することができる。
- ▶中国では，今まで自動販売機があまり普及していなかった→モバイル決済対応の自動販売機が増加してきている。
- ▶問題点…スマートフォンを持っていないと，いろいろな場面で不便な社会となっていることである。

経済格差と人口の移動

①沿海部の発展とそれに伴う人々の移動，経済格差の問題
- ▶中国の春節とよばれる旧正月の時期は，全国の交通機関が非常に混雑する→内陸部から沿海部に**出稼ぎ**に来ている農民たちが一斉に帰省するためである。
- ▶中国の工業は沿海部を中心に発展している→工場が集中する沿海部と，内陸部の農村との間には大きな**経済格差**が発生している(次ページの地図を参照)。

- より多くの現金収入を得る
ため，沿海部の都市にある
工場などに，農村部から出
稼ぎに行く人たちが増加し
た。
- 問題…働き盛りの世代が都
市へ出稼ぎに行ってしまっ
たため，農村には高齢者と
子どもたちだけが残される
ことが多い。

● 中国の経済格差と人口移動

深刻な環境問題

①中国の経済発展が引き起こした環境問題

▶経済が発展したことにより，中国のエネルギー消費量が急速に増加した→**大気汚染***3などさまざまな環境問題が発生している。

▶中国の主なエネルギー源の石炭が環境破壊の元…中国で産出される石炭は多くの**硫黄分**を含んでいる→燃焼させると硫黄酸化物が大量に排出される→これにより中国各地に**酸性雨***4の被害が生じている。

- 微小な粒子状の大気汚染物質である**PM2.5***5による健康被害も深刻である。
- 中国が発生させた大気汚染物質は海を越えて日本にも達する→国際的観測網の整備や脱硫装置の普及など，問題解決のために日中両国が協力をしている。

👹 用語解説

*1 **主食**…日常の食事て中心となる，穀類を主とした食べ物。飯・パン・めん類などがある。

*2 **QRコード**…白と黒の格子状のパターンで情報を表した二次元コードの一つ。スマートフォンなどて読み込むことで，複雑な文字入力をすることなく情報を取り込むことができる技術。

*3 **大気汚染**…工場，事業所，自動車，家庭などから排出された各種の汚染物質（硫黄酸化物，窒素酸化物，微小な粒子物質など）によって，地域社会の大気が汚染されること。

*4 **酸性雨**…自然の雨や雪は，大気中の二酸化炭素が溶け込むために微酸性であり，pH 5.6ぐらいを示す。汚染物質を含んで pH 5.6以下になった強酸性の雨や雪のことである。湖沼の魚介類，土壌，森林の生態系などに影響を及ぼしている。

*5 **PM2.5**…大気中に浮遊している直径2.5 μ m（1 μ mは1mmの千分の1で，μ mの読み方は「マイクロメートル」）以下の非常に微小な粒子状の物質であるため，肺の奥深くまで入りやすく，呼吸器系への影響や循環器系の病気をもたらす危険性が高い。PMは，Particulate Matterの略称で，「微粒子」という意味である。

③ 経済成長による韓国の生活の変化

進んだネット社会と首都圏への一極集中

①インターネットと韓国の人々の生活，人口の首都圏への一極集中

- ▶韓国では，早くから大容量の通信が可能な**ブロードバンド回線**が普及した→ネットゲームやネットショッピングなど，人々の生活にインターネットが深く関わっている。
- ▶首都**ソウル**は情報や流行の発信地。
- ▶経済成長に伴い，韓国では農村から都市へ多くの若者が流出→特にソウルを中心とした**首都圏**に人口が集中→政治・経済・文化などの**一極集中**が著しい(右のグラフを参照)。
  - ソウルでは，土地や住宅の価格が高騰→大勢の人々が集合住宅に住んでいる。

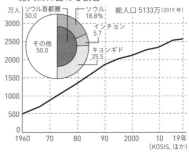

ソウルを中心とした首都圏の人口の推移と総人口に占める割合

（KOSIS, ほか）

現代に息づく韓国の伝統文化

①韓国の気候の特徴と伝統的な住宅や食文化

- ▶韓国の気候…気温の年較差が大きく，夏は蒸し暑いが，冬は厳しい寒さとなる。
- ▶寒い冬を過ごすための工夫…伝統的な住宅には**オンドル**とよばれる床下暖房が備えられている→近代的な住宅においても温水床暖房が広く普及している。
- ▶韓国の伝統的な食文化である**キムチ**…もともとは新鮮な野菜が入手できない冬の間の**保存食**であった。
  - 最近はキムチの既製品を買うことも増加している→冬が近づくと，キムチの手づくりをする伝統が現在もなお残っている。

②韓国の言語の特徴と，15世紀に考案された文字の使用

- ▶韓国の言語…中国由来の言葉が多く，敬語の表現が多い点，文法の語順など，日本語と類似点が少なくない。
- ▶韓国の文字…15世紀に考案された，母音と子音を組み合わせた**表音文字**の**ハングル**[*1]が一般的には使用されている→漢字はほとんど使用されていない。

③韓国の倫理観や生活習慣，宗教

- ▶**儒教**[*2]に基づく倫理観…祖先をまつり，両親や年長者を敬うことなど→人々の生活に浸透している。
- ▶旧正月や，チュソクとよばれるお盆にあたる祝日(旧暦8月15日)には，多くの人が故郷に帰省する。
- ▶宗教…キリスト教の信者が多く，街なかには教会も多数ある。

経済成長の背景と日韓交流の深まり

①韓国の工業の移り変わり

- ▶韓国の経済成長の背景にあるもの…1960年代以降の工業の発展。
  - 韓国政府の政策…**財閥**とよばれる企業グループを主体に，日本などの外国資本を導入→輸出指向型の工業化を始めた。

- 当初は繊維製品などの生産が中心。
▶1970年代に重化学工業への転換に成功…自動車や船舶などが有力な輸出品となった。
→この驚異的な経済成長は，ソウルを流れる川の名をとり「漢江の奇跡」とよばれる。
▶1980年代からは，半導体やテレビなどの家電製品の生産が増えた。
▶1997年の**アジア通貨危機**(＝タイの通貨相場の暴落に始まり，韓国などの周辺諸国に金融や経済の混乱が波及したこと)によって経済は大きな打撃を受けた。
　- 韓国政府の行った政策…**情報通信技術(ICT)産業**を経済再生の中心にすえ，情報通信網の整備や企業の育成に力を入れた。

②韓国と日本との関わりの変遷
▶日本と韓国の国交正常化以降も，韓国では日本の**大衆文化**の流入を規制→20世紀前半に日本が朝鮮半島を併合した歴史などによる。
▶1990年代からは規制が緩和→日本の漫画やアニメが韓国で受け入れられるようになった。
▶日本でも，韓国のドラマや音楽を見聞きする機会が多くなり，互いの国を行き来する観光客も増えている。

深める　大きな影響力をもつ財閥

①韓国の財閥の力…1997年のアジア通貨危機により財閥の再編が進められた→現在も韓国経済に大きな影響力がある。
▶韓国の10大財閥の売上高は，現在でも，国内総生産(GDP)の6割を占めている。
▶問題点…財閥関係者と政府の癒着，財閥企業と非財閥企業との賃金格差，若者の就職難などが社会問題化。

追究事例　産業3　地域統合が人々の生活や産業に与える影響 －ヨーロッパ－ ➡ 教 p.138~144

1 EU統合と人々の生活

国境を自由に移動できる生活

①パスポートを提示せずに国境を自由に往来できるヨーロッパの多くの国
▶出入国審査の廃止を取り決めた**シェンゲン協定**(＝EU加盟国22か国とともに，非加盟国のノルウェーやスイスなども実施している)を実施した国どうしでの取り組み
→パスポートを見せることなく，自由に国境を行き来することができる。
⇒国境近くに住む人たち…気軽に国境を越えて隣国に通勤や買い物に出かけている。
▶消費活動における便利さ…多くの国で国ごとの通貨に両替する必要がなくなり，**EUの単一通貨ユーロ**(＝EU加盟国で流通している共通通貨。2021年7月現在，導入国は19か国)で買い物や給料の受け取りが可能となった。

用語解説

＊1　**表音文字**…音だけを表す文字のことである。アルファベットのように単音を表す音素文字・単音文字と，かな のように音節を表す音節文字に大別される。逆の文字には表意文字がある。
＊2　**儒教**…古代中国の春秋時代末期の孔子が唱えた道徳・教理を体系化したものである。孔子の中心的な思想は「仁」である。

キリスト教に根ざした文化

①キリスト教が暮らしや文化に及ぼす影響

▶ヨーロッパで広く信仰されている**キリスト教**が人々の暮らしに深く根づいている。

- キリスト教の重要な行事であるクリスマスやイースター(復活祭)などの期間…休暇をとり，家族と祝う習慣がある。
- 日常で行うこと…**聖書**を読んだり，日曜日に教会へ礼拝に行ったりする。
- 人生の節目の儀式を教会で行う。

▶キリスト教の文化…大聖堂のような建物をはじめとし，絵画，音楽，思想，文学などの幅広い分野で，大きな影響をヨーロッパにもたらしてきた。

②キリスト教の三つの主な宗派…**プロテスタント，カトリック，正教会**。

▶言語と関係が深い三つの主な宗派…プロテスタントは**ゲルマン語派**[*1]，カトリックは**ラテン語派**[*2]，正教会は**スラブ語派**[*3]の分布と重なる部分が多い。

▶宗派や言語の違いによる差異…同じキリスト教でも，地域により文化や習慣が少しずつ異なっている。

ヨーロッパのキリスト教の宗派の分布

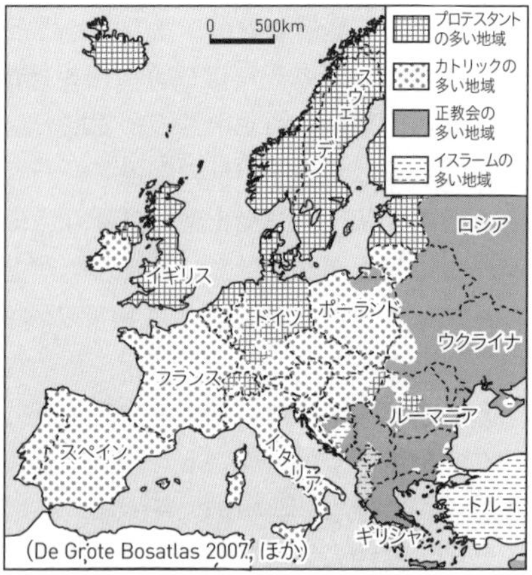
0　500km
プロテスタントの多い地域
カトリックの多い地域
正教会の多い地域
イスラームの多い地域
スウェーデン
ロシア
イギリス
ドイツ
ポーランド
ウクライナ
フランス
ルーマニア
スペイン
イタリア
トルコ
ギリシャ
(De Grote Bosatlas 2007，ほか)

EU統合への歩み

①ヨーロッパの国々に住むさまざまな民族と二度の世界大戦による影響

▶ヨーロッパ諸国の共通性と多様性。

- 共通性…キリスト教を信仰している点など。
- 多様性があることが特徴…言語や宗派などが異なることから，さまざまな民族が存在している→それらが独自の伝統や歴史を背景としており，多様性がみられる。

⇒価値観が異なる国どうしの協力は容易なことではなかった。

EUの誕生と歩み

年	事　項
1952	ヨーロッパ石炭鉄鋼共同体(ECSC)が発足する
1958	ヨーロッパ経済共同体(EEC)が発足する
	ヨーロッパ原子力共同体(EURATOM)が発足する
1967	**ヨーロッパ共同体(EC)**が発足する
	(EEC，ECSC，EURATOMが一部統合)
1973	イギリス，アイルランド，デンマークが加盟
1981	ギリシャが加盟
1986	スペイン，ポルトガルが加盟
1990	**東西ドイツ統一**により東ドイツ地域も加わる
1993	市場統合が始まる
	マーストリヒト条約発効により**ヨーロッパ連合(EU)**が発足する
1995	スウェーデン，フィンランド，オーストリアが加盟
	シェンゲン協定が施行される
1999	単一通貨**ユーロ**の導入(計算単位として)
2002	ユーロ紙幣・硬貨の流通が始まる
2004	エストニア，ラトビア，リトアニア，ポーランド，チェコ，スロバキア，ハンガリー，スロベニア，マルタ，キプロスが加盟
2007	ブルガリア，ルーマニアが加盟
2013	クロアチアが加盟
2016	イギリスが国民投票で過半数がEUからの離脱を支持
2020	**イギリス**が離脱する

- ▶二度の世界大戦の戦場となり国土が荒廃した→戦後の復興と発展を目指し，国家間の協力関係を強める動きが活発化した。
- ▶人口規模が小さなヨーロッパ諸国の動き…国内市場に限りがあるため，国の枠を越えた協力により，地域全体の発展を目指すことになった。

②EUの誕生までの歩みと現在のEU

- ▶1952年，西ヨーロッパの6か国間で**ヨーロッパ石炭鉄鋼共同体**（**ECSC**）[*4]が発足…鉄鋼や石炭を共同で管理するための機構。
- ▶その後，ECSCが**ヨーロッパ経済共同体**（**EEC**）[*5]や**ヨーロッパ共同体**（**EC**）[*6]を経て，1993年に**ヨーロッパ連合**（**EU**）へと発展した。
- ▶EUの加盟国数の変化…2004年以降，かつての冷戦時代には対立していた東ヨーロッパの国々も加盟→2020年現在，EUの加盟国は27か国になっている（前ページの年表を参照）。

2 EU統合による農業への影響

地域で異なる食文化と農業

①ヨーロッパの気候の影響を受けた農業と食文化

- ▶ヨーロッパ各地には，多様な食文化がある。
- ▶ヨーロッパの気候…暖流の**北大西洋海流**と**偏西風**の影響を受けて，緯度のわりに冬の寒さはそれほど厳しくない。
- ▶この気候に適応した農業により，多様な食文化が誕生した。

用語解説

*1　**ゲルマン語派**…インド・ヨーロッパ語族の一つの語派。英語，ドイツ語，オランダ語，デンマーク語，ノルウェー語，スウェーデン語，アイスランド語などがある。

*2　**ラテン語派**…ゲルマン語派と同じくインド・ヨーロッパ語族の一つの語派。イタリア語，フランス語，スペイン語，ポルトガル語などがある。

*3　**スラブ語派**…インド・ヨーロッパ語族の一つの語派。ロシア語，ウクライナ語，ポーランド語，チェコ語，スロバキア語などがある。

*4　**ヨーロッパ石炭鉄鋼共同体（ECSC）**…1951年のパリ条約に基づいて，1952年にフランス，旧西ドイツ，イタリア，オランダ，ルクセンブルク，ベルギーの6か国で発足された。石炭と鉄鋼について国家による壁をなくし，自由競争による単一共同市場をつくった。ECSCは，European Coal and Steel Communityの略称。

*5　**ヨーロッパ経済共同体（EEC）**…フランス，旧西ドイツ，イタリア，オランダ，ルクセンブルク，ベルギーの6か国により，1958年1月1日に発足した地域的な経済共同体である。域内の関税撤廃や商品，資本，労働力の自由な移動などを目的として創設された。EECは，European Economic Communityの略称。

*6　**ヨーロッパ共同体（EC）**…ヨーロッパ経済共同体，ヨーロッパ石炭鉄鋼共同体，ヨーロッパ原子力共同体を一体化して1967年に発足した共同体。原加盟国は，上記のECSC・EECと同じ6か国。ECは，European Communitiesの略称。

②ヨーロッパの食事と農業の関係

▶ドイツの食卓に並ぶ物と北西ヨーロッパの農業。

- **アルプス山脈**の北側に位置するドイツの食卓…じゃがいも やビール，いろいろな種類があるソーセージなどが並ぶ。
- 北西ヨーロッパの気候と農業…西岸海洋性気候のため，年間を通して降水がある →ライ麦や じゃがいも などの食料と，大麦や てんさい などの飼料作物の栽培に牛や豚などの家畜の飼育を組み合わせた**混合農業**が行われている。

▶北海沿岸のデンマークやオランダなどの国々の農産物と牧畜。

- チーズやバターなどの乳製品の加工や販売が盛ん→観光名物になっている夏に開催される**チーズ市**。
- 北海沿岸の国々の気候と農業…比較的冷涼で，穀物栽培に向かない地域である→牧草を栽培し，乳牛を飼う**酪農**が発達。

▶アルプス山脈より南側のイタリアの食べ物と農業。

- イタリアの食べ物…オリーブオイルを十分に使って，小麦からつくられるピザやパスタが食べられている。
- 地中海沿岸の気候と農業…地中海性気候のため，夏の乾燥に強いオリーブやオレンジなどの果樹と，冬の降水を生かした冬小麦などを栽培する**地中海式農業**[*1]が盛んである。

EUの共通農業政策と課題

①EUの経済的統合を進めるためのさまざまな政策

▶EUが推進した経済的な統合のための政策…域内各国間の流通での関税を撤廃し，共通市場を実現。

▶統一市場となった農産物の市場…温暖な地中海沿岸諸国でとれた果物や野菜を，厳冬期の北ヨーロッパの国々へと出荷→域内の農産物の貿易が活発化。

②加盟国間の国による経営規模の大小から生じる問題

▶国によって経営規模が異なる→生産コストに大きな差が出る。

- (例)花卉や野菜などを生産する**園芸農業**[*2]が発達しているオランダや，大規模な穀物生産を行っているフランス→農家1戸あたりの生産額が高い。
- (例)南ヨーロッパの国々は果樹栽培が中心→生産額があまり高くない。

▶EUが行った**共通農業政策**…域内の主要な農産物には統一価格を設定し，買い支えをする→域外からの輸入農産物には**関税**[*3]をかけるという政策。

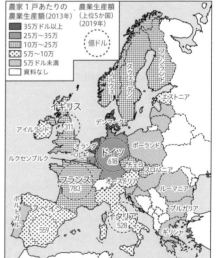

農家1戸あたりの農業生産額

農家1戸あたりの農業生産額(2013年)	農業生産額(上位5か国)(2019年)
35万ドル以上	億ドル
25万～35万	
10万～25万	
5万～10万	
5万ドル未満	
資料なし	

311
618
783
528
559

(EUROSTAT，ほか)

- 生産性の低い国の農業が保護され，生産性の高い国の農業が発展。
- 問題…農産物の生産過剰や，多額の**補助金**による財政負担の問題が発生した。

③東ヨーロッパ諸国のEU加盟とそれにより発生した問題とその対策
- ▶農業の近代化が遅れていた東ヨーロッパの国々がEUに加盟して生じた問題…新規加盟国への補助金がEUの財政を圧迫。
- ▶新規加盟国の負担…従来の生産方法や農産物の品質基準などをEUの基準に合わせなければならない。
- ▶EUの政策の転換とさまざまな支援…基準を満たす農家に補助金を直接支払う制度に変更し，農村の基盤整備や環境保護などにも支援をしている。

深める　伝統的食品を守るEUの品質認証制度

①EUが進める食品のブランド化
- ▶日本でもよく知られているヨーロッパの食品…フランスのシャンパン，スペインのイベリコ豚など。
- ▶伝統的食品を保護するためのEUの取り組み…原産地や製法などの基準を満たした製品には認証マークを付け，ブランド化を図っている。
  - 認証マーク制度…①原産地呼称保護(PDO)，②地理的表示保護(PGI)，③伝統的特産品保証(TSG)の三つがある。
  - 認証マーク付きの食品はブランド品として高値で売れる→生産者は伝統的製法を守りながら，品質の向上や産地の経済的な発展に貢献できる利点がある。

3　EU統合による工業や社会への影響

EU統合で発展した航空機産業

①第二次世界大戦後のヨーロッパの航空機産業
- ▶フランス，ドイツ，スペイン，イギリスの4か国でエアバス社を設立し，航空機生産を開始←世界の航空機産業を独占していたアメリカ合衆国に対抗するため。
- ▶エアバス社の生産拠点を複数の国に置く→**国際分業**により各国でつくられた部品を最終組み立て工場で組み立てて，製品として完成する。
- ▶現在のエアバス社…アメリカ合衆国のボーイング社と世界市場を二分するにまで成長→その航空機は世界の航空会社で使用されている。

用語解説

*1　**地中海式農業**…地中海性気候の地域で行われている農業様式。この気候が夏は高温・乾燥であるため，それに耐えることができるぶどう，オリーブ，オレンジなどの果樹栽培を，冬は降水があるため，平地で小麦，大麦などの穀物栽培を行っている。

*2　**園芸農業**…花卉(＝観賞用になるような美しい花をつける植物の総称)，野菜，果樹などの園芸作物の栽培を主にする農業。

*3　**関税**…国境を越えて取り引きされる商品に対して政府によって課せられる税金のこと。外国からの輸入品に課せられる輸入税や，外国への輸出品に課せられる輸出税などがある。

移り変わる工業地域

①工業の種類の変化により移り変わる工業地域

▶第二次世界大戦後の西ヨーロッパの経済を支えた地域…**重工業三角地帯**とよばれた北フランスと**ルール炭田**, **ロレーヌ鉄山**を結ぶ地域。

▶1960年代以降, 石炭から石油へとエネルギーの転換が進んだ→マルセイユやロッテルダムなど, 産油地域からの原油の輸送に都合のよい臨海部に**石油化学工業**が立地。

▶医薬品や航空機などの先端技術産業の成長→工業の中心がロンドンやパリなどの近郊へ。

▶今, 最もヨーロッパで工業が発達している地域…イギリス南部からドイツ西部, フランス東部を経て, イタリア北部に至る**青いバナナ**（←EUの象徴である青色とバナナの形に似ているため）とよばれる地域である。

▶伝統を生かして高級品を生産する**地場産業**もヨーロッパ各地に立地している。

↓ ヨーロッパ中心部の工業

(Diecke Weltatlas 2008, ほか)

国境を越える労働力

①EU加盟国間で生じている経済格差という課題

▶ドイツやフランスなどの西ヨーロッパの国々…1960年代の経済成長期に, 労働力不足を補うため, トルコや北アフリカなどから多数の**外国人労働者**を受け入れてきた。

▶EUが東方に拡大→社会主義体制下で経済発展が遅れていた東ヨーロッパ諸国がEUに加盟→加盟国間の**経済格差**という課題に直面している。

②東ヨーロッパへ移転する多くの西ヨーロッパの企業

▶多数の西ヨーロッパ企業が, 安い労働力や安価な工業用地を求め, ポーランドやチェコなどの東ヨーロッパの国々に生産拠点を移転させている。

▶工場が転出した地域での**産業の空洞化**が心配←雇用機会の減少や関連産業の衰退等。

TRY 答え・解説	白地図による地域の特徴のまとめ方　教 p.144

1 答省略

2 答(例)アメリカ合衆国の自然環境…地形は太平洋側に高くて険しいロッキー山脈, その東側にグレートプレーンズそしてプレーリーが, ミシシッピ川の東側に中央平原が広がり, その北には五大湖, 大西洋側には低くてなだらかなアパラチア山脈。気候は, 北から南にかけて, 寒帯, 亜寒帯, 温帯, 熱帯が広がっている。

社会環境…言語は主に英語とスペイン語など。宗教はキリスト教を信仰する人が多い。人種のサラダボウルといわれ, 移民によって構成された多民族国家。工業はサンベルト地域に先端技術産業が発達。農業は適地適作で, 西経100度付近を境に, 降水量が少ない西側では放牧や灌漑農業を, 降水量の多い湿潤な東側は畑作農業。

3 答省略

解説選んだ国や地域の自然環境や社会環境について, 地理的情報をただ詳しく描くのではなく, その国や地域の特徴を精選して描くことが大切である。

▶自動車・機械工業分野の日系企業…EU域内の巨大市場に向けた生産拠点にするため，チェコやポーランド，ハンガリーなどの各地に工場を進出させている。

③東ヨーロッパから西ヨーロッパへの人の移動とイギリスのEU離脱

▶東ヨーロッパ諸国から西ヨーロッパ諸国へ人が移動が増加する理由…東ヨーロッパは賃金が安いので，より高い賃金を求めて移動している。

▶移動の結果…イギリスやドイツなどの西ヨーロッパの国々では，安価な労働力の流入による社会保障費の負担増などの社会不安が高まった→イギリスは，国民投票の結果により2020年にEUを離脱した。

深める　生活を揺るがすイギリスのEU離脱

①EU加盟国の中でも独自路線を歩んだイギリスが選んだEUからの離脱

▶ユーロを導入せず自国の通貨ポンドを使用し，出入国管理を厳しく実施など。

▶イギリス国民の抱いた不満…EU加盟による財政負担の多さや移民問題など。

▶2016年にEUからの離脱を問う国民投票が行われ，わずかな差で離脱派が残留派に対し勝利→2020年にEUから離脱した。

▶EU離脱による影響…イギリスに生産拠点を置いていた企業が，イギリスの工場での生産停止を行い，ヨーロッパ本社をオランダなどに移転させる動きが出た→そこで働いていたイギリス人労働者の**失業**問題が発生。

▶低賃金で働く移民がほかのEU諸国に移動→ホテルなどのサービス業で人手不足に。

SKILL ⓯　白地図による地域の特徴のまとめ方

白地図による地域の特徴のまとめ方

①世界各地でみられる多様な生活文化の形成

▶各地の自然環境と社会環境との関わり合いによる。

▶各地の特徴を表現する方法…文章やグラフ，写真，主題図など→地理情報を整理し，地図にまとめることで視覚的にとらえやすい。

②地域の特徴を白地図にまとめる…地図帳などを参考に，点・線・面・文字の要素を組み合わせること。

▶緯線・経線を使う利点…点の要素が描きやすくなり，位置関係も把握しやすい。

▶線の要素…主な河川や鉄道，道路などがある。山地や山脈がある地域には，おおまかな線を描き入れるとよい。

▶面の要素…気候，農業や工業，宗教や言語などの分布をおおまかに囲んで，示すことでグループ分けができ，地域の特徴をとらえやすくなる。

▶点・線・面の情報を補うために，文字による解説を用いる。

▶統計資料や写真などを加えると，客観性が高まる。

👹 用語解説

＊1　**ルール炭田**…ライン川右岸の支流のルール川流域に広がるドイツ最大規模の炭田である。出炭量が豊富で，ルール重工業地域の発展の基となった。

＊2　**地場産業**…特定の地域に集まって産地を成し，地域の素材・資源を利用して特産品をつくる産業のこと。

演習問題 ❺

1 次の問いに答えよ。

(1) 文中の①～④にあてはまる語句を答えよ。

　　農業は，栽培する地域の気温や降水量，地形，土壌などの自然条件の影響を強く受けている。各作物には（①　　　　　　　）があり，極端に寒い地域や降水量が極めて少ない地域では作物や家畜が育ちにくい。

　　農業技術が向上することで，自然条件が克服されることがある。例えば，作物栽培に必要な水を引く（②　　　　　　　）や，作物栽培に適した土壌をほかの所から持ち込んでくる（③　　　　　　　），これまで栽培が困難であった地域で，その気候に合わせて作物などを改良する（④　　　　　　　）などが行われている。

(2) 各国の国民や企業が一定期間に受け取った所得の総額のことで，国内総生産（GDP）に国外からの純所得を加えたものを何というか。（　　　　　　　）

(3) 現在の国際社会で，巨大な資本を有し，複数の国に生産・販売の拠点を置いている企業を何というか。（　　　　　　　）

(4) アメリカ合衆国や日本，EU諸国などの先進国の中心となる産業は，新しい知識や技術により，高い利益を生み出す産業に転換しつつある。このような産業を何というか。（　　　　　　　）

2 次の問いに答えよ。

(1) 20世紀前半までアメリカ合衆国のピッツバーグやデトロイトなどで鉄鋼業や自動車産業が盛んであった。しかし，第二次世界大戦後は日本やヨーロッパの工業が発展したため，この地域の工業は厳しい国際競争にさらされ，工場は閉鎖されて失業者が増加した。この地域は何ベルトとよばれているか。（　　　　　　　）

(2) 多数の国や地域に拠点をもち，穀物の生産，小麦粉・食用油などへの加工，製品の流通と販売に関係し，世界の穀物市場に大きな力をふるっている巨大な穀物商社を何というか。（　　　　　　　）

(3) 右の地図を見て，問いに答えよ。

① 地図中のA～Cにあてはまる人種・民族を下の選択肢から選び，記号で答えよ。　A（　　　）
B（　　　）
C（　　　）

　　　ア　アジア
　　　イ　アフリカ
　　　ウ　ヒスパニック

② 地図中のカルフォルニア州のサンノゼ付近などには，名門大学を研究開発の拠点としているICT企業が集中している地域がある。この地域を何とよんでいるか。（　　　　　　　）

⬇ アメリカ合衆国の人種・民族分布

サンノゼ

0　500km
(2016年) (U.S.Census Bureau)

アラスカ州　　ハワイ州
0 500km　　0 500km

A 系の人々が20%以上の州
B 系の人々が5%以上の州
C の人々が20%以上の州
上記いずれにも当てはまらない州

3 次の問いに答えよ。

(1) 文中の①～⑥にあてはまる語句を答えよ。

建国後の中国では，政府が経済全般を統制する（①　　　　　　　）を導入した。この（　①　）により，企業の国有化などが行われ，農村にも行政や教育の機能をもつ（②　　　　　　　）とよばれる組織がつくられた。しかし，生産意欲の低下や生活水準の停滞などにより，中国政府は1970年代末から（③　　　　　　　）のしくみを取り入れ，外国からの投資も受け入れる（④　　　　　　　）に転換した。その結果，農村では（　②　）が解体され，農家が自由に経営できる（⑤　　　　　　　）に変わった。また，農村部には（⑥　　　　　　　）とよばれる工場や商店が盛んに設立され，都市でも，国有であった企業の民営化が進められた。

(2) 中国では工業が沿海部を中心に発展した。工場が集中する沿海部と，内陸部の農村部との間に大きな問題が生じている。その問題とは何か。　（　　　　　）

(3) 中国で，微小な粒子状の大気汚染物質により健康被害が深刻化している。日本にも流れてくるこの大気汚染物質を何というか。　（　　　　　）

(4) 韓国では，1970年代に軽工業から重化学工業への転換に成功し，その結果，めざましい経済成長を成し遂げた。このことはソウルを流れる河川の名をとって何とよばれているか。　（　　　　　）

4 次の問いに答えよ。

(1) 現在，ヨーロッパの多くの国々では，出入国審査の廃止を取り決めたある協定により，パスポートを提示することなく自由に国境を往来できる。この協定を何というか。　（　　　　　）

(2) 右の地図中のA～Cにあてはまる言語を下の選択肢から選び，記号で答えよ。

A（　）B（　）C（　）

ア　ゲルマン語派　　イ　スラブ語派
ウ　ラテン語派

(3) 1993年にヨーロッパ連合（EU）へとある共同体が発展した。EUに発展する前の共同体を何というか。　（　　　　　）

(4) ヨーロッパの気候は緯度のわりに冬の寒さはあまり厳しくない。それは暖流と風の影響による。暖流と風の名は何というか。暖流（　　　　）風（　　　　）

(5) 北西ヨーロッパで行われている大麦やてんさいなどの飼料作物の栽培と，牛や豚などの家畜の飼育を組み合わせた農業方式を何というか。　（　　　　　）

(6) 現在のヨーロッパで最も工業が発達しているのは，イギリス南部からドイツ西部，フランス東部を経て，イタリア北部に至る地域である。この地域は何とよばれているか。　（　　　　　）

ヨーロッパの言語の分布

第2章　地球的課題と国際協力　教科書 p.145~188

1節　複雑に絡み合う地球的課題 ➡ 教 p.146~149

1 相互に関連する地球的課題とその解決に向けて

地球的課題の背景にある経済格差

①困難を伴う地球的ないろいろな課題の解決

▶人間が豊かさを追求することで発生する問題…地球環境問題，資源・エネルギー問題，人口問題，食料問題，都市・居住問題など→全世界で解決に取り組むことが必要。

▶これらの地球的課題…国境を越えた広がりがあり，それと同時に，多種多様な課題が相互にかつ複雑に絡み合っている→その解決は困難。

②地域によって異なる様相をみせる地球的課題

▶経済状況の違いなどが背景…**南北問題**[*1]→先進国と発展途上国間の経済格差，**南南問題**[*2]→発展途上国のなかでも経済が進んでいる国とそうでない国との間の経済格差。

▶地球的課題を解決するために必要なこと…問題を地球的視野でとらえ，国境を越えて取り組むと同時に，地域性を踏まえて解決にあたること。

地球的課題の解決に向けて

①先進国が発展途上国への支援を行うことも解決策の一つ

▶地球的課題は，経済発展や地域ごとの経済格差と関係がある→解決に向け，先進国が発展途上国への支援を実行。

▶(例)長年行ってきた日本の**政府開発援助(ODA)**(＝先進国政府による発展途上国の経済開発や福祉の向上のための援助)…発展途上国へ資金や技術の支援。
 • ダムや道路建設などの基盤整備の支援。
 • **JICA海外協力隊**などによる人的支援　など。

▶**非政府組織(NGO)**(＝政府から独立して設立されている非営利の民間協力組織)や**非営利組織(NPO)**(＝営利目的ではなく行政や企業から独立し，幅広い分野で社会活動する組織・団体)などのいろいろな組織の活動…現地の資材や技術で行える持続可能な援助を通じて，地球的課題の解決に向けて取り組んでいる。

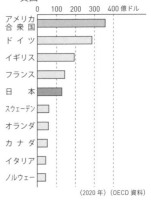

◉ 政府開発援助(ODA)の上位出資国

（2020年）(OECD 資料)

TRY 答え・解説　SDGsについて学ぼう　教 p.148~149

1 答**2**13気候変動に具体的な対策を。**3**11住み続けられるまちづくりを。**4**9産業と技術革新の基盤をつくろう。**5**15陸の豊かさも守ろう。**6**1貧困をなくそう。**7**7エネルギーをみんなにそしてクリーンに。

解説**2**写真のなかに「気候変動への挑戦」とあるから13。**3**タイトル中に「街の美化」とあるから11。**4**通信システムの整備から9。**5**タイトル中に「砂漠化の進行を防ぐ」とあるから15。**6**タイトル中に「貧困層」とあるから1。**7**タイトル中に「太陽熱を持続可能なエネルギーとして利用」とあるから7。

私たちにできること

①現在を生きている世代が責任をもって行わなければならないこと

▶限りある資源を将来にわたり持続的に利用できるしくみをつくる責任は，今を生きる世代にある。

▶**持続可能な開発**…将来の世代が必要とするものを損なうことなく，今の需要を満たすことができる開発のこと→この持続可能な開発を実現できた社会が**持続可能な社会**である。

▶持続可能な社会にするために必要なこと…生活スタイルの改善，資源消費の最少化，環境保全など。

▶2015年の国連サミットで採択された**持続可能な開発目標（SDGs）**→地球上のすべての人たちが平和と豊かさを享受できる社会への移行が行われている。

▶持続可能な社会の実現に不可欠なこと…先進国に暮らす人々の生活自体が，地球的課題を生み出している→節電や節水，ごみの分別や**リサイクル**[*3]などの個人レベルの小さな活動に参加することが大切。

持続可能な社会づくりに向けて　❶　SDGs について学ぼう

持続可能な開発目標（SDGs）とは何か

①2015年9月の国連持続可能な開発サミットで採択されたアジェンダ

▶国連持続可能な開発サミットで採択されたもの…国際社会が2030年までに取り組むべき課題として，「持続可能な開発のための2030アジェンダ（＝検討課題や行動計画という意味）」が採択された。

▶その具体的目標…**持続可能な開発目標（SDGs：Sustainable Development Goals）**が掲げられた。

•SDGs…発展途上国の開発のための目標ではない→持続可能な生産と消費，気候変動対策など，すべての国が取り組むべき開発目標である。

•各国の政府，自治体，民間企業，NGO，NPO，市民など，さまざまな立場の人たちがSDGsの目標達成に向けて具体的な行動を起こすことが求められている。⇒「誰一人取り残さない」というSDGsの理念を理解して行動することが重要。

🦉 用語解説

*1　**南北問題**…1960年以降，著しくなった北半球温帯地域以北に集中している先進国と南半球に多く位置する発展途上国との間の諸問題である。特に拡大する経済格差を是正することがこの問題の中心課題である。

*2　**南南問題**…南の発展途上国間における経済的格差の拡大から発生している経済的・政治的な諸問題のことである。南の発展途上国のなかで，「もてる国」＝巨大な石油収入を得ている西アジアなどの産油国や輸出指向工業化で製造業品の輸出を急激に増加させた東アジアなどの新興工業経済地域（NIEs）と，「もたざる国」＝多数の貧困層を抱えるアフリカなどの最貧国とにはっきりと分かれた。

*3　**リサイクル**…廃棄物を回収して再利用すること。アルミ缶などを溶かしてアルミニウムに再生するなど，廃棄物を原料として再生利用することである。

2節　地球環境問題 ➡ 教 p.150～157

1 多様な地球環境問題

さまざまな地球環境問題

①人間の経済活動と結び付いている地球規模で発生している環境問題…その現れ方には地域的な特徴がある。

▶ 世界各地で進む**森林破壊**…農地開発や木材確保などのために起こっている。
- 特に深刻なのは**熱帯林**…多様な**生態系**[*1]の崩壊や二酸化炭素の吸収量の減少など→地球の生態系システムに影響を与えている。

▶ 乾燥した草原地帯で**砂漠化**が進む要因…降水量の減少や気温の上昇，加えて急激な人口増加に伴う**過耕作**[*2]や**過放牧**なども関係している。

⬇ サヘル周辺の家畜の増加率

家畜の増加率
(牛・羊・やぎ・らくだ)
(1961～2019年)

| 7倍以上 | 5～7 |
| 3～5 | 3倍未満 |

1970～2010年代に激しい干ばつが発生した地域

(FAOSTAT, ほか)

▶ 産業が発達した国々の問題…工場や自動車などから出る排気や廃水によって**大気汚染**や**水質汚濁**が発生している。

▶ **化石燃料**(=石油・石炭・天然ガスなど)の燃焼が要因…**酸性雨**やPM2.5などの粒子状物質が発生する→気象状況により，国境を越えて被害をもたらしている。

②地球温暖化などの問題とその課題

▶ **地球温暖化**→地球上の生物全体に大きな影響をもたらす→全世界が一体となって取り組むべき課題である。

▶ 成層圏にある**オゾン層**(=オゾンの多い層)を破壊したもの…冷蔵庫などの冷却剤として使用されてきた一部の**フロン**[*3]→1980年代後半からフロンの生産・使用は規制。

地球環境問題の背景

①環境問題と先進国の急激な工業化の関係

▶ 多くの環境問題の発生の原因…歴史的には，産業革命以降，先進国が急速に工業化したことによる。
- 当時の自然環境に対する意識…自然環境を保護する意識が低く，化石燃料や化学物質を大量に使った→大気汚染や水質汚濁などの**公害**[*4]が生じた。
- 国際貿易が活発化し，国境を越えて先進国から発展途上国へ有害廃棄物が移動→各地でいろいろな公害が発生した。

▶ 近年の発展途上国で発生している自然環境破壊。
- 人口の急増により食料需要が増えたこと→農地開発が進んだこと。
- **貧困**からの脱却を目指した鉱産資源の開発など。

▶ 発展途上国が同時に直面している経済発展と環境問題…先進国で環境意識が高まったあとに工業化が進んだことによる。

②原因と結果，被害者と加害者が見えにくい環境問題

▶ 長い時間をかけて進む環境問題…悪影響が長期に及び，間接的な被害が発生。

⇒環境問題では，原因と結果，加害者と被害者が分かりにくい。

▶解決が見いだしにくいのは，複数の環境問題が結び付いているため。

▶地球環境問題を解決し，**持続可能な社会**を実現するための方法…地球的な視野に立った世界の人々の協力を必要としている。

世界の中の日本　環境を保護する日本の取り組み

①世界有数の省エネルギー推進国　日本

▶日本の**省エネルギー**の様子…貴重なエネルギーの消費効率を上げるため，エアコンなどの省エネ機器や次世代自動車の電気使用量を抑制する技術などを開発している。

▶近年行われている研究開発…化石燃料の代わりに，**水素**を主なエネルギー源とする水素社会への転換を図るための研究開発。

　•水素を利用したとき，**温室効果ガス**を排出しない→期待される地球温暖化対策への効果。

▶日本の省エネへの取り組み…室温の適正化とその温度に適した衣服の軽装化を促すこと，エアコン利用を抑制するためのクールビズなど。

▶**プラスチックごみ**問題を解決するための対策…日本企業によるプラスチック代替素材やリサイクル技術の開発など。

2 熱帯林の破壊への対策

熱帯林の破壊

①熱帯林が果たしている役割と地球環境への影響

▶**熱帯林**が担っている役割。

　•さまざまな動植物のすみかとして，**生物多様性**を保全。

　•二酸化炭素を吸収して酸素を供給。

　•雨水や土壌の流出を防ぐ。

▶人の手により熱帯林の破壊が行われると，地球環境全体への影響が現れる。

😈 用語解説

*1　**生態系**…ある地域に生息する全生物と，それを取り巻く環境とをひとまとめにしたもの。基本的な構成要素は生産者・消費者・分解者・無機的環境の四つがある。

*2　**過耕作**…乾燥地域などの草原地帯で，その再生産のサイクルの許される限度を超えた生産活動を行うこと。人為的要因で，休耕期間が短いために地力の低下を招いている状態。

*3　**フロン**…塩化フッ化炭素水素の総称で日本における慣用名，正式名称はフルオロカーボン。三種類あるフロンの一つであるクロロフルオロカーボン（CFC）は，大気中に放出されると長い時間をかけて成層圏に届き，そこで紫外線によって分解されてオゾン層を破壊する。そこで，使用が規制され代替フロンが登場。しかし，二酸化炭素より温室効果が高いことが分かり，規制・全廃が進められている。

*4　**公害**…企業活動など人的行為が原因となり，大気汚染，水質汚濁，土壌汚染，騒音，振動，地盤沈下，悪臭などを生じさせる。それにより，人間の生命や健康を損ね，快適な生活環境を阻むことである。

②東南アジアやアマゾン川流域の熱帯林の現状

▶東南アジアやアマゾン川流域の熱帯林には多種類の樹木が生育している。

- 有用材(=建築用の材木や木炭の原料として使用される木材)だけを伐採することは困難…大規模に森林の樹木を伐採し，有用材だけを搬出している→深刻なっている森林破壊。

- 東南アジアでは，地域の重要な経済活動と結び付いて，大規模な熱帯林の破壊が進む。

    →(例)プランテーションの開発のための熱帯林の伐採。

    →(例)輸出用の えび の養殖池をつくるためのマングローブの伐採[*1]　など。

▶各国の森林破壊を食い止めるための政策。

- 無秩序な伐採を禁止する法令の整備。

- 違法伐採の撲滅を目的とした丸太の輸出規制。

- 森林の保護地域の設定　など。

インドネシアでの取り組み

①インドネシアでの熱帯林の急速な消失問題

▶インドネシアで伝統的に行われてきた焼畑農業は，規模が小さく，長い休閑期をとっていた。

⇒これにより，農業と森林の保全のバランスが保たれていた。

▶いま行われている大規模農場の開発…油やし[*2]や，紙パルプの原料となるアカシアなど，単一の樹種ばかりを植えている→広い範囲で生態系が破壊されることがある。

▶カリマンタン島[*3]やスマトラ島の熱帯林の様子。

- これらの島には，オランウータンやトラなどの希少動物を含め，多種多様な動植物が生息。

- これらの島にある熱帯林の消失の急速な進行が世界的な関心を集めている。

②熱帯林の消失にインドネシア政府などがとっている対策

▶インドネシア政府が熱帯林に対して行っていること。

- 木材の輸出や新たな農場開発の制限。

- 国立公園や水源林[*4]などの保護地区を設定。

    →適切な資源管理を目指してきた。

▶政府が農家に対して奨励していること。

- 伝統的な焼畑農業を参考→農業と林業を複合的に経営するアグロフォレストリー(=成長期間が異なるいくつかの農作物の栽培をしながら，森林の再生を目指す方法)を奨励。

    →経済活動と環境保護が両立する取り組みをしている。

▶近年，油やし農場を経営する企業とNGOとの関係。

- 認証機関がつくられる→生態系や生物多様性に配慮。

- 企業が労働者と対等な関係を構築している農園への対応。

    →これらを行っている農園の製品に対し，NGOが認証を与える→それにより販売を促している。

3 地球温暖化への対策

地球温暖化の原因と影響

①地球温暖化と温室効果ガスの関係

▶地球の平均気温が上昇する**地球温暖化**の原因…人間が行っている経済活動などで排出される二酸化炭素などの**温室効果ガス**（＝地球の大気の温度を高く保つ性質をもつ気体のこと）が増えることであると考えられている（右のグラフを参照）。

▶産業革命から，人類は大量の**化石燃料**を使い続けてきている→燃焼時に排出される二酸化炭素の大気中濃度が，20世紀中頃から高くなっている。

▶二酸化炭素の濃度の上昇による気候変化…**干ばつ**[*5]・**豪雨**[*6]などの異常気象の頻発や生態系の破壊，低地の**浸水**などを引き起こすことが危惧されている。

↓世界の二酸化炭素排出量の推移

国別排出割合（2018年）
世界計335.1億t

中国 28.4%
その他 38.2
14.7
アメリカ合衆国
韓国 1.8
ドイツ 2.1
日本 3.2
ロシア 4.7
インド 6.9

世界計
発展途上国
先進国

1971 75 80 85 90 95 2000 05 10 15 18年
（IEA 資料）

用語解説

[*1] **マングローブ**…熱帯や亜熱帯の遠浅で泥深い海岸や，波の穏やかな河口などで干満両線の間に生える常緑低木・高木の一群である。塩水のなかでも生きることができるという珍しい特性をもつ。また，この植物は，波を防ぐなどの役割を果たしている。

[*2] **油やし**…ヤシ科ココヤシ亜科アフリカアブラヤシ属の総称。熱帯の重要な油料植物で，果肉からパーム油をとり，種からパーム核油（＝ケルネル油，カーネル油）をとる。油が良質のため，製油企業が盛んになり，かつて優勢であったマレーシアの天然ゴム林のプランテーションは，油やし林にとって代わられているほどである。

[*3] **カリマンタン島**…マレー諸島の中央部にある世界第3位の大きさをもつ島である。この島の北西部はマレーシア領サバ州とサラワク州およびブルネイ＝ダルサラーム国で，それを除いたおよそ4分の3はインドネシア領のカリマンタン州である。このカリマンタン島は別名ボルネオ島ともいう。

[*4] **水源林**…水源地で，雨水などを吸い込んで水源が枯れることを防いだり，水流がいっときに河川に集まることで洪水が引き起こされることを防いだりする目的をもった森林である。

[*5] **干ばつ**…長い期間降水がほとんどないために，土壌が著しく乾燥し，農作物などに被害を及ぼす現象である。気温が高く蒸発散の激しい地域で起こりやすい。

[*6] **豪雨**…比較的短時間に，多量に降る雨のこと。なかでも局地的な範囲の豪雨を集中豪雨という。

地球温暖化の対策と課題

①地球温暖化への世界各国の取り組みと課題の発生

▶1990年代以降，地球温暖化への取り組みについて，世界各国は国際会議で議論を行ってきている。

▶1992年に気候変動枠組条約[*1]が締結→1997年には京都議定書が採択された。

- 京都議定書の内容…産業の発展に伴って大量の二酸化炭素を排出してきた先進国に削減目標が定められた。
- この議定書では，発展途上国には削減の義務が課せられなかった。
  ⇒環境保護を重視する先進国と開発を重視する発展途上国の立場が明確に分離→足並みをそろえることができなかった。

▶2015年に，世界中の国と地域が参加する最初の国際的枠組みであるパリ協定（＝地球温暖化の防止に向けて，採択された国際的な協定→温室効果ガスの削減目標をつくり取り組むことを義務化）が採択。

- パリ協定の内容…各国・地域が温室効果ガスの削減目標を示して対策を進める。先進国は発展途上国への支援を行うことなど。
- 日本を含めた多数の国々が掲げた目標…温室効果ガスの排出量を実質ゼロにすること→脱炭素社会の実現を目指す取り組みを行っている。

モルディブでの取り組み

①地球温暖化による海面上昇とモルディブが行っている取り組み

▶地球温暖化により，氷河がとけたり，海水が温められて膨張したりする→海面上昇が起こり，サンゴ礁の島々が水没する恐れがでてきている。

▶インド洋上にある1200ほどの島々をもつモルディブで発生している問題…海岸侵食[*2]がすでに発生しており，また，地下水層へ海水が流入することなどが生じている。

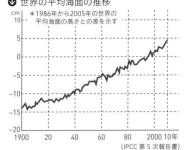

◐ 世界の平均海面の推移
*1986年から2005年の世界の平均海面の高さとの差を示す
(IPCC 第5次報告書)

▶今後海面が1m上昇すると，モルディブの国土のおよそ80%が水没する危険性がある→移住可能な人工島の建設を行っている。

TRY 答え・解説　　　　　海洋汚染について考えよう　教 p.156~157

1 答12，14のアイコンを赤色で囲む。
解説12は「つくる責任つかう責任」，14は「海の豊かさを守ろう」である。12の理由は，産業活動が活発な地域の沿海などでの水質汚濁が激しいためである。

2 答(例)海洋汚染の現状は，川や海に捨てられた廃棄物や，未処理の生活排水や工場廃水，海底油田での掘削中の事故や船舶の座礁による油の流出などがある。

3 答省略
解説消費活動が活発な日本が率先して，容器包装用プラスチックの使用と廃棄量を減らし，ポイ捨てをしないなどの環境意識を高め，すでに海洋に流出したごみについては，海辺の清掃などで回収を行うなど，海の汚染を防ぐ活動に取り組む。

→解決すべき課題が山積…サンゴ礁の島々は小さいため，エネルギー源の輸入や淡水化設備の導入などに多額な投資が必要である。

▶日本の多角的な支援…インフラの整備や防波堤の建設，再生可能エネルギーの導入など。

持続可能な社会づくりに向けて　❷　海洋汚染について考えよう

持続可能な開発のために海洋を保全する取り組み

1　世界の海に広がる汚染

①地球の表面の7割を覆う海洋と，海洋汚染

▶**海洋汚染**を引き起こす汚染物質の発生源…陸上のものが多い→産業活動が活発な所の沿海部が特に**水質汚濁**が激しい海域となっている。

▶川や海に捨てられた廃棄物や，処理が行われていない生活排水や工場からの廃水によるものなど→汚れた水は海水の**富栄養化**やプランクトンの増殖を招く→**赤潮**などの発生原因となる。

②深刻な海洋汚染を引き起こす海底油田の掘削中の事故，船舶の燃料などの流出

▶ペルシア湾や北海，メキシコ湾などの海底油田が集中している海域や，これらの地域で産出された原油を運ぶタンカーの航路→油による海洋汚染の脅威が常にある。

▶油による海洋汚染の被害…魚や貝，海藻，鳥などの生物が油に汚染される→沿岸漁業や観光産業は回復するまでに数年かかるような深刻な被害を受ける。

③海洋汚染を解決するためには…国際的取り決めによる対策が急務。

2　海の生態系を脅かすプラスチックごみ

①海洋流出したプラスチックごみによる海の生態系や海辺の自然環境に与える悪影響

▶プラスチックごみは微生物により分解されない→海中を漂う→魚や鳥，ほ乳類などが餌と間違えて食べる→死に至ることがある。

▶プラスチックごみの主要排出源…東アジアや東南アジアであるという推計もある→アジア諸国を含めた世界全体で海洋ごみの削減に取り組むことが必要である。

3　海の豊かさを守るために私たちができること

①海のごみを減らすための重要な対策は使い捨て容器包装用プラスチックの削減

▶世界のプラスチック生産で最も多く生産されているのは容器包装用プラスチック→レジ袋やストローの使用を減少させる取り組みが企業や自治体などを中心に広がる。

▶海洋流出したごみの回収…港の回収装置の設置や，ボランティアによる海辺の清掃。

😈 用語解説

*1 **気候変動枠組条約**…国際連合(国連)のもと，地球温暖化対策の枠組みを最初に定めた条約。正式名称は「気候変動に関する国際連合枠組条約」。1992年の地球サミットで150か国以上が署名し成立。二酸化炭素など，地球温暖化などの気候変化の原因となる温室効果ガス濃度の安定化を目標とするもの。この条約に基づき，1995年以降，気候変動枠組条約締約国会議(COP)が毎年開かれることになった。

*2 **海岸侵食**…打ち寄せる波の力や沿岸流などによって，海岸が少しずつ削られていく現象のこと。

3節　資源・エネルギー問題 ➡ 教 p.158〜165

1 世界のエネルギー・鉱産資源

エネルギーの種類と資源利用の変化

①エネルギー資源のうちの1次エネルギーと2次エネルギー

- ▶ **1次エネルギー**…水力や風力，**化石燃料**や原子力燃料の**ウラン**など，自然界にそのまま存在するエネルギー資源。[*1]
- ▶ **2次エネルギー**…電力や，天然ガスからつくられる都市ガス，原油からつくられるガソリンなど，1次エネルギーを加工したもの。

②産業革命以前と以後のエネルギーの変化とその使用量

- ▶産業革命以前…人類は，まきや炭，風力や水力などの**自然エネルギー**を小さな規模で利用していただけである。
- ▶18世紀の産業革命以後…石炭を中心とする化石燃料を大規模に使用→産業が飛躍的に発展した。
- ▶20世紀に入った時期…自動車の燃料や繊維・ゴムなどの合成原料用に**石油**の利用が増えた。
- ▶1960年代後半…エネルギー消費の中心が石炭から石油に代わった→**エネルギー革命**（＝エネルギー消費の中心が石炭から石油へと急激に転換したこと）が起こった。
- ▶現在の世界のエネルギー消費は急増し続けている。
  - •消費されるエネルギーの多くは，現在もなお石油や石炭である。
  - •燃焼時に汚染物質の発生する量が少ない**天然ガス**[*2]の利用も伸びている。

国によって異なる電力構成

①暮らしや産業に欠かせない電力

- ▶2次エネルギーの一つである**電力**は，生活や産業にとって不可欠のものである。
- ▶世界の国々の電力構成には，自然環境や資源・エネルギー政策などを反映して差異が出ている。
- ▶世界の国々の主な発電のしかたの違い。
  - •**火力発電**…化石燃料を用いて発電→石炭資源に恵まれているアメリカ合衆国や中国のほか，日本などの多くの国で発電の主流となっている。
    →世界の総発電量の6割(2018年)を占めている。
  - •**水力発電**…さまざまな大河川があり，**水資源**に恵まれているブラジルやカナダで発電の主流となっている。[*3]
  - •**原子力発電**…石油資源が乏しいフランスや日本などが積極的に導入した→2011年に起こった**福島第一原子力発電所の事故**[*4]後，原子力発電の導入を見直す動きがみられる。

鉱産資源の利用

①二種類ある鉱産資源

- ▶鉱産資源には，**金属資源**と**非金属資源**がある。
- ▶金属資源…鉄鉱石や銅，**ボーキサイト**などがその中心である。
- ▶非金属資源…石材や石灰石，粘土鉱物や硫黄，りん鉱石などがある。

②金属資源のなかの鉄鉱石とレアメタル

▶鉄鉱石…金属資源のなかでも埋蔵量が多い→あらゆる産業に幅広く利用され，近代工業を支えた金属資源である。

▶**レアメタル(希少金属)**(＝地球上にある量が少なく，単体で取り出すことが困難な金属資源)…ニッケルやクロム，コバルトなどの金属資源。

- 近年，レアメタルの需要が，スマートフォンや電気自動車の生産拡大とともに，世界的に増えている。
- レアメタルの安定供給を目指して→**都市鉱山**(＝都市で大量に廃棄された電子機器に含まれる再資源化が可能なレアメタルを鉱山に見立てたもの)の利用を通じた資源のリサイクルが研究されている。

2 エネルギー利用の現状と課題

生産と消費の不均衡

①生産地が偏在するエネルギー資源

▶エネルギー資源は，特定の国に生産地が偏在している。

▶エネルギー資源が大量消費されている地域…欧米や日本などの先進国や，インドや中国などの新興国。

▶資源をめぐる動き…地球規模で活発に貿易が行われ，資源をめぐる産出国と消費国の交渉や，消費国どうしの獲得競争などが行われている。

▶日本のエネルギー資源事情…エネルギー資源に乏しい→国内で消費するエネルギー資源のほとんどを世界各国からの輸入に依存している(右上のグラフを参照)。

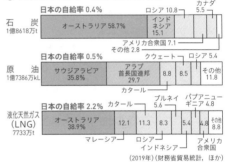

◆日本のエネルギー資源の輸入相手国

石炭 1億8618万t（日本の自給率 0.4%）：オーストラリア 58.7% ／ インドネシア 15.1 ／ ロシア 10.8 ／ カナダ 5.5 ／ アメリカ合衆国 7.1 ／ その他 2.8

原油 1億7386万kL（日本の自給率 0.5%）：サウジアラビア 35.8% ／ アラブ首長国連邦 29.7 ／ カタール 8.8 ／ クウェート 8.5 ／ ロシア 5.4 ／ その他 11.8

液化天然ガス(LNG) 7733万t（日本の自給率 2.2%）：オーストラリア 38.9% ／ カタール 12.1 ／ マレーシア 11.3 ／ ロシア 8.3 ／ インドネシア ／ ブルネイ 5.6 ／ 5.4 ／ パプアニューギニア 4.8 ／ 4.8 ／ アメリカ合衆国 ／ その他 8.8

(2019年)(財務省貿易統計，ほか)

用語解説

*1 **ウラン**…元素記号U，原子番号92で，放射性元素である。天然には同位体ウラン234，235，238が存在する。商業用原子炉燃料としてウラン235を分離し，3〜4％まで高めた濃縮ウランを利用することが多い。

*2 **天然ガス**…天然に地下から産出するガスの総称である。メタンを主成分とする可燃性の気体。油田ガスでは，このほかにエタン，プロパン，ブタンなどの炭化水素を含んでいることもある。

*3 **水資源**…人々の生活や生産活動などのために利用することが可能な水のこと。水は生活用水や工業用水，農業用水，水力発電などに使用されている。

*4 **福島第一原子力発電所の事故**…東北地方太平洋沖地震により，福島県東部の太平洋岸にある東京電力福島第一原子力発電所で発生。地震と津波により外部電源も非常用予備発電装置もすべて使用不能になり，冷却装置が停止し，炉心溶融に至った。これはチェルノブイリ原子力発電所事故に次ぐ史上2番目の規模の事故。

②石油をめぐる先進国の巨大企業(きょだいきぎょう)と産油国の動き

▶ **国際石油資本(石油メジャー)**…石油探査・採掘・生産から輸送・精製・製品化・販売(はんばい)に至るまで，石油産業のすべての段階に携わる巨大資本→あらゆる権益(けんえき)を先進国のこの巨大企業が握っていた。

▶ 20世紀前半の西アジアの産油国の状況(じょうきょう)…油田開発や精製の技術がなかった→原油採掘の利益の大部分は石油メジャーを通じて先進国に持ち去られていた。

▶ この状況に不満をもった産油国の行動…自国の資源を経済的な自立や発展に結び付けようとする**資源ナショナリズム**[*1]の動きが高まった。

- 1960年に結成された**石油輸出国機構(OPEC)**…産油国の利益を守るため，石油の生産量や価格の調整などをする国際機構。

- 1970年代に二度にわたる**石油危機(オイルショック)**[*2]が起こった。

- 現在…産油国が原油の価格や産油量の決定権を確保するようになった。

▶ 原油価格の推移

ドル／バーレル
*原油価格は当時の価格を表している
(OPEC Annual Statistical Bulletin 2020, ほか)

▶ 新興国の経済成長(となう)に伴って原油の価格が高騰(こうとう)した2000年代以降の動き…アメリカ合衆国での**シェールガス**の採掘などの新たな資源開発が始まっている(原油価格の動きについては上のグラフを参照)。

エネルギー問題の解決に向けて

①エネルギー資源がもつ問題点と省エネルギー・再生可能エネルギーの活用

▶ 化石燃料(かせきねんりょう)や核燃料がもついくつかの問題点。

- 化石燃料の問題点…燃焼時に，地球温暖化につながる二酸化炭素や，酸性雨の原因となる硫黄酸化物(いおうさんかぶつ)・窒素酸化物(ちっそさんかぶつ)を排出(はいしゅつ)させる。

- 核燃料を使用する原子力のもつ大きな問題点…安全性の確保や**放射性廃棄物**(はいきぶつ)[*3]の処理に問題がある。

▶ **省エネルギー**[*4]への関心の高まり…先進国が先頭に立ち，効率化や有効利用の取り組みを進めている。

▶ 太陽光発電や風力発電，地熱発電，木くずや家畜(かちく)の糞尿(ふんにょう)を利用して発電するバイオマス発電などの**再生可能エネルギー**(=枯渇(こかつ)することの心配がなく，永続的に利用できるエネルギー)への転換(てんかん)を求められ，安定供給に向けた努力を継続(けいぞく)している。

▶ 日本でも行われている省エネルギーや再生可能エネルギーを活用する取り組み→地元の自然エネルギーを使用して，地域の需要量(じゅようりょう)を上回る電力をつくり出す自治体が増加している。

世界の中の日本　持続可能なエネルギーシステム

①日本で進む廃熱(はいねつ)などの活用

▶ 日本の廃熱…清掃(せいそう)工場や発電所などで，燃焼時や発電時に発生する→この廃熱の活用が日本では進んでいる。

▶廃熱を活用した事例。

- **コジェネレーションシステム**…発電時の余熱を給湯や冷暖房に利用→発電エネルギーの損失を減少させている。

▶**スマートグリッド**というシステム…小規模な電力網で，情報通信技術(ICT)を駆使し，需要量と供給量を細かくコントロールするシステム→天候による影響が大きい太陽光発電や風力発電を有効利用するしくみとして期待されている。

　　→このスマートグリッドというシステムがもつ強み…地域に分散して構築されるので，災害に強い点である。

3 地域で異なるエネルギー問題への取り組み

バイオエタノールに力を入れるブラジル

①再生可能エネルギーの利用の拡大

▶世界各国で行われている化石燃料への依存の軽減への努力…再生可能エネルギーの利用を拡大する取り組みを行っている。

▶**バイオエタノール**…さとうきびやとうもろこし など，主に植物を発酵・蒸留して生成したエタノールのこと→ガソリンの代替燃料として使われる。

- 広い農地に恵まれた南北アメリカでは，植物を発酵・蒸留して得られたバイオエタノールを燃料として商業化している。
- バイオエタノールの原料となる植物…アメリカ合衆国では とうもろこし，ブラジルでは さとうきび が広く使用されている。

▶バイオエタノールがもつ利点…バイオエタノールは燃焼時でも，化石燃料のようには二酸化炭素を増加させないという点←植物に含まれる炭素はもともと大気から取り込まれたものだからである。

用語解説

*1　**資源ナショナリズム**…豊富な鉱産資源をもっている発展途上国が，先進国の巨大企業による生産と利益の独占を取り除き，自国の発展のために鉱産資源を役立てようとする動きのこと。

*2　**石油危機(オイルショック)**…最初は1973年10月に始まった第４次中東戦争により，OPECはそれまでの原油価格を一挙に４倍に引き上げた。この結果，基幹産業のほとんどを石油に依存している日本などの世界各国は，経済的大打撃を受けた。２回目は1979年に起きたイラン革命を契機に，原油価格が１バレル20ドルの時代となった。二度の混乱は，世界各国が石油消費の抑制とエネルギー源の多様化を図るきっかけにもなった。

*3　**放射性廃棄物**…原子力エネルギーを利用するときに核燃料サイクル(核燃料の流れ)のあらゆる部分から生じるさまざまな放射性をもつ不用物質。放射能の強さによって高レベル放射性廃棄物と低レベル放射性廃棄物に大きく区分される。人体に被害を与え，環境を汚染する恐れがあるので慎重な処理が必要。

*4　**省エネルギー**…産業・生活・社会全般で，石油・電力などのエネルギーや資源を効率的に使用し，その消費量を抑制すること。「省エネ」と省略もある。

②ブラジルで生産されるバイオエタノールと，さとうきび増産による課題

▶ブラジルは世界最大の さとうきび生産国。

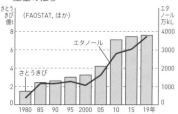
ブラジルのさとうきびとエタノールの生産量の推移

- 1930年代から国家主導によるバイオエタノール生産が行われていた。
- 2000年代に入り，原油価格が世界的に高騰→ガソリンの代替エネルギーとしてバイオエタノールの生産量が急激に増えた。

▶ブラジルで普及しているフレックス燃料車…ガソリンとバイオエタノールを混合した燃料で走行が可能→運転手は双方の価格や燃費を考慮して給油をしている。

▶バイオエタノール向けの さとうきび の増産→農地拡大に伴う環境破壊という批判。

▶農産物を食料ではなく燃料として利用することへの反発が，主に食料輸入国で強い。

洋上風力発電に力を入れるデンマーク

①風力発電が特に盛んなデンマーク

▶偏西風を利用できる西ヨーロッパでは**風力発電**が盛ん→デンマークは，風力発電に関する技術開発で世界をリード。

▶デンマークの発電に関する決断と取り組み。

- 1980年代後半に原子力発電を導入しないことを決定→風力発電の普及に取り組む。
- 2000年以降，安定して強い風が吹く洋上に風力発電の建設が進む→電力供給の多くを風力発電で賄えるようになった。
- 洋上風力発電機は巨大な設備が必要→デンマークには風力発電の関連産業が集積。

②ヨーロッパの再生可能エネルギーによる電力事情

▶ヨーロッパでは，**再生可能エネルギー**の利用がデンマーク以外でも早くから推進→エネルギー市場の統合も進められていった。

▶現在…国境を越える送電網が整備→再生可能エネルギーにより発電した電力を，互いの自然条件に応じて融通し合う取り組みが広がりつつある。

TRY 答え・解説　　　　　　　水の利用について考えよう　教 p.164~165

1 答 1，5，6，15のアイコンを赤色で囲む。

解説 1は「貧困をなくそう」，5は「ジェンダー平等を実現しよう」，6は「安全な水とトイレを世界中に」，15は「陸の豊かさも守ろう」である。5の理由は水くみにより女性が収入を得るための仕事に就けないから。15は，アラル海の縮小や，過剰な灌漑による塩害で周辺地域の農業が困難になっている点からである。

2 答 (例)「水の惑星」とよばれる地球であるが，ほとんどが海水であるため，人々の暮らしに使用できる水はほんのわずかである。しかも，水資源の分布は偏っている。安全もしくは改善された水源から得られる水を利用できない人は世界の1割ほどいて，特にサハラ以南アフリカを中心とする発展途上国ではその割合が高い。

3 答 省略。

解説 日本は政府開発援助(ODA)による水道をつくるための資金援助や，地方自治体と国際協力機構(JICA)などによる技術支援をしていることなどから考える。

▶（例）デンマークで風が弱く発電量が少ないときはノルウェーから電力を輸入，風が強く発電量が多いときは余剰電力をノルウェーに輸出している。
　⇒ノルウェーでは，安く購入したデンマークの余剰電力を水力発電用ダムの揚水に利用するなど，両国ともに有効な取り組みとなっている。

持続可能な社会づくりに向けて　❸　水の利用について考えよう

持続可能な水資源の利用に向けた取り組み

1 安全な水が使えない人々

①地球は「水の惑星」とよばれているが，利用できる量が少ない陸水
- ▶地球上の水はほとんどが飲料や農業に使用できない**海水**→海水以外の水が**陸水**。
  - ●陸水…大半は氷河で，地下水や湖水・河川水などはわずか。
- ▶利用できる水資源の分布…気候条件や地形条件により，地域的に偏りがある。

②安全な水を利用できない人が地球上で1割…サハラ以南アフリカを中心に，発展途上国で安全な水を利用できない人たちが多い。
　⇒水道や井戸などの整備が未発達で未処理の水を飲む人や，管理された衛生的なトイレを利用できない多くの人が存在→水を介した**感染症**も問題になっている。

③水くみによって発生している問題…女性や子どもが生活に必要な水を得るための水くみに時間を費やしている→女性が収入を得る仕事に就けず，子どもも学校に行けない。
　⇒人々が貧困から抜け出せない要因の一つとなっている。

2 持続可能な水資源の管理の必要性

①かつて世界で4番目に広かったアラル海…持続可能な水資源管理の必要性を示す湖。
- ▶ソ連時代の**アラル海**[*1]…アラル海に流れ込む川から灌漑用水を大量に取水→湖への流入量が激減し，アラル海は縮小していった。
- ▶現在…湖の漁業は崩壊し，**塩害**[*2]により周辺地域の農業が難しくなっている。

3 水不足に悩む人々を減らすために日本ができること

①日本が行える水資源への支援→現地の資材や技術でできる持続可能な援助をすること。
- ▶SDGsの世界共通の目標…遍在する貴重な水資源を，世界中すべての人々が安全に利用でき，それを持続的に管理していくこと。
- ▶（例）西アジアなどの乾燥地域で日本の先進技術を導入→海水から淡水を生産する事業を進めている。
- ▶日本は，発展途上国に安全な水を供給するために，**政府開発援助（ODA）**を通じて水道をつくるための資金援助や，地方自治体と国際協力機構（JICA）などによる技術支援を行っている。

用語解説

*1 **アラル海**…中央アジア，カスピ海の東，カザフスタンとウズベキスタンにまたがる塩湖。1960年代以降，急速に干上がった。砂漠を灌漑するため，湖に注ぐアムダリア川とシルダリア川から大量取水が行われたのが原因である。
*2 **塩害**…高潮による海水の浸入や塩分を多量に含む風，干ばつなどで土壌中の塩分濃度が高まることで起こる。植物が枯れたり，農作物が育たなくなったりする。

4節　人口問題 → 教 p.166～173

1 世界の人口

世界の人口分布

①人口密度が高い地域と低い地域

- ▶**エクメーネ**…人間が常に居住する地域→地球上には70億を超える人々が暮らす。
- ▶**人口密度**が高い地域…モンスーンアジアや地中海沿岸，西ヨーロッパ，北アメリカ東部など。
  - →古くから稲作が盛んて多くの人口を養えたモンスーンアジア,早くから都市文明が栄えた地中海沿岸,産業革命での経済発展が著しい西ヨーロッパや北アメリカ東部。
- ▶**アネクメーネ**…人間が居住しない地域。
- ▶人口密度が低い地域…乾燥地域や高山地域，極地→アネクメーネも存在する。

世界の人口増加

①世界の人口の推移の様子

- ▶世界の人口の移り変わり…17世紀ごろまではゆっくりと増加→18世紀になると人口増加が少しずつ急になった→20世紀後半，アジアやアフリカ，ラテンアメリカで急激な人口増加が起こり，これを**人口爆発**[*1]とよんだ。
- ▶21世紀になると，人口が増える勢いはやや弱くなった→21世紀後半には，世界の人口は100億を超えると推計されている。
- ▶世界の人口増加率の地域差。
  - ・先進国は総じて低く，日本や東ヨーロッパのように減少している国もある。
  - ・発展途上国は，総じて高い人口増加率となる。

人口ピラミッドからみる特徴

①人口ピラミッドの型による人口構成の違い

- ▶**人口ピラミッド**…ある国や地域の人口を男女・年齢別にグラフに表したもの(右のグラフを参照)。
- ▶**富士山型**の人口ピラミッド…発展途上国では出生率も死亡率も高いため，年齢が若いほど人口が多くなっている。

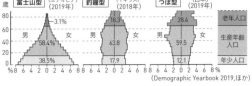

↓ さまざまな人口ピラミッド　14歳以下を**年少人口**，15～64歳を**生産年齢人口**，65歳以上を**老年人口**という。

(Demographic Yearbook 2019,ほか)

- ▶**釣鐘型**の人口ピラミッド…先進国では，高齢者を除いて，年齢による人口の差があまりない→出生率と死亡率が低く，両者がおおむね釣り合っている。
- ▶**つぼ型**の人口ピラミッド…日本やドイツのように，先進国のなかで，高齢者を除いて若いほど人口が少なくなる型である→このつぼ型は，出生率と死亡率が低く，そして死亡率よりも出生率が低い場合である。

②出生率と死亡率の変化によって生じること

- ▶経済成長に伴い，栄養状態や衛生状態が改善，医療の普及により，各国の人口は，死亡率が下がり，やがて出生率も下がっていく傾向がみられる(**人口転換**)。

- 人口転換…人口変動の在り方が，多産多死から多産少死へと，そして少産少死への時代に移り変わっていくこと。
▶ 人口転換の過程…出生率よりも死亡率が低い状態が続く時期は人口増加率が高い。
▶ 人口転換に伴う人口ピラミッドの形状変化…富士山型から釣鐘型やつぼ型へとしだいに変化→その過程で高齢者の人口に占める割合が高くなり，**高齢化**が進む。
⇒つぼ型の人口ピラミッドの国では，高齢者の割合が高くなりやすい。

2 発展途上国と先進国の人口問題

発展途上国の人口問題

①発展途上国の死亡率の低下と，人口増加における問題

▶ 発展途上国の死亡率…感染症の流行や紛争などにより先進国より高いが，衛生状態の改善や医療の普及で低下してきた。
▶ 発展途上国の出生率…子どもをたくさんもつことを望ましいという考えが根強く，妊娠・出産に関する情報も不十分で，出生率は先進国より高い。
▶ 高い出生率の結果…経済発展が人口増加に追いつかず，食料や就労機会の不足などが発生。また，農村から都市へ向かう国内人口移動も増加し，急激な都市化の一因に。
▶ 多くの発展途上国で奨励された**家族計画**（＝家族の生活安定などのため，出産する子どもの数や時期を計画的に調整すること）…高い人口増加率をもたらす出生率を低下させるために奨励→うまく普及せず，出生率の低下が鈍い国もある。
▶ 中国政府主導による**一人っ子政策**（＝1組の夫婦の子どもを一人に制限する中国の人口政策）の取り組みは成功→出生率が低下しすぎてつぼ型の人口ピラミッドに変化。

先進国の人口問題

①先進国の少子化・高齢化とさまざまな問題

▶ 先進国で進む**少子化**[*2]・**高齢化**…出生率が低下し，平均寿命が伸びたため。
▶ 高齢化の進行…高齢者に比べて若年者が少ない状態→若年者が高齢者を支えてきたこれまでの社会のしくみを維持することが困難になる。
▶ 高齢化で必要なこと…高齢者の暮らしを支えるための介護や医療施設の増加や，既存の施設の**バリアフリー**化[*3]を進めることなど。
▶ 若年者が減少することでの問題…産業を支えてきた労働力不足や，労働力として先進国が受け入れている文化的背景が異なる**移民**との共存という課題に直面。

👹 用語解説

*1 **人口爆発**…第二次世界大戦後，世界的に死亡率が下がり，高い出生率によって生じた急激な人口増加を表す言葉。特に1960年代以降，発展途上国の人口増加率が年2%を超える水準で推移したことを指す場合が多い。

*2 **少子化**…一人の女性が一生のうちで，出産する子どもの数が減少したことに伴い，国の総人口に対する年少人口（0~14歳）の割合が低下することである。

*3 **バリアフリー**…高齢者や障がい者，妊婦などが，生活環境（住宅，公共施設，交通施設など）において，普通に生活することを阻んでいる障壁（バリア）を取り除く（フリー）ことである。

人口移動と移民

①国内人口移動と国際人口移動の2種類の人口移動

- ▶人口移動…居住地を変更する人たちの動き→国内に限られた国内人口移動と国境を越えた国際人口移動の二つがある。
- ▶国際人口移動の活発化…通信や移動手段の発達，世界中にそれらのネットワークが張りめぐらされることによる。
- ▶国際人口移動の理由…移民の多くは，仕事を求めて移動してきた人たちとその家族。
  →主に就労機会が多い先進国や産油国などの国々に向かう流れとなっている。
- ▶移民のなかには，紛争や人権侵害といった事情でやむをえず生まれた国を離れ，難民*1として暮らしている人たちもいる。

世界の中の日本　日本の人口問題

①急速に進んだ高齢化と出生率が低迷する日本

- ▶世界で最も高齢化が進んだ日本…1970年代から高齢化が進む→老年人口の割合は，わずか24年で7％から14％の2倍となった。
- ▶急速な高齢化は出生率の低迷と関連→日本政府は高齢化と少子化への対応を本格化。
  - (例)介護保険*2制度で社会が介護を支えるしくみをつくり，育児休業の取得の奨励や保育所定員枠の拡大などにより，社会で子育てを支援する環境を整備している。
  - 課題…より少ない労働力で多数の高齢者や子どもを支えなければならないため，制度の整備や運用に課題が多い。

3 地域で異なる人口問題への取り組み

インドでの人口増加抑制の取り組み

①世界第2位の人口をもつインド

- ▶インドの人口は約13億(2019年)→中国に次ぐ世界第2位の人口をもつ国。
- ▶20世紀後半に急激な人口増加を記録したインド…この期間中，食料を増産し，経済発展も進んだ→貧富の差が大きく，十分な食料を得られない人も多い→栄養不足の人口の割合が比較的高い。

②インドの人口増加抑制政策と現状

- ▶インド政府の人口増加抑制政策…1960年代から家族計画の普及に努める→現在では出生率が下がり，以前よりも人口増加の勢いは緩やかになった。
- ▶インドの出生率の地域差…南部は低く，北部は高い(右の地図を参照)。

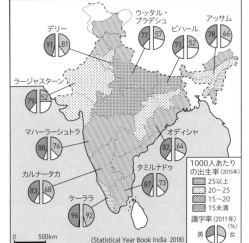

▼インドの州別出生率と主な州の識字率

(Statistical Year Book India 2018)

- ▶ インドの南北の地域差の理由…教育の普及の程度を表す**識字率**（＝15歳以上の人口のうち，日常生活の簡単な内容を**読み書き**できる人口の割合のこと）や，貧富の差などが関係している。
- ▶ 子どもを労働力とみなす農村部→子どもをたくさんもつという考え方が根強く，それを変えさせることは容易ではない。
- ▶ 家族計画を進めるにあたって大切なこと…家族計画は人々の価値観とも関わる→その普及は慎重に進めること。
- ▶ 女性の識字率向上の必要性…家族計画の普及，国の経済発展にも影響を及ぼす→成人女性を対象にした読み書き教室の開設活動などが行われている。
- ▶ 政府や**NGO**などが取り組んでいる子どもに登校を促す取り組み…給食を無料で提供すること。

フランスでの人口増加維持の取り組み

①**フランスが行っている家族政策**
- ▶ 人口6000万を超える（2019年）フランスは早くに人口転換を終え，**高齢化**も進む→人口ピラミッドは釣鐘型で，日本のようなつぼ型ではない。
- ▶ 子どもをもつことを社会的に支援する**家族政策**が整っている→この政策により出生率の低下に歯止めがかかっている→家族政策の内容は幅広い。→以下に例を提示。
  - 子育て世帯に現金給付や保育費用の控除などの税制上の優遇→子どもが多いほど有利になるしくみである。
  - 乳幼児の保育…保育所や**保育ママ**（＝公的に登録された在宅での保育サービス提供者）が整備→子育て世帯の仕事と家庭の両立を支えている。
  - 父親の出産休暇制度も整備され，取得率も高い。
  - そのほか…妊娠と出産にかかる費用は原則無料，3人以上の子どものいる世帯では鉄道や公共施設などの割引が受けられる。

②**フランス国内での労働力不足による移民の受け入れと課題**
- ▶ 高齢化の進行により国内産業に従事する労働力が不足ぎみ→多くの外国人労働者を受け入れている。
- ▶ フランス国内には新たな外国人労働者や，かつての移民の子孫など，多様な文化的背景をもつ人たちが暮らしている。
- ▶ 多様な人たちの存在は，社会的な対立を起こすことにもつながり，共存の道を模索している。

用語解説

- *1 **難民**…一般に，政治的意見の相違，戦災，自然災害などで生活基盤を失い，故国や定住地を逃れ出た人たちのことである。
- *2 **介護保険**…保険料を徴収して，高齢者の介護サービスや介護支援を保障するための社会保険制度の一つ。2000年に施行された介護保険法に基づいて実施されている。市区町村が運営しており，被保険者はその住民で65歳以上の人と，40歳以上65歳未満で医療保険に加入している人との二つに分類されている。

持続可能な社会づくりに向けて　❹　教育の普及について考えよう

質の高い教育を普及させるための取り組み

1　教育をめぐる世界の現状

①国や地域で差が大きい識字率

- ▶ **識字率**は，小学校の段階の教育がどの程度普及しているかということに関連し，国や地域での差が大きく現れる。
- ▶ 日本をはじめ欧米などの先進国の識字率は高いが，アフリカや南アジアなどの発展途上国では低い。
  - 識字率が低い原因…発展途上国の多くの子どもたちは，貧しい家計を助けるために労働をしている→労働のため，学校へ通えない子どもが多いことである。

②日本でも高まった女性の大学進学率

- ▶ 1970年代半ばごろから約9割の人が高校に通学し，大学進学率も一気に上昇した。
- ▶ 1990年代以降は幅広い知識や専門性が求められるようになった→女性の大学進学率も高まった。

2　子どもたちが学校に通える環境を整えるために必要なこと

①小学校へ通えない子どもの数は減少したが，まだ多い地域も存在

- ▶ 小学校に通えない子どもは減少傾向にある。
- ▶ 小学校に通えない子どもの数が多い地域…サハラ以南アフリカ(→子どもの約5人に1人が通えない)や西アジア・南アジア(→子どもの約10人に1人が通えない)。

②このような状況の改善のために行っていること

- ▶ 学校に通える社会環境づくりに必要なこと→紛争の解決や国内の治安の改善，教室などの教育を受けるための施設の整備など。
- ▶ 国連やNGOが行っていること…生活水準の向上，学校給食の普及のような子どもを学校に通わせたくなるしくみをつくることなど。

3　質の高い教育の普及を援助する日本の国際協力

①教育を受ける機会が男性より少ない発展途上国の女性

- ▶ アジアやアフリカなどの発展途上国の現状…一般的に男性よりも女性のほうが教育を受ける機会が乏しい。

TRY 答え・解説　　　　教育の普及について考えよう　教 p.172〜173

1　答1，4，5のアイコンを赤色で囲む。
　解説1は「貧困をなくそう」，4は「質の高い教育をみんなに」，5は「ジェンダー平等を実現しよう」である。十分な教育を受けられていない地域の現状から考える。

2　答(例)世界の教育は地域差が大きく，識字率では先進国が高く，アフリカや南アジアなどの発展途上国では低い。発展途上国の子どもたちは貧しい家計を助けるための労働力となっており，そのため学校に通えない子どもが多い状況である。

3　答省略
　解説子どもを学校へ通わせたくなるしくみをつくること，また，女性たちに教育を受けさせる機会を与えるなどのことを，率先して行うことが必要となっている。私たちも，国連やNGOなどが行っている支援に協力できることがないか考えよう。

▶これらの国々で日本政府がNGOなどを支援…十分な教育を受けることができず，貧しい生活環境におかれている女性たち→教育を受ける機会を設け，貧困からの脱出のための手助けを行っている。

- 女性自身の人生を豊かにする→次世代の子どもたちへの貧困の連鎖を防ぐ。
- 教育を普及させるためは教育を担う教員が必要→小学校の教員などの人材を養成する取り組みも行われている。

5節　食料問題 ➡ 教 p.174 ～ 179

1 飢餓と飽食

発展途上国の飢餓

①飽食と飢餓が存在する世界

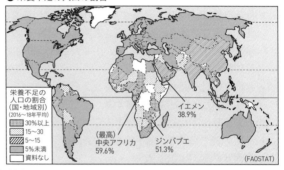
✔ 栄養不足の人口の割合

> 栄養不足の
> 人口の割合
> （国・地域別）
> （2016〜18年平均）
> ▨ 30%以上
> ▤ 15〜30
> ▧ 5〜15
> ▦ 5%未満
> □ 資料なし
>
> イエメン 38.9%
> （最高）中央アフリカ 59.6%
> ジンバブエ 51.3%
> (FAOSTAT)

▶世界の食料の生産量…世界の人口に対し十分に存在している。

▶食料の需要と供給には地域的な偏りが大きい。

- 先進国…食料に恵まれ，**飽食**（＝食べ物に不自由しないこと）が日常的である。

- 発展途上国…なかには**飢餓**（＝長い期間にわたり十分な食料を得ることができずに栄養不足となり，体調を維持することや生存することが困難となっている状態のこと）に直面している人たちもいる（上の地図を参照）。

②飢餓が発生するさまざまな要因

▶人口が急増するアフリカや南アジアの国の多く…**土地の肥沃度**[*1] が低く，肥料の使用も少ない→食料の生産力が追いついていない。

▶アフリカで重視されている作物…**外貨**を獲得するため，コーヒーやカカオなどの輸出向け**商品作物**→自国用の穀物生産には力の入れ方が不十分であった。

▶アフリカで安定的な食料生産が困難な理由…異常気象による干ばつや洪水などの自然災害，紛争や内戦，感染症の流行など。

先進国に偏る食料

①先進国での食生活の多様化と問題

▶食生活が多様化している先進国…畜産物や野菜，果物などを世界中から輸入。

▶先進国では特に**肉類**の消費が多い→家畜の飼育には とうもろこし などを大量に使用→肉類を摂取すると間接的にその何倍もの穀物を消費していることになる。
⇒肉類を控え直接穀物を食べれば，はるかに多くの人口を養えるという指摘もある。

🦉 用語解説

*1　**土地の肥沃度**…農作物を生育する土地で，農作物の品質と収穫率の水準がどの程度であるかを示す度合い。

②世界の穀物供給の圧迫と穀物価格の上昇・不安定化

▶穀物供給の圧迫が起きる理由…中国などの経済発展がめざましい国々で家畜の飼料用としての穀物需要の急増とともに，とうもろこし を**バイオエタノール**向けに使用するためである。

▶2000年代以降，世界の穀物価格は上昇・不安定化→小麦などの穀物を輸入に頼っている発展途上国は，大きな痛手を受けている。

世界の中の日本　食料の安定供給に向けた取り組み

①輸入に頼っている日本の食料供給

▶日本は，小麦や大豆，牛肉などの多くの食料を外国から輸入→カロリーに換算すると60%以上の食料を輸入に依存している。

▶**食料自給率**(= 国内で消費する食料のうち，国内で生産される食料の占める比率)が低いと困ること…国際価格の高騰の影響を強く受けるだけでなく，輸出国の凶作や輸出制限といった不測の事態が生じたとき，国民に必要な食料を確保することが困難になる。

▶食料を安定供給するために必要なこと。
- 外交努力で諸外国と協調するだけでなく，国が食料の備蓄をすることも重要。
- 国内の食料生産力を維持するため，生産面での努力も必要とされている。

2 地域で異なる食料問題への取り組み

食料の増産を目指すウガンダ

①サハラ以南アフリカの深刻な食料不足を解決するために必要なこと

▶発展途上国のなかでもサハラ以南アフリカが直面する深刻な食料不足←アフリカの穀物収量が低いことに関係がある。

▶サハラ以南アフリカで模索されている農業生産力の向上…先進国の援助を受け，技術開発による農業生産力の向上←**緑の革命**により高収量品種の導入でアジアの国々が食料増産を可能にした例にならう。

- 先進国とアフリカ諸国では自然条件や社会条件が異なる→先進国の品種や栽培技術，農業機械などを現地に持ち込んでも，地域に根づくことは困難である。
- 援助を受ける国の状況を見極め，現地に合った農業技術の開発とその普及に努めること→持続可能な取り組みが重要である。

②ウガンダでのネリカ米の普及活動の様子

▶**ネリカ米**…アフリカで行われている粗放的な稲の栽培用に改良された高収量品種。

▶2000年代初めから，日本から稲の専門家や**JICA海外協力隊**[*1]を継続的に派遣。
- 栽培が容易なことや収量が高いことを農家に粘り強く訴えている。
- 無償で種子を与え，翌年収穫で生まれた余剰の種子を隣の農家にも配るといった方法で徐々に生産を拡大している。

深める　フェアトレードの取り組み

①商品作物の輸出における問題

▶コーヒーやバナナ，カカオなどの商品作物は，発展途上国から先進国へと輸出→不当に価格を安くされることが多い。

⇒不当に価格が安いため，発展途上国の農村に**低賃金労働**や**児童労働**，**乱開発**など
を引き起こしている。

▶世界で広がっている**フェアトレード**…より適正な価格で取り引きを行うことで，生
産者の暮らしと自立を支えるもの。

食品ロスの解決を目指すアメリカ合衆国

①アメリカ合衆国のカロリー過剰摂取と栄養の偏りによる問題

▶**カロリー**の過剰摂取と栄養の偏りが
あるアメリカ合衆国の人々…ファス
トフード(＝素早く準備ができ，す
ぐに食べることのできる食品)や甘
い清涼飲料水，菓子類の消費が多い
→肥満などの**生活習慣病**(＝食習慣
の偏りや運動不足，睡眠不足，喫煙，
飲酒などの生活習慣が原因で発症す
る病気)に悩まされる人たちが多い
(右上のグラフを参照)。

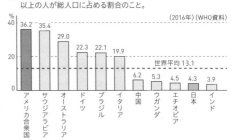

主な国の成人肥満率　成人肥満率とは，肥満指数(BMI)30
以上の人が総人口に占める割合のこと。
(2016年) (WHO資料)
世界平均13.1

▶アメリカ合衆国の１人１日あたりの供給カロリー…健康上必要な水準を大きく超え
ている→１日あたり必要な平均カロリーは2100kcal。

▶アメリカ合衆国の人々の肥満の原因となる安価なファストフードに偏った生活の背
景…国内の所得格差や貧困などの社会問題がある。

②アメリカ合衆国での食品ロスとその解決策の一つ

▶アメリカ合衆国で深刻な**食品ロス**の問題…食料が日常的に大量に廃棄されているこ
と。

▶**フードバンク**とよばれる取り組み…食品ロスを減少させ，食品を有効に活用するた
め。

• 品質には問題がないが，廃棄せざるをえない食品を，農家や食品メーカー，卸売
業者などからNPOなどに寄付をしてもらう→十分に食べ物を得ることができな
い人たちに無料で届ける取り組み←アメリカ合衆国では1960年代からこの取り組
みが行われてきた。

• 現在のフードバンクの様子…個人や団体から多くの寄付金を集め，栄養のバラン
スが取れた食事を提供するため，一部の食品を購入→食品ロスの解決だけではな
く，貧困層の栄養問題に取り組む活動にも広がってきている。

用語解説

*1 **JICA海外協力隊**…国際協力機構(JICA)が発展途上国からの要請に基づき，それ
に見合った技術・知識・経験をもち，「発展途上国の人々のために生かしたい」と
望む人々を募集し，選考，訓練を経て派遣する。募集試験に合格すると原則２年
間現地に派遣され，現地の人と生活をともにし，その地域の発展に協力する。

*2 **カロリー**…食品を消化して得られるエネルギーのことである。

持続可能な社会づくりに向けて ❺ 食料生産について考えよう

持続可能な食料生産を実現するための取り組み

1 食料が十分に得られない人々

①世界には約7億人の栄養不足の人々が存在

▶南アジアとサハラ以南アフリカの子ども…3人に1人が慢性的な栄養不足→年齢相応の身長に成長できない発育阻害の状態→栄養不足により命を落とす子どもも多い。

▶アフリカの食料不足の原因…生産技術の遅れなどで穀物収量が少ない→急激な人口増加に食料の生産が追いついていかないため。

▶南アジアの零細農民…緑の革命による恩恵なし→栄養不足の人口が減少しない状況。

②WFPが行う支援

▶干ばつなどの気象災害や紛争など→突発的な食料不足→迅速な食料援助が必要。

▶国連世界食糧計画(WFP)…食料が欠乏した地域に緊急食料援助←先進国が資金拠出。

2 発展途上国における食料生産システム構築の必要性

①干ばつや砂漠化と食料生産システムの構築

▶アフリカなどの発展途上国の農業…雨水と人力に頼る農業が多い→干ばつなどにより作物の収穫が激減→人々への食料供給が大打撃を受ける。

▶サハラ砂漠周辺の乾燥地帯で進む砂漠化…人口増加による過耕作・過放牧が原因→農業や放牧で生計を立てることが困難に→仕事を求め都市へ流入→貧困層になる。

▶悪循環を改善するためには…干ばつなどにも強い品種の開発や，収量を増やすことへの技術協力など→その国の環境や技術を用いた持続可能な食料生産システムの構築が必要。

3 日本の食料生産を活性化させるための取り組み

①日本の食料生産縮小から食料生産の活性化の動き

▶海外の安い農産物を輸入する日本…食料生産が縮小，輸送時に二酸化炭素を排出。

▶地産地消…地域で生産されたものをその地域で消費すること→各地で取り組まれている→地域の子どもたちの食育にもなっている。

▶農業を第1次産業としてだけでなく，加工食品をつくる第2次産業，流通・販売を担う第3次産業までを一体化した6次産業化の動きも→食料生産の活性化へ。

TRY 答え・解説　　食料生産について考えよう　教 p.178~179

1 答2，3，15のアイコンを赤色で囲む。
解説2は「飢餓をゼロに」，3は「すべての人に健康と福祉を」，15は「陸の豊かさも守ろう」。15の理由は農業生産や砂漠化の問題を取り上げているからである。

2 答(例)南アジアとサハラ以南アフリカの子どもは，3人に1人が慢性的な栄養不足におちいり，発育阻害の状態である。また，栄養不足が原因で死亡する子どもも多い。食料生産が人口急増に追いつかず，食料不足が続いている。

3 答省略
解説2では，干ばつに強い品種の開発や技術協力などによる持続可能な食料生産システムを構築する必要性を考える。3では，日本も地産地消を浸透させ，地域の子どもの食育の後押しや，地元の食料生産を活性化する取り組みに注目する。

6節　都市・居住問題 → 教 p.180 〜 188
1 世界の都市の発達
都市の発達
①都市のもつさまざまな機能と発達の経過
- ▶都市…古代から政治や経済，文化の中心地。
  →近代に工場などの生産施設が立地し，そこで雇用される多数の労働者が流入。
- ▶都市人口が急速に増加した理由…企業や労働者に商品やサービスを提供する第3次産業が集まることによる。
- ▶移動手段の変化…徒歩や馬車から鉄道，自動車へ→都市の範囲は郊外に拡大。
- ▶現代の大都市…生産や流通，消費に関係する施設や情報を集積→周辺の中小規模の都市を**衛星都市**[*1]とする広大な**都市圏**（＝中心都市が，その周辺の地域と密接に関係し，種々の影響を及ぼす範囲）を形成している。

大都市の形成と分布
①大都市の分布する位置と，大都市が抱える問題

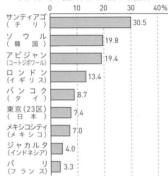

⬇主な首位都市（プライメートシティ）の人口がその国の人口に占める割合

(主に2017年) (Demographic Yearbook 2017,ほか)

- ▶世界の大都市の分布…アジアやヨーロッパ，北アメリカなど北半球の中緯度地域や，南アメリカやアフリカ，オーストラリアの沿岸部に集中。
- ▶先進国は19世紀から都市人口が増加。発展途上国は20世紀後半から急速に発達した都市が多い。
- ▶現在，アジアやアフリカでは人口が200万人を超える都市が次々に誕生→都市人口率が著しく上昇している。
- ▶タイのバンコクやナイジェリアのラゴス…この数十年の間に都市圏の人口が爆発的に増加するとともに，産業や経済の機能が**一極集中**→世界的大都市へと変貌した。
- ▶バンコクなどのような都市は，雇用の機会や文化的生活を求める人たちを引き寄せている→国内のほかの都市よりも人口が突出して多いため，**首位都市（プライメートシティ）**とよばれている。
  →人口の急激な増加により，住宅不足や交通渋滞，環境汚染などのいろいろな問題が生じている。

都市内部の機能と構造
①都市がもつさまざまな機能
- ▶都市化の進展によりみられること…都市の内部では行政地区や商業地区など，地域ごとにその機能が分かれるようになる。

🎓用語解説
*1 **衛星都市**…大都市の周辺にあり，大都市（＝母都市ともいう）と社会的・経済的に密接な関係をもち，工業都市や学園都市，住宅都市などの機能の一部を受けもっている中小都市のことである。

- ▶ 大都市の都心地域…国家レベルの政治・行政機関や大企業・多国籍企業の本社などが集まり，**中心業務地区(CBD)**が形成される。
- ▶ ロンドンのシティやシカゴのループ，東京の丸の内などのCBD…地価が高いことから建物の高層化が進む→オフィスビルに通勤する人たちで**昼間人口**(＝ある地域の常住人口＋通勤・通学などで昼間に移動してくる人口－昼間その地域から出ていく人口)は大きく膨れ上がるが，**夜間人口**(＝その地域の常住人口)は極めて少ない。

②都心の外縁部の衰退問題など
- ▶ **インナーシティ**…都心の外縁部で，小売・卸売業や軽工業，住宅などが混在する地域。
  →先進国でのインナーシティの衰退の問題…建物の老朽化や生活環境の悪化など。
- ▶ インナーシティの外側…都心へ通勤・通学する人たちが住む夜間人口の多い地域が広がる←**鉄道網**の発達や**車社会化**の進展が背景にある。
  - ニュータウンやショッピングモールのような計画的開発地区もみられるが，入居者の高齢化などにより機能を維持することが難しい地区もある。

深める　ジェントリフィケーション
①ジェントリフィケーションとその行き過ぎによる問題点
- ▶ **ジェントリフィケーション**…古くなり衰退してしまった旧市街の再評価で，比較的裕福な人たちが都心に回帰する現象。
  - (例)安くて古い物件に，デザイナーや起業家などの若者が文化的魅力を感じての移住や，新しい商業施設や高層住宅の建設などによる再開発で人気が高まる。
- ▶ ジェントリフィケーションの行き過ぎによる問題…イメージ改善に乗じた大規模な再開発→**地価や家賃の上昇**→これまで住んでいた人が住めなくなることなどが発生。

2 発展途上国と先進国の都市・居住問題
発展途上国の都市・居住問題
①発展途上国の大都市におけるさまざまな問題
- ▶ 20世紀後半以降，発展途上国では，農村から都市に向かう人口移動が著しい。
- ▶ 多くの都市で生じている問題…市街地の道路には自動車があふれる→交通渋滞が深刻化，騒音や交通事故，排ガスによる大気汚染など。
- ▶ 大規模な工業地区がある都市で起こっている問題…工場からの排煙や廃液による環境汚染など。
- ▶ 都市問題の原因…道路や電気・上下水道などの**インフラ(インフラストラクチャー)**(＝公共の社会資本)の整備が不十分な地域に，人口や産業が急速に集まったため。

②大都市でのスラムの形成とその問題点
- ▶ 大都市に移動した人々…都市内部の空き地や鉄道・幹線道路沿いなどを占拠→**スラム**を形成。
  →高層オフィスビル街や高級住宅が立ち並ぶ地域に隣接してスラムが雑然と広がっている。
- ▶ 多くのスラムの現状…水道や電気が不法に引かれ，下水処理の設備もないことから不衛生な環境となる→**熱帯地域では感染症も発生しやすい。**

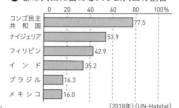

❷ 都市人口に占めるスラム人口の割合

国	割合(%)
コンゴ民主共和国	77.5
ナイジェリア	53.9
フィリピン	42.9
インド	35.2
ブラジル	16.3
メキシコ	16.0

(2018年) (UN-Habitat)

▶スラム居住者の多くは，農村部での貧困に耐えかねた人々→ほとんどが都市部で定職に就けず，多くは露天商や日雇い労働などの仕事をして生活している。

先進国の都市・居住問題

①先進国の大都市が抱えるさまざまな問題

▶早くに都市化を経験した先進国の大都市…都心に企業や工場，住宅が集中→地価の上昇や居住環境の悪化が進行→人口が郊外に流出する**ドーナツ化現象**が発生した。

▶**インナーシティ問題**…人口流出後の老朽化した建物に低所得者が流入した地区で，失業や犯罪などの社会問題が増加すること。

▶**スプロール現象**…郊外のインフラが未整備な地域での無秩序な市街地開発の問題。

②ロンドンでの第二次世界大戦以降の郊外地域の計画的な開発

▶ロンドンでは，市街地の周辺に**緑地帯**を設け，その外側に**ニュータウン**を建設。

▶ロンドンでの産業の停滞が深刻なインナーシティでの**再開発**の進行→造船所跡地ドックランズのように，オフィスや商業施設が立ち並ぶようになった地区もある。

▶建物を一掃して新しい街並みをつくる再開発に対し，経済的にも環境的にも負担の少ないまちづくりに取り組む都市がヨーロッパで増えている。

• (例)フランスのストラスブール…伝統的な建物を生かし，自動車より環境への負荷が少ない路面電車を導入→活気を取り戻している。

世界の中の日本　三大都市圏に人口が集中している日本

①東京・名古屋・京阪神の三大都市圏に人口が集中する日本

▶三大都市圏には多くの都市機能が集中し，雇用や教育の機会が多い→1950~1970年代の高度経済成長期には，地方から多数の人々が大都市圏に流入した。
→都市拡大で，都心地域ではドーナツ化現象が，郊外ではスプロール現象が発生。

▶1980年代以降，**東京大都市圏**に人口が一極集中へ→人口減少により都市機能の維持が困難な地方都市も多く，所得や公共サービスの面で大都市との地域格差が問題化。

3 地域で異なる都市・居住問題への取り組み

メキシコシティの取り組み

①大規模なプライメートシティであるメキシコシティ

▶メキシコシティ…20世紀前半の工業化で人口集中が開始→現在では大規模なプライメートシティ→急速な成長にインフラの整備が追いつかず，生活環境が悪化へ。

▶低所得者たち…傾斜地などの条件の悪い所に形成されたスラムに居住している。

▶市街地では，道路や公共交通機関が十分に整備されていない→深刻な交通渋滞が日常的に起きている。

👹 用語解説

*1 **スプロール現象**…市街地が都市の外縁に向かって無秩序，無計画に進み，まるで虫に食い荒らされたような状況となる現象。

*2 **緑地帯**…市街地の無秩序な拡大防止や環境保全，レクリエーションなどの目的で設けられた緑地で，大都市周辺などにつくられている。その典型的なものはロンドンにみられるグリーンベルトである。

▶高原の盆地に位置するメキシコシティ…周囲を高い山々で囲まれているため，汚れた空気が拡散しにくく，大気汚染物質を含んだ**スモッグ**[*1]がたびたび発生する。

②メキシコシティの大気汚染の対策

▶メキシコシティの**大気汚染**を軽減するための取り組み…**ディーゼル自動車**[*2]の数の制限や，市街地への自動車の乗り入れの一部規制など。

▶交通渋滞を緩和する取り組み…比較的安価な住宅の供給を増やすこと，新たな地下鉄路線の建設やバス専用レーンの設置など。

▶都市問題を解決するためには時間と多くの資金や技術が必要→資金や技術の多くを海外からの援助に依存しているのが現状である。

ポートランドの取り組み

①アメリカ合衆国の北西部に位置する工業都市として発展してきたポートランド

▶ポートランドが抱える問題…人口の郊外への流出や，中心部の大気汚染・**インナーシティ**問題の深刻化←高速道路網の整備や郊外での大型商業施設の開発が進んだため。

▶ポートランドでは，行政と住民が連携して都市の再生に取り組む→環境に配慮した持続可能な都市を目指す。

②ポートランドが推進した都市づくりとは

▶ポートランドの中心部を縦断していた高速道路や駐車場を撤去→公園などに再整備。

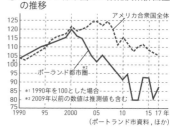
❷ ポーランド都市圏の二酸化炭素排出量の推移

TRY 答え・解説　　感染症の予防について考えよう　教 p.186~187

1 答3，6のアイコンを赤色で囲む。
解説3は「すべての人に健康と福祉を」，6は「安全な水とトイレを世界中に」である。

2 答(例)近年の三大感染症は，HIV(エイズ)・結核・マラリアで，年間250万人もの人たちが死亡している。発展途上国の子どもの多くが肺炎・下痢・マラリアなどで犠牲となっている。

3 答省略
解説2では，感染症を防ぐために清潔なトイレや手洗い場の整備が必要なこと。3では，マラリアの予防に役立つ防虫効果のある蚊帳や，接種することで感染症を防げるワクチンを送ること，衛生教育の普及の手助けを行うことなどから考える。

TRY 答え・解説　　関係図によるまとめ方　教 p.188

1 答省略
解説図の地球温暖化へ向かう矢印の因果関係をとらえる。地球温暖化の原因には温室効果ガスの増加や，熱帯林の減少などがある点から考えてみる。

2 答(例)産業革命以降，急速に工業化が進んだ先進国は化石燃料を大量に使用し，二酸化炭素などを排出し続けた。その後貿易の振興で，先進国により開発された発展途上国へ有害廃棄物が移動した。発展途上国では人口が急増し，経済発展に伴う公害問題に直面している。Ⓐ，Ⓑは経済活動と地球環境との因果関係で結ばれている。

3 答省略

- ▶道路には広い歩道や自転車専用レーンの設置，路面電車やバスなどの公共交通機関の路線網の整備→二酸化炭素の排出量が削減された(前ページのグラフを参照)。
- ▶車社会から転換した中心部…生活しやすい**コンパクトシティ**(＝中心部に行政や商業施設，住宅などを集めることで，市街地をコンパクトな規模にした公共交通中心の都市形態)として，にぎわいを取り戻している。
- ▶ポートランドは住みやすい都市として注目→国内外から優秀な人材が集まり，今では先端技術産業やスポーツブランドの世界的な企業も立地している。

持続可能な社会づくりに向けて　❻　感染症の予防について考えよう

すべての人の健康と福祉を促進するための取り組み

1 保健医療の地域差と感染症の広がり

①感染症とは…細菌やウィルス，寄生虫などの病原体が空気や水，食べ物，動物，人などを介して感染し，いろいろな症状を引き起こす病気。

→現代の三大感染症…HIV(エイズ)・結核・マラリア。

②感染者数は減少しているが，保健や医療体制の整備状況には地域差が存在

- ▶アフリカやアジアの発展途上国…人口に対する医師の数が極端に不足→肺炎・下痢・マラリアなどにより，多くの子どもに犠牲が出ている。

③エイズにより，働き盛りの世代が減少した国での問題…食料の生産力の低下，残された家族の貧困などの問題が発生している。

2 衛生的なトイレによる感染症の予防

①発展途上国の農村部や大都市のスラムなど→まだ衛生的なトイレが普及していない地域が多い→感染症がまん延しやすい→赤痢などの感染症により命を落とすこともある。

- ▶課題…清潔なトイレと手洗い場の整備は早急に解決しなければならない。

3 感染症の予防と撲滅のために日本ができること

①感染症撲滅のために日本ができる分野…感染症のなかにはワクチンを接種することで予防できるものもある→NGOなどが発展途上国にワクチンを送る活動を行っている。

- ▶日本のJICA海外協力隊などが，感染症予防に重要な衛生教育の普及を行っている。

SKILL ⓰　関係図によるまとめ方

関係図でまとめる

①地球的課題は相互に複雑に絡み合っているため，関係図にまとめると分かりやすい

- ▶関係図にまとめることで，自分の考えを相手に分かりやすく伝えることができる。
- ▶関係図のまとめ方…相互関係を考える前に，関係するすべての項目を挙げる→関連付けられる要因や結果を挙げて整理をしていく。
- ▶読み手にも分かりやすく説明するため，矢印や双方向の矢印(↔)を用いるとよい。

😈 用語解説

- ＊1　**スモッグ**…大都市や工場地域などで化石燃料の大量消費により生じる濃い煙霧。煙(smoke)と霧(fog)の合成語。大気汚染の濃度の高いときによく使われる。
- ＊2　**ディーゼル自動車**…ディーゼルエンジンを原動機とする自動車。ディーゼルエンジンはディーゼル機関ともいい，主として軽油，または重油を燃料とする。

演習問題 ❻

1 次の問いに答えよ。

(1) 先進国と発展途上国との間で生じている経済格差の問題を何というか。

（　　　　　　　　）

(2) 先進国の政府が，発展途上国の経済や福祉の向上のために行っている援助を何というか。 （　　　　　　　　）

(3) 平和・人権・環境保護問題などの国際的な活動を行っている，政府から独立して設立された非営利の民間協力組織を何というか。 （　　　　　　　　）

(4) 将来の世代が必要とするものを損なうことなく，現在の需要も満たすことができる開発のことを何というか。 （　　　　　　　　）

2 次の問いに答えよ。

(1) 文中の①～④にあてはまる語句を答えよ。

　　地球規模の環境問題は，人間の経済活動と結び付いている。農地や木材確保のため，世界各地で森林破壊が進行しており，特に深刻なのは（①　　　　　　）の破壊である。乾燥地帯の草原では過耕作や過放牧などにより，（②　　　　　　）が問題になっている。また，産業の発達した国では，工場や自動車などからの排気や廃水によって，（③　　　　　　）や水質汚濁が発生している。酸性雨やPM2.5などが生じる原因は（④　　　　　　）の燃焼である。

(2) インドネシアで行われている木や草などを焼き払って畑にする伝統的な農業は，小規模で長い休閑期を設けているため，農業と森林保全のバランスを保っている。このような伝統的な農業を何というか。 （　　　　　　　　）

(3) 地球温暖化の原因は，経済活動などによって排出される二酸化炭素などによるものである。この二酸化炭素などのガスをまとめて何というか。 （　　　　　　　　）

3 次の問いに答えよ。

(1) 右のA～Cのグラフにあてはまる金属資源を選択肢から選び，記号で答えよ。

A（　　） B（　　） C（　　）

| ア | クロム | イ | 鉄鉱石 | ウ | 銅鉱 |
| エ | ニッケル | オ | ボーキサイト | | |

⊘ 主な金属資源の生産国

A＊
15.2億t
(2018年)

| オーストラリア 36.7% | 19.3 | 中国 13.8 | その他 30.2 |

└ ブラジル

B＊
1910万t
(2015年)

| チリ 30.2% | 9.0 | 8.9 | その他 51.9 |

中国 ┘ └ ペルー

C
3.1億t
(2017年)

オーストラリア　　ギニア

| 28.5% | 中国 22.7 | 15.0 | その他 33.8 |

＊含有量 （Minerals Yearbook 2018, ほか）

(2) 石油などのエネルギー資源の採掘や精製，製品化などの権益を握っていた先進国の巨大企業を何というか。 （　　　　　　　　）

(3) 太陽光や風力，地熱など，枯渇する心配がなく，永続的に利用できるエネルギーを何というか。 （　　　　　　　　）

(4) 広大な農地が広がっている南北アメリカ大陸では，植物を発酵・蒸留して得られるものを燃料としている。この燃料を何というか。 （　　　　　　　　）

4 次の問いに答えよ。

(1) 人間が常に居住している地域を何というか。　　　　（　　　　　　　）

(2) 多くの発展途上国で奨励されている，家族の生活安定のために出産する子どもの数や時期を計画的に調整することを何というか。　　　（　　　　　　　）

(3) 右のグラフを見て，問いに答えよ。

① グラフは，何型の人口ピラミッドか。

（　　　　　　　）

② グラフ中のA〜Cにあてはまる語句を選択肢から選び，記号で答えよ。

A（　　）B（　　）C（　　）

```
ア　生産年齢人口　イ　年少人口　　ウ　老年人口
```

⊙フランスの人口ピラミッド

（2019年）(Demographic Yearbook 2019)

5 次の問いに答えよ。

(1) 文中の①〜③にあてはまる語句を答えよ。

世界の食料生産量は世界の人口に対し十分にあるが，食料の需要と供給には地域的な（①　　　　　　　）がある。先進国では食料に恵まれ，（②　　　　　　　）が日常的になり，食料が廃棄されていることがある。一方，発展途上国のなかには栄養不足になり，（③　　　　　　　）に直面している人たちがいる。

(2) アフリカの粗放的な稲の栽培用に改良された高収量品種で，ウガンダでの普及活動が行われている米を何というか。　　　　（　　　　　　　）

(3) アメリカ合衆国などでは，品質に問題のない食料が日常的に大量に廃棄されている。このことを何というか。　　　　（　　　　　　　）

6 次の問いに答えよ。

(1) 文中の①〜⑤にあてはまる語句を下の選択肢から選び，記号で答えよ。

大都市の都心地域では，国家レベルの政治・行政機関や大企業・（①）の本社などが集まっており，（②）が形成されている。ロンドンのシティや東京の丸の内などの（②）では，地価が高いため建物の高層化が進んでいる。これらのオフィスビルに通勤する人たちで（③）は大きく膨れ上がるが，（④）は極めて少ない。

都心の外縁部には，小売・卸売業や軽工業，住宅などが混在する地域がみられ，（⑤）とよばれている。

①（　　　）②（　　　）

③（　　　）

④（　　　）

⑤（　　　）

```
ア　インナーシティ　　　イ　多国籍企業　　ウ　昼間人口
エ　中心業務地区(CBD)　　オ　夜間人口
```

(2) インフラ（インフラストラクチャー）とはどういうものか，簡単に書け。

（　　　　　　　　　　　　　　　　　　　　　　　　　　）

(3) 都心に企業や工場，住宅が集中したことで，地価の上昇や居住環境の悪化が進み，人口が郊外へ流出する現象を何というか。　　　（　　　　　　　）

［解答→p.175］

第3部 持続可能な地域づくりと私たち

第1章　自然環境と防災

教科書 p.189〜218

1節　日本の自然環境 → 教 p.190〜193

1 日本の地形

プレートが重なり合う日本列島

①日本列島…ユーラシア大陸と太平洋に挟まれた**弧状列島**(＝大陸の縁にある弓なりの細長い島, あるいは島の列)→本州や北海道, 四国, 九州などの多くの島々で成り立つ。

②日本列島と4枚のプレートの動き

　▶日本の地形…日本付近にある4枚のプレートの動きと深く関わっている。

　　●(例)東日本の山地の形成…**太平洋プレート**が北アメリカプレートの下に斜めに沈み込む→土地が少しずつ隆起したことによる。*1

　▶プレートが沈み込む所…地下に**マグマ**ができやすい→日本には**火山**が多い。

　　●プレートが沈み込む圧力で, **地震**が発生しやすい。

日本列島の背骨をなす山地

①4分の3が山地である日本の国土

　▶日本の山地面積は国土の75%を占める→世界の陸地に占める山地面積は約25%。

　▶山地や山脈が背骨のように連なる日本列島→本州の中央部には3000m級の山々からなる飛騨山脈・木曽山脈・赤石山脈の**日本アルプス**がそびえている。*2

　　●日本アルプスは観光資源となっており, また, 古くから林業が盛んな地域で, 木材の供給地でもある。

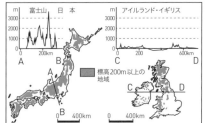

❶ 日本とアイルランド・イギリスの地形の比較

②フォッサマグナと日本の山地・山脈の方向

　▶**フォッサマグナ**…日本アルプスの東側に存在し, 本州中央部を南北に縦断する**地溝帯**→日本列島はここを境に折れ曲がっている。*3

　▶フォッサマグナを境に, 山地・山脈の方向が異なっている→東北日本ではほぼ**南北**方向に, 西南日本では**北東**から**南西**方向, または, **東西**方向に並んでいる。

日本の河川と沖積平野

①日本の河川の特徴と沖積平野

　▶日本列島には標高の高い山脈が連なる→そこを境に太平洋側と日本海側に分かれる。

　▶日本の河川の特徴…**アマゾン川**や**ナイル川**, ライン川などの大陸の河川に比較すると, 全体の長さが非常に**短く**, 勾配が**急**で流れも**速い**。

　▶河川の流域の様子…大雨が降ると, 水や土砂が山地から下流域に一気に流れ込む→洪水が起こるたびに山麓や河口付近を中心に土砂が堆積→**沖積平野**が形づくられた。

　▶沖積平野は貴重な平坦地→大都市や農地などが広がる→活発な経済活動が行われる。

2 日本の気候

明瞭な季節変化

①四季がはっきりしており，亜寒帯から亜熱帯までの気候がみられる島国の日本

- ▶日本の位置と季節…ユーラシア大陸の東側の中緯度にある島国→季節風(モンスーン)の影響により，季節の変化(四季)が明確であるのが特徴。
- ▶南北に細長い日本列島の気候…亜寒帯(冷帯)から亜熱帯(＝熱帯と温帯の中間地帯で，緯度にして20~30度の範囲に分布)までの気候がみられる→同じ季節でも地域により気温の差が出る。
  - →北海道と沖縄県の気温差は，冬になると特に大きくなる。

降水量の季節変化と地域差

①日本の気候の特徴

- ▶日本の気候の特徴の一つ…降水量の季節変化が大きいこと。
  - ●初夏には，北海道を除き，梅雨*4となる→雨がちな日が続く。
  - ●初秋には，台風*5が暴風雨をもたらすほか，秋の長雨もある。
    - →人々は豊富な水を活用して，古くから稲作を行ってきた。
    - →初夏・初秋に降る雨や，台風により，水害が起こることもある。

②降水量の地域差と風の影響

- ▶冬の日本海側の降水量…冬は北西季節風の影響により，雪や雨が降りやすい→大雪による被害が出ることもある。
- ▶冬の太平洋側の気候…山を越えた北西季節風は乾いた風となる→乾燥して晴れる日が多い。
- ▶夏の太平洋側…夏は南東季節風の影響により，雨が多く降る。

🦉 用語解説

*1 **太平洋プレート**…地球の表層部を成しているプレートのうち，太平洋の大半を含む最大の海洋プレート。東太平洋海嶺から北はアラスカ・アリューシャン列島，西は日本海溝からマリアナ海溝，南は太平洋・南極海嶺で囲んだ範囲である。1年に数cmの速さで西方に移動し，海溝部分で沈み込んでいる。

*2 **日本アルプス**…本州中部地方にほぼ南北に並走する飛驒山脈，木曽山脈，赤石山脈の総称。3000m級の山々が連なるのは日本列島ではこの地域だけであり，「日本の屋根」とよばれることもある。飛驒山脈は北アルプス，木曽山脈は中央アルプス，赤石山脈は南アルプスともよばれている。

*3 **地溝帯**…地溝(＝ほぼ平行して走っている二つの断層間の，溝状に落ち込んだ細長い土地)の大規模なもののこと。

*4 **梅雨**…日本の春から夏に移るときに本州，四国，九州，沖縄地方でみられる長い期間雨が降る季節のこと。この時期は梅雨前線(＝6月から7月ごろに日本の南岸に発生し，ぐずついた天候をもたらす)による長雨で，湿潤高温な気候となる。

*5 **台風**…北太平洋の熱帯の海洋上で発生した熱帯低気圧のうち，風速17.2m/s以上に達したもの。日本列島やフィリピン諸島などに襲来して大きな被害をもたらす。

▶瀬戸内の気候…1年を通じて降水量が比較的少なく，水不足になりやすい。
→灌漑用の**ため池**[*1]を利用した農業が行われてきた。

▶東北地方の夏…北東から冷たく湿った風の**やませ**[*2]が吹き続ける
→稲などの生育に悪影響を及ぼし，**冷害**[*3]が発生することがある。

③地域によって多様な日本の気候…気温や降水量，日照時間の特徴などを基として，日本の気候区分をすると，右の地図のように地域を分けることができる。

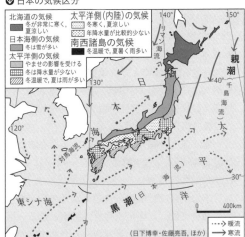
❹ 日本の気候区分

(日下博幸・佐藤亮吾, ほか)
--->暖流　→寒流

日本の都市気候

①人口が集中する都市部の気候

▶**都市気候**…人口が集中している都市部でみられる局地的な気候。

▶都市のもつ特徴…自動車やオフィスなどからの大量の人工熱の排出→地面はアスファルトやコンクリートなどの熱を蓄える性質をもつ人工構造物で覆われている。
→郊外と比較して都心部での気温が島状に高くなる**ヒートアイランド現象**（＝都心部で，郊外より高温になる現象）が生じる。

▶都心部で温められた空気がより強い**上昇気流**を発生させる→局地的な大雨の一因。

▶都市気候の緩和を意図した再開発地域…近年，風の通り道を活用した再開発を進めている地域もある。

2節 地震・津波と防災 → 教 p.194〜199

1 地震・津波による災害

地震の種類と特徴

①変動帯に位置する日本に発生する地震とその種類

▶変動帯上に存在する日本…世界的にみても，特に**地震**が多い地域である。

▶地震が発生する原因…プレートの沈み込みや衝突で発生する力によりプレート境界に徐々に蓄積された**ひずみ**→それが一気に解き放たれたときに発生。

• **マグニチュード（M）**…地震の規模を表す値→マグニチュードの値が1大きくなると，地震のエネルギーは約32倍となる。

• **震度**…各地点の揺れの大きさを示す指標→震度は0から7までの数字で決定され，震度5と6は「弱」と「強」の二つに区分され，10段階の震度となる。
→ふつうは，**震源**[*4]から遠ざかるにつれて震度は小さくなる。
→地盤の質の違いによっても震度の大きさは異なる。

▶海底のプレート境界にたまった ひずみ が解放されたときに，非常に大規模な**海溝型地震**が発生する。

- 海溝型地震が発生する所…日本列島の太平洋沖に分布する千島・カムチャッカ海溝，日本海溝，相模トラフ，**南海トラフ**，南西諸島海溝などに沿う場所。
- 海溝型地震による**津波**の発生→海岸地域に甚大な被害をもたらすこともある。

▶ **直下型地震**…内陸部の**活断層**がずれ動いて発生する地震→人の居住する土地の直下で発生することから，こうよばれている。

- 直下型地震は規模が小さくても，震源に近い都市に大きな被害を及ぼす。

地域で異なる震災の被害

①地震によって引き起こされるさまざまな災害

▶ 地震によって起こる被害…建物の倒壊や津波のほかにも多くの災害(**震災**)を引き起こしている。

▶ 一つの地震でも異なる震災被害…地形や地盤などの自然条件や，都市か農村かといった社会条件にもよる。

- 山間部で起きやすい震災…土砂災害が発生しやすい。
- 河川の流域での震災…堤防の決壊による洪水が起こることもある。
- 地盤が軟弱な地域で起こりやすいこと。

    →地震の揺れが大きくなる。

    →**液状化現象**の発生…地震の揺れによって，水分を多く含んだ軟弱な地盤が液体のようになる現象で，建物や構造物が沈んだり，砂が吹き上がったりする→三角州や旧河道，埋立地などで発生しやすい。

- 沿岸部では津波による災害が発生することもある。

用語解説

*1 **ため池**…降水量が少なく，流域の大きな河川がない地域などで，農業用水を確保するために水をたくわえ取水ができるよう，人工的につくられた池のこと。ため池は全国におよそ16万か所あり，特に西日本に数多くある。

*2 **やませ**…北海道や東北地方などで，梅雨や夏に吹く冷たい北東からの風。長い間にわたって吹くと冷害をもたらすため，餓死風や凶作風などといわれ恐れられてきた。冷たく湿ったオホーツク海気団からの北東気流で，もともと冷湿な上に，霧を伴うために日照量が不足して，農作物への被害が大きくなることもある。

*3 **冷害**…夏に異常な低温や日照不足などによって，農作物に生じる被害。日本では，特に北海道地方や東北地方の稲作に対する被害が多い。

*4 **震源**…地震の際，地中でそのエネルギーが発生した場所。一点ではなく，ある広がりをもつと考えられている。

*5 **南海トラフ**…駿河湾の沖合，御前崎の南々東およそ70〜80km付近から東海地方，紀伊半島，さらに四国の南方およそ100〜150kmの海底を，ほぼ日本列島に平行にはしっている長さおよそ700kmの海底の細長い溝。フィリピン海プレートが日本列島をのせる陸のユーラシアプレートに徐々に沈み込んでいる場所と考えられている。水深は4000mほどである。過去に起こった大地震の安政東海地震や昭和東南海地震，昭和南海地震はこの南海トラフの沈み込みに関係したものである。

▶ 都市部で発生しやすい**二次災害**[*1]…火災の発生やライフライン（＝生活や生命の維持に必要な電気やガス，水道，交通，通信など設備）の断絶など。

▶ 2018年に発生した北海道胆振東部地震によって引き起こされた震災の状況。

- 山間部で起こったこと…崖崩れや**地すべり**[*2]が多発→道路が寸断され，集落が孤立した。

- 発電所の破損がきっかけ→北海道内のほぼ全域で停電が発生した。

  ⇒停電に伴って水道やガスが停止し，鉄道も運転を見合わせるなど，経済活動にも大きな影響をもたらした。

先人の知恵　過去の教訓を残す自然災害伝承碑

①岩手県宮古市にある石碑

▶ 岩手県宮古市は，津波の被害を繰り返し受けていた。

▶ 宮古市内の姉吉地区にある石碑…1933年に発生した昭和三陸沖地震のときの津波被害の教訓を伝えるためにつくられたものである。

- 石碑の碑文…「此処より下に家を建てるな」と記されている。

- この地区では先人の教えを守って高台に集落を築いた→2011年に起きた東北地方太平洋沖地震では，津波の被害に遭わずに済んだ。

▶ 国土地理院は，2019年から自然災害伝承碑（地図記号は「🏳」）の情報を地理院地図や地形図などに掲載←災害教訓の伝承の貢献度を踏まえたもの。

　⇒過去の自然災害の教訓を生かした的確な防災行動による被害の軽減化をよびかけている。

2 地震・津波の被災地の取り組み

東日本大震災と防災の取り組み

①東日本に大きな被害をもたらした東北地方太平洋沖地震

▶ 2011年3月11日に，東日本を襲ったのは，マグニチュード9.0，最大震度7の**東北地方太平洋沖地震**である。

▶ この地震の際に東日本で発生したこと…地震の揺れは広範囲に及び，家屋の倒壊や火災，液状化現象などが各地を襲った。

▶ 巨大な津波に襲われた東日本の太平洋沿岸地域…海岸部の広い範囲で，津波による大きな被害を受けた（右の地図を参照）。

- 福島第一原子力発電所の**原子炉**から放射性物質が漏れ出す重大な事故が発生←津波による浸水によって起こった。

▶ この地震による一連の災害は**東日本大震災**とよばれている。

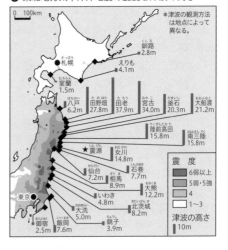

🌀 東北地方太平洋沖地震の震度と津波の高さ

※津波の観測方法は地点によって異なる。

釧路 2.8m
えりも 4.1m
室蘭 1.5m
八戸 6.2m
田野畑 27.8m
田老 37.9m
宮古 34.0m
釜石 20.3m
大船渡 21.2m
陸前高田 15.8m
南三陸
女川 14.8m
石巻 7.7m
仙台 7.2m
相馬 8.9m
大熊
いわき 4.8m
北茨城 8.2m
大洗 5.0m
銚子 3.9m
御前崎
飯岡 7.6m
2.5m

札幌
★震源
東京

震　度	
■	6強以上
■	5弱・5強
■	4
□	1~3

津波の高さ
| 10m |

0 100km

→死者・行方不明者は1万8000人(2021年3月現在)を超え，犠牲者の多くは津波によるものと考えられている。

②震災後のハザードマップの見直しや復旧作業

▶三陸海岸では，東日本大震災で防潮堤や避難場所の建物にも被害を受けた→震災後，見直しが進められた**ハザードマップ**(＝自然災害による被害の軽減や防災対策に使う目的で，災害を受けるであろう想定区域や避難場所，避難経路などを示した地図。防災マップなどとよばれることもある)。

▶震災後，宮古市で行われている新たなまちづくり。
- 海岸近くの低地を商工業用地に指定→住宅の建設を規制した。
- 海から離れた高台に新たな宅地を造成。

▶**仙台平野**で行われた取り組み。*3
- 海水をかぶった農地の塩分を取り除く作業。
- 農地のそれぞれの区画を大きくした→震災前よりも農地の生産性を高めようとしている。
- 海岸近くを小高い堤防のようにはしる高速道路を，一時避難場所にした訓練も行われている。

阪神・淡路大震災と防災の取り組み

①直下型地震であった兵庫県南部地震とその被害

▶1995年1月17日に発生した兵庫県南部地震。
- **神戸市**を中心に6400人以上の命を奪い，都市の機能を一瞬でまひさせた。*4
- 神戸市の震度…震度7に達し，多数の建物が倒壊し，火災も発生した。
- 大半の犠牲者…壊れた建物や家具の下敷きになった人たちであった。

兵庫県南部地震の震源と活断層

凡例
- 震度7の地域
- 活断層

0　　10km

宝塚　西宮　神戸　芦屋　明石　大阪湾　淡路島　淡路　関西国際空港

★震源

(日本の地震活動)

用語解説

*1 **二次災害**…地震や豪雨などの災害が起こったあと，それが原因となって発生する別の災害。豪雨のため地盤が緩んで起こる崖崩れ，地震の揺れでガス管が損壊したことによる爆発事故や火災など。

*2 **地すべり**…地表の土石の層が，塊のまま毎日の変化を追えるほどの速さで斜面の下方へすべり動く現象。地盤が徐々に崩れる現象が地すべり。それが，傾斜地などで突然に生じれば崖崩れとなる。

*3 **仙台平野**…宮城県中央部を占める平野。北上川，阿武隈川の下流域にあり，松島丘陵を境に北を仙北平野，南を仙南平野とよぶ。仙北平野は水田が大部分を占めており，仙南平野には宮城県の県庁所在地の仙台市がある。

*4 **神戸市**…兵庫県南東部にあり，大阪湾に臨み，六甲山地および周辺の丘陵，台地に広がる市で，県庁所在地。ポートアイランドの拡張・六甲アイランドの開発や，神戸空港の建設が行われた。

▶この地震による一連の災害は**阪神・淡路大震災**（阪神大震災）[*1]とよばれている。

⇒この地震で，直下型地震が大都市の周辺で発生したときの危険性を多くの人たちに周知させた。

②神戸市の震災後の復旧の取り組みなど

▶震災のときに生じた課題。

- 大きな課題…学校などに避難した住民のための食料確保やライフラインの早期復旧。
- 一斉に複数の場所で災害が発生→消防などの既存の組織だけでは対応することができなかった。

▶課題を解決するために神戸市が行ったこと…学校が災害時の拠点となるように整備をした。

→避難場所に指定した学校に食料を備蓄。

→震災後に建て直した学校…多くの学校に，災害時にも発電できるように太陽光発電装置を付ける　など。

▶日頃から地域の福祉活動を通じて，災害が起きたときに地域住民が中心になって消火や救護などの活動をすることができるように組織づくりも進めている。

▶震災後につくられた防災学習施設で行っている取り組み。

- 震災経験者が自分の体験を語り継いでいる。
- 見学者に避難体験をしてもらうこと　など。

深める　地震や津波が発生するしくみ

①地震のしくみ

▶**海溝型地震**…海洋プレートが沈み込むことにより，大陸プレートも引きずられてひずみ がたまる→ひずみ が限界に達すると，大陸プレートが跳ね上がり地震が発生する。

⇒この海溝型地震は巨大地震になることが多い。

▶**直下型地震**…海洋プレートが沈み込むことにより，大陸プレート内部に圧力がかかる→徐々に ひずみ がたまり，限界に達すると**活断層**[*2]がずれ動きだす→地震が発生。活断層が地表に現れる。

⇒直下型地震の震源は地下十数kmと比較的浅いことが多い。

TRY 答え・解説　　　　　　　ハザードマップの見方　教 p.199

1 答（例）避難所が津波による浸水の深さより高い場所にあるか確認できるから。

解説このハザードマップをみると，「津波浸水予測範囲・最大浸水深（m）」，「緊急避難所【津波】」・「津波避難ビル」・「緊急避難地【津波】」がある。これらから，津波が発生し，各地への到達時間と津波のおおよその高さの予想が発表されたとき，どこに避難すればよいか判断できる。

2 答省略

解説市区町村のウェブサイトから，「防災・安全」，「暮らし→防災」，「防災」などの項目に入れば，その市区町村のハザードマップを見つけることができる。もし分かりにくければ，「ハザードマップ」や「防災マップ」で検索してみるとよい。

②津波のしくみ

- ▶津波が起こる過程…一般的に海溝型地震が起こることに伴って大陸プレートが跳ね上がる→これにより，海底が隆起したり沈降したりすることで発生する。
- ▶津波…海底地形の変化に連動して，海水も隆起や沈降をする→隆起した海水は重力により崩れる→高波となってすべての方向に向かう→陸に向かった波は，水深が浅くなるにしたがって高さを上昇させ，津波となる。

SKILL ⑰　ハザードマップの見方

ハザードマップの利用

①ハザードマップとその役割

- ▶**ハザードマップ**…将来発生する可能性がある災害の範囲や被害状況を予測した地図。
  - 過去の災害記録や，地形・地質などに関する資料などから制作されている。
  - 洪水や地震など，自然災害の種類別につくられている。
- ▶この地図は，その地域に暮らしている住民の災害に対する意識を高めたり，災害発生時に取るべき行動を考えたりするのに有効である。

⬇ さまざまな自然災害とハザードマップで示される情報

災害の種類	ハザードマップで示される内容
地　　震	地震による津波被害や土砂災害の予想範囲などを表現。液状化現象の危険性などを示したものもある。
津　　波	津波による浸水域と水深を表現。高台の避難所に速やかに避難できるよう避難の方向を示したものもある。
火　　山	噴火時の火砕流や溶岩流の到達範囲，土石流が発生する危険がある箇所などを表現。噴火時の立ち入り禁止箇所を示したものもある。
洪　　水	洪水発生時の浸水域と水深を表現。平地の場合，避難所の階数まで示したものもある。
土砂災害	崖崩れ，地すべり，土石流が発生する危険がある箇所を表現。

②ハザードマップの重要性と読み取る内容

- ▶ハザードマップを見るときに重要なこと…自分が住んでいる地域と想定される被害状況との関係を考えること。
- ▶ハザードマップから読み取る内容…自分の居住地域に被害が及ぶのか，及ぶときはどのように避難すればよいのかということ。

🎓 用語解説

- *1 **阪神・淡路大震災（阪神大震災）**…阪神地方を襲い，マグニチュード7.3の兵庫県南部地震（→淡路島北部から神戸方面に続く活断層のずれによって発生）による災害。被害は神戸や淡路島など兵庫県南部を中心に，大阪や京都にも及んだ。多数の犠牲者が出て，高速道路の倒壊，中・高層ビルの崩壊，火災による被害などは甚大なものであった。
- *2 **活断層**…新生代第四紀（260万年前から現在まで）に繰り返し活動（ずれ動き）をし，今後また活動する可能性がある断層のこと。活断層が広く一般的に知られるようになったのは，甚大な被害を出した兵庫県南部地震がきっかけである。この地震の震源は淡路島北部の野島断層とされた。その後，特に活断層は，地震予知や災害対策の上で注目されるようになった。

3節　火山災害と防災 ➡ 教 p.200~205

1 火山の恵みと災害

火山の分布

①日本は世界有数の火山国

▶ 世界有数の火山国である日本…111
（2020年）もある**活火山**。

- 活火山…過去およそ1万年以内に
噴火をした火山や，いま現在活発
な噴気活動（火山ガスの噴出）のあ
る火山のこと。

▶ 日本の活火山は，**火山前線（火山フ
ロント）**[*1]とよばれ，列をなしている
（右の地図を参照）。

◉ 主な活火山の分布

▲ 主な活火山
— 火山前線
0　200km

有珠山
口永良部島
雲仙岳
御嶽山
霧島山
蔵王山（ざおうざん）
富士山
白根山（草津）
浅間山
阿蘇山
箱根山
三宅島
桜島（御岳）
硫黄島

（気象庁資料，ほか）

▶ 火山のつくられ方…太平洋沖で斜め
に沈み込んだ**海洋プレート**が，地下100~150kmほどの深さに到達➡**マグマ**（＝岩石
が溶けた物質で，火山の噴火の元となる）を発生させる➡マグマがほぼ真上に上昇
して噴火を起こすことで火山を形成する。

火山の恵み

①さまざまな恵みをもたらしてくれる火山

▶ 火山の周辺…多くの**温泉**が湧き出し，山麓では地下水が豊富なことも多い。

▶ 火山がつくる熱水や高温の蒸気➡**地熱発電**に利用されることもある。

▶ 美しい景観をもつ富士山をはじめとする多数の火山の利用のされ方。

- なだらかな山麓の利用…大規模な放牧地や野菜の栽培地，スキー場，避暑地など。
- 国立公園や観光地となっている所も多い。

▶ 有珠山周辺地域や阿蘇のような地域…特徴的な地形や地質から**世界ジオパーク**（＝
地層・岩石・地形・火山・断層など，地球や大地に関わるいろいろな自然に親しむ
公園）に認定されている。

火山災害の特徴

①火山災害がもたらすさまざまな被害

▶ 日本では過去に多数の火山が噴火➡周辺地域に甚大な被害を及ぼしてきた。

▶ 火山活動は多様➡火山活動に伴って発生する災害もさまざまである。

- 災害をもたらす主な火山現象…**噴石**や**火山灰**，**火山ガス**の噴出[*2]，高温の火山噴出
物が斜面を高速で流れ下る**火砕流**，火口から噴出したマグマ（溶岩）が斜面を流れ
下る**溶岩流**などがある。
- 火山灰の降下…広範囲に農作物に被害を与え，大規模なものは地球全体の気候に
影響をもたらすものもある。

▶ 火山災害の特徴の一つ…噴火から時間がたっても被害が発生する➡大雨が降ると噴
石や火山灰の堆積している場所で，砂礫や火山灰などを含む**土石流**[*3]が生じる危険も
ある。

先人の知恵　全員避難を実現した防災教育

①有珠山の噴火と防災教育による避難した住民

- ▶2000年に噴火した北海道の**有珠山**→住宅地の近くにできた火口からの噴石により，住宅の屋根に穴が空く被害が続出。
  - ・降り積もった火山灰が降雨で土石流となる→住宅破壊などの被害が発生。
  - ・周辺3自治体の住民1万6千人は無事←噴火予知により全員避難したため。
- ▶避難が成功した要因…1977年の噴火直後から徹底して行われた防災教育による→住民が火山災害の恐ろしさを理解していたためである。
- ▶過去の噴火を教訓にしたハザードマップの作成→住民の防災意識の向上に役立った。
- ▶噴火で破壊された住宅の災害遺構を現在も保存→その脅威を身近に感じられる。

2　火山と共生する地域の取り組み

火山の恵み・災害と共生する島原市

①地下水に恵まれた長崎県島原市

- ▶地下水を得やすい状態の島原市…たび重なる火山の噴火→島原半島の地下は，火山灰などが堆積して水が通りにくい**難透水層**と水が通りやすい砂礫層が交互に重なる**帯水層***4になっているため。
- ▶島原市の市街地には70か所以上の**湧水地**が存在→今も湧き水を生活用水として利用。
- ▶水道や農業用水にも地下水が利用されている。

②普賢岳による火山災害と島原市の対策

- ▶1990年から1995年にかけて大噴火をした普賢岳…島原市は甚大な被害を受けた。
  - ・普賢岳の山頂付近から東側を流れ下った火砕流…広範囲の植生を破壊し，集落に到達した一部の火砕流により人々の命が失われた。
  - ・噴火が収まったあとの被害…大雨が降るたびに，火砕流の堆積物や火山灰が土石流として下流に流出→人々の暮らしは長期間不安定な状態が継続した。
- ▶その後，建設されたもの…火砕流や土石流の被害防止のための大規模な**砂防施設**や，噴石から逃れるための**避難シェルター**。
- ▶現在の様子…島原半島ジオパークを中心に「人と火山の共生」をテーマとした地域防災教育や，植生が喪失した土地の緑化が行われている。

🔥 用語解説

- *1 **火山前線（火山フロント）**…日本列島のような弧状列島において，最も海溝寄りに位置する火山どうしを結んだ線。海溝やトラフとほぼ平行にはしっている。火山の分布密度は火山前線に沿って最も大きくなっている。
- *2 **噴石**…火山が大きな噴火を起こしたとき，火口から噴出する目の粗いガラス質の火山礫である。
- *3 **土石流**…急勾配の河川に堆積していた大量の土砂や礫などが，長雨や豪雨などにより水を含み，混合して一体となって一挙に谷や斜面を流れ下る現象。
- *4 **帯水層**…水を自由に通すほどに砂や小石などの粒子の隙間や岩石の割れ目が大きい地層を透水層といい，その透水層中の地下水で満たされた部分のこと。

深める　噴火予知の取り組み

①火山の噴火予知の現状と限界

- ▶近い将来噴火する可能性のある火山→日本は24時間体制で火山活動の監視・観測を行っている。
- ▶噴火時期の予測のしかた…噴火のとき，火山性地震や地下水温の上昇などの前兆現象が多い→火山活動の様子と過去の噴火の記録を総合して予測。
- ▶事前に予知ができなかった2014年の長野県御嶽山の噴火←明確な前兆現象がなかったため。
  ⇒噴火予知は進歩しているが，現状ではすべての噴火を予知することは困難。

火山灰と共存する鹿児島市の取り組み

①鹿児島市の近くにある桜島

- ▶火山と鹿児島市の市街地…**桜島**[*1]からわずか4 kmほどに位置している(右の地図を参照)。
- ▶桜島が噴火したとき，東からの風が吹くと，鹿児島の街に火山灰が降る。

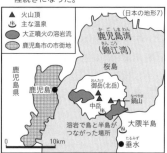

🔽 桜島の位置と溶岩流の広がり　桜島と大隅半島は，1914年の大正噴火によって陸続きになった。

②桜島の火山灰に対する市町村の対策

- ▶桜島の火山灰が日常的に降る鹿児島市などの市町村ではいろいろな対策をとっている。
  - •(例)火山灰を除去するための清掃車を運用→それぞれの家庭では，宅地内に降った火山灰を専用の袋(=「克灰袋」とよばれる)に入れ，指定された回収場所に出すことが決められている。

③やっかいな火山灰を利用する動き

- ▶火山灰による影響…上空では日射をさえぎり，降り積もった火山灰には雨がしみこみにくい→生育できる農作物は限られる。
- ▶さつまいも や茶などの作物…このような自然条件での栽培に向いている→この地域の特産品となっている。
- ▶およそ3万年前の火砕流が堆積してできた**シラス**…九州南部一帯に広がっている厚い地層の火山性堆積物で，粒の細かい軽石や火山灰からなっている。
  - •シラスを利用したもの…古くは研磨材として使われ，今はコンクリートや石けん，市電の緑化の土壌材などにも幅広く使用されている。

TRY 答え・解説　　　　　　　火山地形の読み取り方　　教 p.205

1　答省略。
　　解説⑤図の霧島山は，20を超える火山群で，韓国岳や新燃岳，高千穂峰などの火山がある。山頂には噴火口や火口湖がみられることから判断する。

2　答(例)霧島山は数多くの火山から成り立ち，地形は起伏に富んでいる。また，写真からは山体に比較して，火口が大きな火山が多いことが分かる。

3　答省略。

深める　噴火のしくみとカルデラの形成

①噴火のしくみ

▶火山の噴火の元…岩石が溶けた**マグマ**。

▶日本列島の火山をつくるマグマ…海洋プレートが大陸プレートの下に斜めに沈み込んだ，地下100～150kmほどの深さにマグマができる。

▶火山が噴火するまでの様子。

- マグマが上昇→地下5～10kmくらいの深さに**マグマだまり**をつくる。
- マグマは周りの岩石に熱を奪われる→溶け込んでいた水や二酸化炭素などが，泡となり分離→この気体によりマグマだまりの圧力が高まっていく。
- 周囲の岩盤が圧力に耐えきれなくなり，マグマが一気に噴出＝噴火。

②カルデラの形成

▶**カルデラ**…火山の爆発や噴火による陥没などでできた大きなくぼ地。

▶カルデラを縁取る環状の山々を**外輪山**，カルデラに水がたまると**カルデラ湖**を形成。*2

▶阿蘇…火山活動の始まりはおよそ27万年前→数万年ごとに巨大な噴火が起こり，カルデラがつくられた。

- 世界有数の巨大カルデラや多数の火山群など，雄大で多様な火山地形・地質の特徴をもつ阿蘇…世界ジオパークに認定され，水資源や温泉にも恵まれている。

SKILL ⓲　火山地形の読み取り方

火山地形を読み取る

①<u>火山災害に対して重要なこと</u>…地形の特徴や火山の成り立ちを理解した上で，噴火時の防災計画を事前に立てておくこと。

②<u>火山地形を読み取るときに有効な陰影段彩図</u>

▶陰影段彩図…土地の高さに合わせて着色した主題図→通常の地形図より土地の起伏が読み取りやすい。

▶地理院地図がもつ3D機能を活用すると，火山の地形がよく分かる。

③<u>陰影段彩図や赤色立体地図は基礎資料</u>

▶赤色立体地図…地形の凹凸が直感的に分かりやすい→火山地形の読み取りに有用。

▶陰影段彩図や赤色立体地図…日本各地の主要な火山で整備→防災計画の立案や噴火時の緊急対策の基礎資料として利用できる。

用語解説

*1 **桜島**…鹿児島県の中部，鹿児島市に属し，鹿児島湾（錦江湾）内にある火山。活火山で，常時監視・観測されている。1117mの北岳（御岳ともいう），1060mの中岳，1040mの南岳の三つの峰がほぼ南北に連なっている。1914年に起きた噴火は大きく，この噴火により南東部は大隅半島と陸続きになった。

*2 **カルデラ湖**…カルデラの全部あるいは大半に水をたたえた湖。この湖の大きな特徴は，水深が非常に深い湖が多いこと。また，火口にできた火口湖に比較してその規模もはるかに大きいことである。秋田県の田沢湖や北海道の支笏湖・摩周湖，青森・秋田両県にまたがる十和田湖，鹿児島県の池田湖などが有名。

4節　気象災害と防災 ➡ 教 p.206〜211

1 さまざまな気象災害

地域で異なる気象災害

①気象現象によって生じるさまざまな気象災害

- ▶大雨による河川の氾濫や崖崩れ(=雨や地震によって不安定になった斜面の一部が急速に崩れる現象)の発生→人々の暮らしに被害を及ぼすことがある。
- ▶**気象災害**…大雨や強風，大雪などの気象現象により発生する災害のこと。
- ▶気象災害に含まれているもの…やませや日照不足などの継続的な気象の異常による災害。

②水害が起こりやすい日本列島

- ▶日本列島で水害が起こりやすい理由…三つの条件が重なっているため。
  - •地形条件…山地が急峻で河川の勾配が急であること。
  - •気象条件…夏の時期には**梅雨前線**の停滞や**台風**による大雨が多いこと。
  - •社会条件…河川や海岸に沿って多数の人たちが住んでいること。
- ▶地域によって大きく異なる被害。

↓土石流の被害を受けた住宅地

  - •河川上流の山間部や台地のへり…崖崩れや**地すべり**(=雨水や雪どけ水が地下へ浸透することにより，斜面の土砂が巨大な塊となって動きやすくなり，ゆっくりと下の方に移動する現象)，**土石流**などの土砂災害が多い。
  - •下流の平野部…河川の氾濫などによる**洪水**(=雨水や雪どけ水などにより河川の水量が著しく増え，氾濫すること。河川の氾濫による水害を**外水氾濫**ともよぶ)の被害が多い。
  - •台風襲来による被害…雨による災害，強風による建物の倒壊など。
  - •**高潮**(=台風などの強い低気圧で，海面の水位が上昇する)の被害…沿岸部での浸水など。
  - •**竜巻**[*1]による被害…強風による建物の倒壊など。
  - •豪雪地帯とよばれる北海道や本州の日本海側…冬の積雪による建物の倒壊など。
  - •降雪の少ない太平洋側…ひとたび降雪があると，路面凍結での交通事故や物流の停滞，交通機関の乱れなどが発生する。

都市化による水害の変化

①都市化と気象災害の変化

- ▶古くから日本人は自然堤防などの微高地に居住→都市化の進展で，低地にも住宅地が広がった→河川の氾濫が起こると以前に増して大きな被害が発生しやすくなった。
- ▶地面の大半をアスファルトやコンクリートで覆われた都市→降雨はほとんど地下に浸透しない→河川水位の急激な上昇，低地や地下街の浸水など，都市部に特有の水害(**都市型水害**[*2])が起こることもある。

▶近年，**局地的大雨**(ゲリラ豪雨)といわれる狭い範囲での短時間の大雨も増えている。

先人の知恵　水門にみられる水害対策の歴史

①東京都の地盤沈下による水害の危険性の高い土地とその対策

▶東京都江東区周辺…明治以降に工業用の地下水の大量くみ上げで，**地盤沈下**が発生。

▶地盤沈下が原因で，東京23区の約20%の面積が満潮時には海面より低くなる→水害の危険性の高い土地となった。

▶東京都の対策…地下水のくみ上げを規制。この地域を流れる河川の水位を東京湾の干潮面よりさらに1m下げた→周辺の地面より低い位置に水面がくるようにした。

▶隅田川や荒川から水位差のある小名木川に出入りするときには，二つの水門(閘門)に挟まれた水路(閘室)に船を入れ，水位を人工的に昇降させて船を通過させる。

2 気象災害への取り組み

東日本を襲った台風

①台風による大雨によって生じた外水氾濫と内水氾濫

▶東日本を中心に甚大な被害が発生←2019年10月，台風での記録的な大雨による。

▶千曲川(長野県)や阿武隈川(福島県・宮城県)の流域で大きな被害が発生…河川の水が流出する**外水氾濫**によるもの。

▶さいたま市や川崎市などの都市部で，3万戸以上の住宅が床上・床下浸水をする被害が発生…大量の雨水が河川に排出できず，市街地が浸水する**内水氾濫**によるもの。

▶残されたさまざまな課題…被害が広範囲に及び，避難所の確保や災害で生じたごみ(**災害ごみ**)の処分場所の確保などが難しい状況となった。

②水害が多い日本とその対策

▶水害の多い日本…**水害への対策(治水)**が伝統的に行われてきた→周囲より標高が低い土地を洪水時に一時的に水をためる場所として利用してきた地域もある。

▶現在行われている対策。

→ダムや堤防の建設，**河川改修**(=治水のために実施される河川の改修工事)などを行うことで水害の抑制を試みている。

→ハザードマップの作成や避難指示のメール配信などの取り組みを行っている。

▶都市部での工夫…水害防止のために公園や校庭を掘り下げて小規模な調節池を建設。

▶現状…全国で毎年のように発生する水害に，治水対策は追いついていない。

😈 用語解説

*1 **竜巻**…積乱雲(入道雲，雷雲ともいう)の下にできる，渦を巻いた細長い漏斗状の上昇気流。非常に高速で回転している。海面に達すると水を吸い上げたり，陸上では通過する際に建物などを破壊したりする。竜巻の中心付近では風速は毎秒100mを超えるものもあり，強雨，電光を伴うことが多い。

*2 **都市型水害**…地表がアスファルトなどで覆われた都市部特有の水害。集中豪雨などの際，雨水が地表から地下にほとんど浸透しない。そのため，埋められている下水管や雨水管などに一気に水が集中し，その処理能力を超える。これにより地表部に水が噴き出したり，排水用の河川が氾濫したりして被害が起きる。

深める　都心を守る地下調節池

①地下調節池の有効性

- ▶東京都杉並区と中野区の地下に巨大な空洞を整備→1997年から利用されている地下調節池で，付近の河川の増水時，およそ54万m³もの水をたくわえることが可能。
- ▶2019年10月の大雨のとき，東京都内で河川の氾濫の懸念があった→この施設が活用され，都内に大きな被害は発生しなかった。

日本海側の大雪

①2018年の大雪と人々の暮らしへの影響

- ▶2018年の冬，北陸地方を中心とした地域が例年以上の大雪に襲われた←偏西風が蛇行して，日本付近に寒気が流れ込んだことなどの影響による。
- ▶2月上旬の大雪による積雪→自動車や列車が雪に埋もれて立ち往生し，物流が停滞するなどした→人々の暮らしに大きな影響を与えた。

②人々の暮らしに役立つ積雪も大雪では被害が発生

- ▶積雪が人々にもたらす恩恵…春には雪どけ水となり農業用水として利用されるなど，人々の暮らしに必要不可欠なものとなっている。
- ▶大雪はいろいろな被害を発生させる→雪の多い地域では，行政が多額の費用を使って道路の除雪を行っている。
- ▶都市部での対策…道路に埋設された**消雪パイプ**^{*1}から地下水や河川の水を流し，融雪を行っている所もある。
- ▶平野部…**地吹雪**(＝地面に降り積もった雪が，強風により空中に吹き上げられる現象)や**暴風雪**(＝激しい風を伴った降雪)による交通事故を防ぐため防雪林や防雪柵が設けられている。
- ▶山間部…**なだれ**^{*2}防止用のスノーフェンスが設置されている。

▼日本の豪雪地帯と特別豪雪地帯

豪雪地帯
特別豪雪地帯

＊豪雪地帯対策特別措置法に基づき，雪害の防止やライフラインの確保，産業の振興などの取り組みが行われる地域。

0　200km

(国土交通省資料)

TRY 答え・解説　　　　　水害の危険がある地域の読み取り方　教 p.211

1 答省略。

解説5図の右側にあるのが本流(高梁川)。その支流である西から東に流れる河川(小田川)の両側が濃い青色になっている。最も濃い青色の部分は深さ4m以上の浸水があった場所である。特に河川の北側は，濃い青色が広い範囲に広がっていることが読み取れる。

2 答省略。

解説6西から東に流れる河川の両側や，南北に流れる本流の西側にも後背湿地などの低地が広がっていることを読み取る。

3 答(例)浸水範囲は，後背湿地などの低地が広がる地域のほとんどである。

③豪雪地帯や特別豪雪地帯の課題

- ▶豪雪地帯や特別豪雪地帯に指定されている市町村の面積…全国のおよそ半部を占める（前ページの地図を参照）→人口は総人口のおよそ15%（2021年）と少なく，人口の減少傾向が顕著である。
- ▶この地域の課題…高齢化率も比較的高く，**過疎化**も進んでいる→除雪の担い手となる人たちを確保することが難しい。

深める　台風や大雨が発生するしくみ

①台風のしくみ

- ▶熱帯低気圧…熱帯の海洋上で発生する空気の渦巻きのこと。
- ▶**台風**…熱帯低気圧のうち，北西太平洋または南シナ海にあり，最大風速が秒速17.2mを超えるもの→地球の自転の影響で回転し，巨大な渦は数百km以上に及ぶ。
  - 中心には雲がない台風の目があり，その周囲を垂直に発達した厚い積乱雲（→強い上昇気流で発達した雲）が壁のように取り囲んでいる→積乱雲の下では激しい雨や突風が発生→気圧が低い台風の目に向かって強風が吹き込み，この強風と激しい雨で，暴風雨となって地表を吹き荒れる。

②線状降水帯のしくみ

- ▶**線状降水帯**…積乱雲が同じ所に次々と発生することで生じる帯状の降水域→積乱雲が同じ所を通過したり停滞したりすることで大雨をもたらす。
- ▶日本では，台風による大雨を除くと，集中豪雨の約3分の2で線状降水帯が発生していたと推定されている。

SKILL ⓳　水害の危険がある地域の読み取り方

水害と地形の関わりを読む

①氾濫原と宅地開発

- ▶昔から人々はその土地での自然災害の起こりやすさを考慮して，住宅地や農地を選択→宅地開発により，かつて水田であった氾濫原を現在住宅地として利用。

②氾濫原にある建物と自然災害

- ▶氾濫原のような標高が低い場所…堤防の決壊や内水氾濫による浸水被害を受けやすい。
- ▶かつての河道などに建物がある場所…地盤が脆弱である→地震の際には揺れや液状化現象の被害が大きくなる危険性がある。

③治水地形分類図の有用性

- ▶治水地形分類図…河川の流域のうち，主に平野部を対象として制作された地図。
  ⇒扇状地や自然堤防，旧河道，氾濫原，後背湿地などの詳細な地形分類が読み取れる→土地の自然災害の危険性を把握するのに役立つ。

🎓 用語解説

- *1 **消雪パイプ**…地下水などをくみ上げて，パイプを通して道路に水をまき，雪をとかす設備。地下水は冬でも13~14度と温かいため，雪をとかすことができる。
- *2 **なだれ**…山の斜面に積もった大量の雪が，急激に崩れ落ちる現象。

5節　自然災害への備え ➡ 教 p.212 〜 218

1 減災の取り組み

災害の被害を軽減するための努力

①自然災害と減災への努力
- ▶地震や火山の噴火，台風に伴う大雨など…それ自体は自然現象でしかない。
  ⇒人々が暮らす所に被害を及ぼすときは自然災害となる。
- ▶自然災害を完全に防ぐことは困難→日頃から対策を立てて**減災**を図ることは可能。*1

②自然災害の多い日本に必要なハード対策とソフト対策
- ▶自然災害の多い日本で行われてきた**ハード対策**(＝堤防やダムなどの構造物を建てたり，補強したりすることでの災害対策)…建造物の耐震化や防災施設の建設など→ハード面での防災・減災の取り組みが進行していた。
- ▶東日本大震災のように想定外の規模の地震や津波が発生したとき→防災施設が必ずしも身を守るとはいいきれない。
  →一人ひとりが防災・減災を意識し，自らの行動で被害の軽減をできるようにする。
  →そのためには，ソフト面での備え(**ソフト対策**＝防災教育や防災情報の発信などの知識や習慣を身に付ける災害対策)も加え総合的に対策を進めることが必要。
- ▶住民すべてが日頃取り組む大切なこと…自分たちが生活する地域の自然環境を理解することや，**ハザードマップ**での避難場所や避難経路の確認，地域の**防災訓練**への参加，非常用持ち出し品の準備など。

防災情報の活用

①防災情報の入手とその活用
- ▶災害の危険が迫ったり，実際に災害が発生したりしたときに必要なこと…災害や防災に関する情報収集。
- ▶災害発生時に入手できる情報…国や自治体が発表する警戒情報，それに伴う避難指示など。
- ▶携帯電話の警報機能の活用…大地震の発生直後の強い揺れが予想される地域への緊急地震速報の配信などの取り組み。
- ▶災害発生前にもテレビやインターネットなどからの種々の防災関連情報入手が可能。

深める　避難行動を促す警戒レベル

①2019年から行われている警戒レベルの運用
- ▶災害の発生前や発生時に発表される「警戒レベル」→これまでも，気象庁からの注意報や警報，市区町村からの高齢者等避難や避難指示などの情報が発信されていた→住民に正しく理解されていないことが多かった。
- ▶住民がとるべき行動が明確化された**警戒レベル**→避難行動を促す上で役立つことが期待されている。

巨大地震への備え

①将来発生することが予測される巨大地震と地震災害への備え
- ▶同じ所で繰り返し発生する傾向がある地震…太平洋沿岸では近い将来，巨大地震が生じる可能性が予測されている(次のページの地図を参照)。

- 巨大地震が発生すると，太平洋岸の広範囲（こうはんい）に被害が及ぶ可能性が指摘されている。
- 地震の発生前に防災情報の発信を可能にする試み…細かい観測網（かんそくもう）をつくり，地震の前兆をとらえる。
- 地震の発生時期の予測…地形や地層に記録されている過去の地震周期を調査することも行われている。
- ▶ 被災の可能性が高い自治体の準備…防災マニュアルの作成，物資の備蓄や防災訓練など。
- ▶ 被災後も円滑（えんかつ）に業務を続けるために企業がつくる**事業継続計画（BCP）**（けいぞく）（＝災害などの緊急事態に，企業が損害を最小限に抑（おさ）え，事業の継続や復旧を図（はか）るための計画）…生産拠点（きょてん）・取引先や業務の分散化，物流が遮断（しゃだん）されたときの物資調達の代替策（だいたいさく）の構築など。

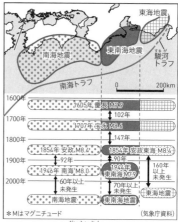

↓ 南海トラフ沿いで発生した過去の巨大地震の震源域（なんかい）

※MIはマグニチュード （気象庁資料）

2 被災地への支援

自助・共助・公助

①災害発生のときにできる公助・自助・共助

- ▶ **公助**…災害時に国や市区町村などが行う応急対策活動。
  - 災害が起きたときの被災地の自治体を中心とした支援…被災者の救助や避難所・仮設住宅の設置，水・食料や生活用品の支給，医療（いりょう）活動など。
  - 他地域の自治体・警察・消防・自衛隊の人たちなどの被災地への派遣（はけん）。
- ▶ **自助**…地域の防災に，自分自身ができること→（例）避難所の生活に必要な物資を個人や家庭で準備しておくことなど。
- ▶ **共助**…災害時に住民どうしや外部からの**災害ボランティア**と協力して助け合うこと。

復旧・復興の取り組み

①災害が発生して被災したときの復旧・復興の取り組み←災害をゼロにすることは困難である。

- ▶ 復旧・復興で大切なこと…建物やライフラインの復興だけでなく，経済・産業活動の回復，さらに，心身に大きな打撃（だげき）を受けた被災地の人たちの生活や心のケア。
- ▶ スムーズな復旧・復興の実現のため，あらかじめ計画を立てておくことが望ましい。
- ▶ **事前復興計画**（＝災害が起こったときのことを想定し，被害を最小化するための都市計画やまちづくり）…自治体が被災前から取り組んでいる，実際に被災したときの復旧・復興の計画。

用語解説

*1 **減災**…地震や津波（つなみ），風水雪害，火山の噴火（ふんか）などの巨大な災害が起きた際に，被害が出ることを前提にし，その被害をできるだけ最小に抑えようとすること。災害を防ぐこと（防災）とは異なる。

SKILL ⑳ 防災ゲーム 「クロスロード」の活用

防災ゲーム「クロスロード」とは

①人と自然の対決にみえる防災→防災の技術や制度の複雑化，人々の考え方や価値観の多様化した現代社会→人と人，あるいはある対策とほかの対策との間の葛藤と調整，合意形成のための判断なども重要なものとなっている。

②「クロスロード」と防災での考え方

- ▶クロスロード…判断の分かれ道→防災に関する取り組みに存在するジレンマが題材。
- ▶二者択一の設問で，YESかNOの判断をする→防災を他人事と考えず，相互の意見交換をすることがねらいの集団ゲーム。

③はっきりとした答えがない

- ▶災害時の行動に明確な正解がないように，「クロスロード」の選択肢にもはっきりとした正解はない。
- ▶「クロスロード」に取り組むことの大切さ…災害のとき，多くの人たちに受け入れられる判断を導き出し，実行に移すための対策を事前に進める準備として，このゲームをする。

TRY 答え・解説   防災ゲーム 「クロスロード」の活用   教 p.215

1 答省略。

解説この「クロスロード」の選択肢に明確な正解はないが，事前にこのようなジレンマを解いてみることは，災害時によりよい判断を導き出し行動する上で役に立つ。

2 答省略。

解説国土地理院の「重ねるハザードマップ」から津波のアイコンをクリックし，「指定緊急避難場所」を再度クリックする。すると，人々が逃げるべき方向が分かるように表示される。

TRY 答え・解説   自然災害による被害を減らそう   教 p.216~217

1 答4，11，13のアイコンを赤色で囲む。

解説4は「質の高い教育をみんなに」，11は「住み続けられるまちづくりを」，13は「気候変動に具体的な対策を」。4の理由は防災教育について，11はサイクロンシェルターの建設などを扱っているからである。

2 答(例)世界各国で異常気象による気象災害が増加しており，多くの被害をもたらしている。都市部への人口集中などの社会条件も被害を大きくする要因になっている。

3 答省略。

解説浸水被害からバングラデシュの国土を守るために，国際協力機構(JICA)やNGOなどが支援している。アジアを中心に防災教育などを行い，津波の際の迅速な避難の大切さを伝えることにも力を入れている。

TRY 答え・解説   災害発生時の行動計画の立て方   教 p.218

1 答省略。

解説自分たちが生活している自治体のウェブサイトなどからハザードマップを手に入れて調べる。

2 答省略。

持続可能な社会づくりに向けて ❼ 自然災害による被害を減らそう

自然災害に強い地域を目指す取り組み

1 世界各国で増加する自然災害

①自然災害の増加と，被害を減らすことが重要課題

- ▶持続可能な開発にとっての大きな障害…世界各国で自然災害が増加していること。
- ▶国際社会の重要な課題の一つ…自然災害の被害を減少させること。
- ▶世界では，年間約1億6000万人が被災し，およそ10万人の命が失われている（1970〜2008年の年平均値）。
- ▶自然災害の被害額は過去30年間で大幅に増加→農業や観光業などの種々の産業に被害が出ている。
- ▶アジアでは大雨による被害が目立つ…台風の大型化などの気象現象の極端化だけでなく，急速な経済発展に伴って都市部への人口の集中が進んだ結果でもある→**洪水**や**高潮**の危険がある地域に多くの人たちが居住するようになったことも大きな原因。

2 水害に弱い地域の被害を減らすためにできること

①バングラデシュでの浸水被害と国際組織の支援

- ▶海抜9m以下の地域が国土の8割を占めるバングラデシュ…毎年のように大型**サイクロン**や大雨，高潮による浸水被害が発生している。
- ▶国際協力機構（JICA）やほかの機関，**NGO**などが協力し合って支援…高床式コンクリート建築のサイクロンシェルターの建設，気象観測や予報・警報に携わる人たちへの技術指導などを長期にわたって行っている。

3 「防災先進国」日本の国際協力

①「防災先進国」日本が行っている国際協力

- ▶日本は，アジアを中心に世界各国で防災の力を高める国際協力を行っている。
- ▶日本はハード対策とソフト対策の両面で支援→特にソフト面での支援を重視。
  - ●気象現象を観察する技術の提供や，情報伝達のしくみの整備などを行っている。
  - ●地域住民向けに，避難の必要性や日頃の備えの重要性を伝える**防災教育**に力を入れている→日本の教材「稲むらの火」を翻訳したものをアジア諸国に提供。

SKILL ㉑ 災害発生時の行動計画の立て方

災害発生時の行動計画の作成

①自然災害への備えの一つとしてのタイムライン（防災行動計画）が有効…自然災害を想定→各家庭の家族構成や生活環境に合わせて，とるべき行動について「いつ」「誰が」「何をするか」をあらかじめ整理→災害発生時の緊急の判断材料として役立つ。

②タイムラインの作成時に大切なこと

- ▶地域のハザードマップで，暮らす地域の地形や気候から自然災害の危険性を把握すること，防災に関する情報をどこから入手するのかを確認することが大切である。
- ▶想定外の災害時はタイムラインを参考に，臨機応変に行動することが重要である。

🦉 用語解説

*1 **サイクロン**…インド洋に発生する風の強い熱帯低気圧。性質は台風と同じである。

演習問題 ❼

1 次の問いに答えよ。

(1) 文中の①〜⑤にあてはまる語句を答えよ。

　　日本列島は，（①　　　　　　　　）大陸と太平洋に挟まれた（②　　　　　　　　）で，本州や北海道，四国，九州など多くの島々で構成されている。

　　日本の地形は，4枚の（③　　　　　　　　　）の動きと深く関係している。（③）が沈み込む所では（④　　　　　　　　）ができやすいため，日本には火山が多い。それに加えて，（③）が沈み込む圧力により，（⑤　　　　　　　　　）も発生しやすい。

(2) 日本の河川の特徴を簡単に書け。

　　（　　　　　　　　　　　　　　　　　　　　　　　　　　　　）

(3) 日本の気候の特徴の一つは，降水量が季節によって大きく変化することである。初夏には北海道を除き，雨がちな日が続く。このような気候を何というか。

　　　　　　　　　　　　　　　　　　　　（　　　　　　　　　）

(4) 都市部では都市気候とよばれる気候がみられる。そのうちの一つで，郊外と比較して都心部の気温が島状に高くなる現象を何というか。　（　　　　　　　　　）

2 次の問いに答えよ。

(1) 文中の①〜⑦にあてはまる語句を答えよ。

　　（①　　　　　　　　　）に位置する日本は，世界的にみても地震が多い地域である。地震の規模は（②　　　　　　　　）（M）で表される。また，各地の揺れの大きさは（③　　　　　　　　）で示される。日本海溝や相模トラフ，南西諸島海溝などに沿う所では，プレート境界の ひずみ が解放されると，巨大な（④　　　　　　　　）が発生する。この（④）では（⑤　　　　　　　　）が発生し，海岸地域に甚大な被害をもたらすこともある。一方，内陸部で（⑥　　　　　　　　）がずれ動き，人の住む大地の直下で発生する地震は（⑦　　　　　　　　）とよばれている。

(2) 将来発生する可能性がある災害の範囲や被害状況を予測した地図で，過去の災害記録や，地形・地質などに関する資料から作成された地図を何というか。

　　　　　　　　　　　　　　　　　　　　（　　　　　　　　　）

3 次の問いに答えよ。

(1) おおむね過去1万年以内に噴火している火山および今も活発な噴気活動を行っている火山を何というか。　　　　　　　　　（　　　　　　　　　）

(2) 地層・岩石・地形・火山・断層など，地球や大地に関わるいろいろな自然に親しむ公園で，日本では，有珠山周辺地域や阿蘇などが認定されている。この公園を何というか　　　　　　　　　　　　　　　　　　（　　　　　　　　　）

(3) 災害をもたらす火山現象の一つで，火口から噴出した高温のガスが，砂礫や火山灰と一緒になって斜面を高速で流れ下る現象のことを何というか。

　　　　　　　　　　　　　　　　　　　　（　　　　　　　　　）

4 次の問いに答えよ。

(1) 島原半島にある火山で、1990年〜1995年にかけて大噴火を起こし、島原市に大きな被害を与えた火山を下の選択肢から選び、記号で答えよ。　　　（　　　）

> ア　吾妻岳　　イ　新燃岳　　ウ　普賢岳　　エ　眉山

(2) 桜島は、1914年の大正噴火によってある半島と陸続きとなった。この半島を何というか。　　　（　　　）

(3) 火山の爆発や噴火による陥没などによりできた大きな くぼ地を何というか。
　　　（　　　）

5 次の問いに答えよ。

(1) 大雨や強風、大雪などの気象現象によって発生する災害を何というか。　（　　　）

(2) 右の写真は、土砂災害の一つで、その災害によって発生した被害の様子である。このような災害を何というか。　（　　　）

(3) 近年、都市部では狭い範囲で、短時間に降る大雨が増加している。このような大雨を何というか。
　　　（　　　）

(4) 台風などの大雨により、大きな氾濫が起こっている。この氾濫には二つの種類がある。そのうち、都市部での大量の雨水が河川に排出できずに市街地が浸水することを何というか。　　　（　　　）

(5) 平野部で、いったん降り積もった雪が、強風により、空中に吹き上げられる現象を何というか。　　　（　　　）

6 次の問いに答えよ。

(1) 地震や風水雪害などの巨大な災害が起きたとき、災害を防ぐこと（防災）ではなく、被害が出ることを前提とし、その被害をできるだけ最小に抑えようとすることを何というか。　　（　　　）

(2) 右の地図を見て、問いに答えよ。

① 地図中のAのトラフを何というか。
　　　（　　　）

② 地図中のB〜Dにあてはまる巨大地震を下の選択肢から選び、記号で答えよ。

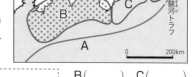

> ア　東海地震　　イ　南海地震　　ウ　東南海地震

B（　　　）C（　　　）
D（　　　）

(3) 災害時に国や被災地の市区町村を中心に、他地域の自治体・警察・消防・自衛隊なども派遣されて行う応急対策活動を何とよぶか。　　（　　　）

［解答→p.176］

第 2 章　生活圏の調査と地域の展望
せいかつけん

1 節　生活圏の調査と地域の展望 ➡ 教 p.220～227

1 地理的な課題と地域調査

地理的な課題の解決に向けて

①身近にある課題と地域調査

- ▶遠い国や地域の出来事ではない，自分たちの身近な生活圏にある課題…例からみてみる。
  - ほかの地域との結び付きという視点でみえてくる身近な地域の課題…**公共交通**^{*1}の維持や**異文化理解**^{*2}などがある。
  - 持続可能な地域づくりという視点でみえてくる課題…市街地の再生や防災など。
- ▶**地域調査**…みえてきた課題について，みずから問いを立て，現地調査を行い，その結果を分析・発表することである。
  - →地域調査を通し，地理的な課題を探究する。

地域調査の「問い」

①地域調査は身近な所から開始し，課題についての「問い」を書くこと

- ▶地域調査を開始するにあたって，まず自分が生活している地域に目を向ける。
- ▶右の表にあるような課題が身近な地域にもみられるかどうかを調べる。
  - →重要なこと…新聞やニュースなどにはそのヒントが多数含まれている→ふだんは見逃している景色や出来事にも注意を向けてみることである。
- ▶グループに分かれて課題について話し合うことも必要である。
- ▶課題の整理がついたら，なぜそのようなことが起こっているのか，どのようにしてそうなったのかなど→課題についての「問い」を書き出す。

❤生活圏が抱える地理的な課題

着目する視点	生活圏の地理的な課題
他地域との結び付き	公共交通の維持
	観光の活性化・国際化
	異文化の理解や共生
地域の成り立ち・変化	地域文化の継承
	伝統的な街並みの保全
	少子化・高齢化対策
持続可能な地域づくり	中心市街地・集落の再生
	防災・減災
	環境の保全

  - 「問い」のいくつかの例。
    - →観光の活性化・国際化…外国人観光客が増えることによって，地域にはどのような影響があるのだろうか。
    - →伝統的な街並みの保全…なぜ伝統的な街並みの景観を保全することが困難なのだろうか。
    - →中心市街地・集落の再生…なぜ中心市街地で空き家が増加しているのだろうか。
    - →環境の保全…地球温暖化は，日常の暮らしにどのような影響を及ぼしているのだろうか。
- ▶「問い」を設定することの意味とその目的…問いが地域調査の動機付けとなり，問いに答えることが地域調査の最終目的となる。

- ▶設定するべきでない問い…調査で調べきれない大きな問いや，すぐに分かってしまうような小さな問い。
- ▶問いの設定で重要なこと…事前に調べるために使う時間や労力，調べることの意義をよく検討しておくこと。

2 現地調査の準備

事前調査の方法

①事前調査は調査の全体像を把握するもの

- ▶調査の問いの決定後→現地に出かける前に，**事前調査（デスクワーク）** に取り組む。
- ▶事前調査…これから調査をする地域について，調査の問いに関する統計データや資料を整理して，調査の全体像を把握するためのものである（右の表を参照）。

⬇調査に関する資料と入手先の例

資料の種類	入手先
最新の地形図	書店，図書館，電子地形図25000，地理院地図
旧版の地形図	国土地理院，図書館
都市計画図	市区町村の役所・役場
住宅地図	図書館，インターネット
市区町村の人口統計や産業統計	市区町村のウェブサイト，RESAS，政府統計の総合窓口（e-Stat）
市区町村史など	図書館，郷土資料館
観光パンフレット	市区町村の役所・役場，駅，観光案内所

- ●学校や地元の図書館…市区町村史や新聞の縮刷版など，その地域に関する多数の資料がそろっている。
- ●政府や自治体のウェブサイト…地域の人口や社会，産業などに関するいろいろな統計データが掲載されている。
  - →これらの統計データの加工…**表計算ソフト**[*3]を活用してグラフにしたり，GISソフトを利用して地図化したりする→このようにすれば，全体の特徴や変化が分かりやすくなる。
- ●国土地理院の地理院地図や紙の地形図の閲覧→地域の自然や土地利用の様子を把握することができる。
  - ⇒インターネット上には信頼性の低い情報も多々ある→利用にあたっては十分な注意をはらうことが必要である。

用語解説

- *1 **公共交通**…人々が運賃を払うことによって，不特定の乗客や貨物の輸送を利用者に代わって行う交通のこと。自家用運送と区別されている。一般には，バス，タクシー，鉄道，旅客船，航空などを指す。自家用自動車やレンタカー，自転車などの交通機関は公共交通機関に含まれない。
- *2 **異文化理解**…自分たちの文化とは生活様式や社会習慣，ものの考え方などの異なる文化。その異なる文化に接して，解釈したり認めたりしようと努めることをいう。
- *3 **表計算ソフト**…多数のセルで構成されており，表の形をした画面にデータを入力して，計算や集計に使用するアプリケーションソフト。数値データの集計や算数計算，グラフ・データベースの作成などを行うことができる。

仮説の設定と調査計画の作成

①事前調査での問いに関する統計データや資料から仮説を立てる

▶事前調査での問いに関する集まった統計データや資料→参考にしながら仮説を立てる。

● (例)「なぜ長野市の中心市街地の門前エリアでは，空き家の活用事例が増加しているのだろうか」という問いの設定。

→統計データからの分析で，中心市街地の人口や事業所の数が近年減少していることが裏付けられれば，中心市街地での空き家や空き店舗が増えているという仮説を立てることができる。

→調査地域には，**門前町**[*1]の歴史と文化が残るという郷土資料の情報，その地区の魅力を発信して空き家と借り手を結び付ける取り組みがあるという情報→二つの情報から，調査地域の歴史と文化に魅力を感じた人々によって空き家が活用されているのではないかという仮説を立てることができる。

▶**仮説**…自分が考える仮の答えである。
⇒その仮説が正しいかどうかを，さまざまな調査方法を使用して，確かめる必要がある。

▶現地調査(フィールドワーク)の調査方法…**野外観察**や**聞き取り調査**など，それぞれの仮説について，適切な調査方法を考える(右の表を参照)。

↓現地調査(フィールドワーク)における調査方法

野 外 観 察	気付いたことを，歩いた経路や場所とともに記録するために，地図を用意しておく。
写 真 撮 影	撮影するポイントを事前に考えておくと，当日，それを意識して撮影することができる。
聞 き 取 り 調 査	事前に取材する相手の人と連絡をとっておき，調査への協力を依頼し，質問項目をまとめておく。
現地での資料収集	必要な資料の所在を調べて，事前に電話で資料の用意を依頼しておく。

3 現地調査の実施

現地調査の方法

①現地調査の目的とその注意点

▶**現地調査(フィールドワーク**[*2])の目的…現地でしか集めることができない情報を入手すること。

TRY 答え・解説　　　新旧地形図の比較　教 **p.225**

1 答省略。
解説1912年ごろと1950年ごろの地形図はそれぞれ5万分の1地形図，1985年ごろと2019年ごろの地形図はそれぞれ2万5000分の1地形図と，縮尺が異なっている。上の二つの地形図は，下の二つの地形図に比較して，2×2＝4倍の広さを表している。長野の地名が漢字で右から左に記されている地図もあるので注意しよう。

2 答省略。
解説二つの5万分の1地形図で，桑畑が主に広がっているのは，地形図の南西部分にある「小柴見」付近である。下の2万5000分の1地形図では，この「小柴見」付近は住宅地へと変わっている点に注目する。

→関係者からの聞き取りや資料の収集，地形や景観の野外観察，写真や映像の撮影などによってその情報を入手する。

- 地図(ルートマップ)…収集すべき資料，観察・撮影ポイントなどを事前に整理し，歩く道順を示した地図→このルートマップを作成する→限られた時間で現地調査を効率的に行うためである。
- 聞き取り調査や資料を集めるときにする大切な準備…事前に取材をする相手と連絡をとることや，必要な資料の所在をあらかじめ確認しておくことなど。
  - →聞き取り調査の前にしておきたいこと…あらかじめ質問項目を決めておけば，グループで手分けをして調査を行い，あとで結果を比較できる。
- 現地へフィールドノートを持参する必要性…聞き取りを行った内容や，観察したこと，気付いたこと，疑問に思ったことなどをできるだけ記録しておく。
  ⇒特徴をとらえてスケッチを残しておくことも有効である。
- 写真や映像を撮影するときの注意点…撮影される側のプライバシーに配慮するよう心がけること。

SKILL ㉒　新旧地形図の比較

年代が異なる地形図の比較

①新旧の地形図から読み取れる自然環境や土地利用などの変化
- ▶生活圏の調査で重要なこと…調査対象の地域が含まれる地形図から，自然環境や土地利用などを読み取ること。
- ▶明治時代から定期的に発行・修正されてきた地形図。
  - 新旧の地形図を比べてみると，地形や土地利用がどのように変化したのか，市街地がどのように発展したのかなど，地域の変化の様子が読み取れる。
  - 比較するための目印…古くからある神社・寺院，道路，河川など，あまり位置が変わらないものを選ぶこと。
- ▶古い地形図を見るときに注意すること…地名が右から左に横書き(→(例)田高：たかだ)されていたり，海岸線や地図記号の表記(→(例)⊥⊥＝田の古い地図記号)が現在のものと違っていたりする場合がある。

4 調査の分析と発表

調査結果の分析と仮説の検証

①調査結果の整理・分析とポスターセッション
- ▶現地調査終了後の検証…調査で得られた資料やノート，写真などの情報を基に，初めに立てた仮説が正しいかどうかを検証すること。

👹 用語解説

- *1 **門前町**…室町時代以降，神社・寺院の門前を中心に形成され，参拝人向けの宿屋や商業が発達した町のこと。例えば，善光寺のある長野県長野市や新勝寺のある千葉県成田市など多数ある。
- *2 **現地調査(フィールドワーク)**…野外などの現地で行う実態にそくした調査や研究のこと。あるいは野外調査のこと。

▶調査でどのようなことが分かったのか，情報の整理・分析^{ぶんせき}が必要→情報を地図やグラフ，表などにまとめる→今まで意識していなかったこともみえてくる。

- (例)聞き取り調査の結果を表を項目^{こうもく}ごとに整理→全体を類型化して考えられる。
- (例)野外観察の結果を地図に書き込^こむ→分布の特徴^{とくちょう}などが理解できる。

▶分析をするなかで，新たな疑問や確認したいことの発生→**再調査**の実施^{じっし}。

▶より適切な主題図を描^{えが}くためには…調査結果をまとめた主題図を現地の人に見せて，改善点を指摘^{してき}してもらうとよい。

調査結果のまとめ・発表

①地域調査の内容発表

▶地域調査の内容のまとめ…レポートやポスター，プレゼンテーション用のスライドなどを使用。

▶成果の発信…学校内で発表し合うだけでなく，地域へも発信→現地調査を通して地域から得た情報を，学習の成果として再び地域へ還元^{かんげん}→**社会参画**^{*1}の第一歩となる。

SKILL ㉓　ポスターセッションの方法

ポスターを使ったまとめ方とポスターセッション

①ポスターによるまとめとポスターセッション

▶調査結果をポスターにまとめ，相互に発表し合うことを**ポスターセッション**という。

▶ポスターを制作する手順…今まで地域調査を行ってきた作業順に項目を立てて，レイアウトを考えていくと分かりやすい。

▶ポスターの締^しめくくりの項目…調査で分かった項目を基^{もと}にして，地域の課題に対する自分たちなりの提案をまとめてみる。

▶同じテーマで進めた調査でも，人により興味をもった点や提案する内容が異なる→各自のまとめた調査結果を発表し，意見交換^{こうかん}をする→意見が分かれたときは討論することも重要。

②ポスター展示とその内容を理解すること

▶学校の行事や地域のイベントでのポスターの展示→調査内容に対する見学者からの質問→適切な答えができるように，調査内容を十分理解し，簡潔^{かんけつ}な説明を心がける。

TRY 答え・解説　　ポスターセッションの方法　教 **p.227**

1 答省略。

解説ポスターづくり…まず，「タイトル」を考え，次に「地域の課題と調査の目的」→「問いと仮説」→「仮説の検証」→「今後に向けての提案」の順につくっていく。

2 答省略。

解説ポスターセッションとは，調査結果をポスターにし，互^{たが}いに発表し合い，意見交換をすることである。

🦉 用語解説

*1　**社会参画**…主体的によりよい社会の形成に関わること。単に社会の活動に参加するとか協力する(社会参加)といったことではなく，企画・計画する段階から関わること。

演習問題 ❽

1 文中の①~④にあてはまる語句を答えよ。

　　身近な生活圏にも(①　　　　　　　　　　)が存在している。例えば，持続可能な地域づくりという視点でみると，市街地の再生や防災などの(①)がみえてくる。これらの(①)について，みずから問いを立てて(②　　　　　　　　　　)で調査を行い，その結果を(③　　　　　　　　　　)・発表することを(④　　　　　　　　　　)という。(④)を通して，生活圏が抱える地理的な(①)を探究することで，解決への展望を見いだしていく。

2 次の問いに答えよ。

(1)　これから調べる地域について，調査の問いに関する統計データや資料を整理し，調査全体像を把握するための調査を何というか。　　　　　　　　(　　　　　　　　　)

(2)　①~④にあてはまる言葉を下の選択肢から選び，記号で答えよ。

　①　気付いたことを，歩いた経路や場所とともに記録するために，地図を用意する。

　②　撮影するポイントを事前に考えておくと，当日，それを意識して撮影することができる。

　③　事前に取材する相手の人と連絡をとっておき，調査への協力を依頼し，質問項目をまとめておく。

　④　必要な資料の所在を調べて，事前に電話で資料の用意を依頼しておく。

　　　　　　　　　　　　①(　　) ②(　　) ③(　　) ④(　　)

> ア　聞き取り調査　　イ　現地での資料収集　　ウ　写真撮影　　エ　野外観察

(3)　現地調査を行う際に持参する，聞き取り内容や，観察したこと，気付いたこと，疑問に思ったことなどを記録するノートを何というか。　　(　　　　　　　　　)

(4)　地形や土地利用がどのように変化したのか，市街地がどのように発達したかなど，地域の変化を読み取るには，どのような地図を使用して比較すればよいか。

　　　　　　　　　　　　　　　　　　　(　　　　　　　　　)(での比較)

3 次の問いに答えよ。

(1)　文中の①~⑤にあてはまる語句を答えよ。

　　現地調査の終了後，最初に立てた(①　　　　　　　　　)が正しいかどうか検証する。最初に調査からどのようなことが分かったのか，(②　　　　　　　　　)を整理・分析する必要がある。こうした(②)は，地図やグラフなどにまとめると，今まで意識していなかったことがみえてくる。例えば，野外観察の結果の分析を進めていくなかで，新たに疑問に思ったことや確認したいことが生じれば，(③　　　　　　　　　)を実施すればよい。調査結果をまとめた(④　　　　　　　　　)を現地の人に見せて，(⑤　　　　　　　　　)を指摘してもらうことで，よりよい(④)になる。

(2)　調査結果をポスターにまとめ，互いに発表し合うことを何というか。

　　　　　　　　　　　　　　　　　　　　　　(　　　　　　　　　)

[解答→p.176]

演習問題の解答・解説

演習問題 ❶　17ページ

❶ (1)①水半球
②(例)この位置で地球を半分にすると、海洋の占める割合が最大となることを示している。
(2)極夜
(3)グリニッジ標準時　または、GMT

❷ (1)①メルカトル図法　②ア
(2)ホモロサイン図法　または、グード図法

❸ (1)電子国土基本図　(2)ウ
(3)階級区分図　または、コロプレスマップ
(4)ビッグデータ

✗解説 **❶** (1)①地球を眺めたとき、陸地が占める割合が最大となる半球を陸半球という。
②「海洋の占める割合が最大」、この部分が必要である。
(3)GMTは、Greenwich Mean Timeの略称である。

❷ (1)①この図法の地図は正角図であり、海図として利用されていた。
②大圏航路は大圏コースともいう。

❸ (1)電子国土基本図は、地理院地図としてインターネット上で公開されている。
(2)等値線図は、等高線、等圧線、等温線などが地形図や天気図などによく用いられる。

演習問題 ❷　30〜31ページ

❶ ①主権　②領海　③国連海洋法
④接続水域
⑤排他的経済水域　または、EEZ
⑥独立国　⑦植民地　⑧宗主国

❷ (1)大陸棚
(2)サンフランシスコ平和条約
(3)①歯舞群島　②北方領土
③択捉島

❸ (1)国際連合　または、国連　(2)ア
(3)東南アジア諸国連合　または、ASEAN

❹ (1)垂直分業　(2)水平分業
(3)①ウ　②エ　③ア　④イ

❺ (1)時間距離
(2)Aエ　Bイ　Cウ　Dア　Eオ

❻ (1)海底ケーブル　(2)ビッグデータ
(3)デジタルデバイド
(4)エコツーリズム

✗解説 **❶** ④接続水域の範囲は、海岸から24海里(約44km)の海域である。
⑤排他的経済水域は、領海・接続水域を含めて200海里(約370km)の海域である。1海里は1852mである。

❷ (1)国連海洋法条約の大陸棚に関する規定では、水深に関わることなく、海岸から200海里までの海底としている。
(2)北方領土は、歯舞群島、択捉島のほかに、色丹島、国後島がある。

❸ (2)イのAPECはアジア太平洋経済協力の、ウのMERCOSURは南米南部共同市場の、エのUSMCAは米国・メキシコ・カナダ協定の略称である。
(3)東南アジア諸国連合の当初の加盟国は、インドネシア、マレーシア、フィリピン、シンガポール、タイの5か国である。

❹ (2)水平分業に移行しているなかで、先進国と発展途上国が互いの強みを生かした製品を輸出する国際分業が

成立している。

5 (1)時間距離とは，絶対距離ではなく，移動するのにかかる時間で表した距離である。

6 (3)デジタルデバイドは，情報格差ともいう。

(4)エコツーリズムを展開している国の一つに中米のコスタリカがある。貴重な動植物や豊富にある熱帯林を生かして，環境保全と観光振興の両立に努めている。

演習問題❸　62〜63ページ

1 ①変動帯　②プレート　③海嶺
④海溝　⑤安定陸塊　⑥侵食平野
⑦楯状地　⑧ケスタ

2 (1)河岸段丘　(2)リアス海岸　(3)砂嘴
(4)カルスト地形

3 (1)日較差　(2)大気大循環
(3)季節風　または，モンスーン
(4)植生

4 ①エ　②ウ　③オ　④イ　⑤ア
⑥カ

5 (1)ウルル　または，エアーズロック
(2)偏西風　(3)ア

6 (1)三角州（デルタ）　または，デルタ　(2)華僑
(3)①米　②インドネシア

解説 **1** ①大地形とは，大陸や巨大な山脈などのように広い範囲に及ぶ地形のことである。この大地形は変動帯と安定地域に区分される。それぞれの特徴をおさえておく。

③大西洋中央海嶺に位置するアイスランドは，火山と氷河がつくる景観をみるため，多くの観光客が訪れる。

⑧ケスタがみられるフランスのパリ盆地では，低平地では放牧や小麦を栽培，斜面ではぶどうを栽培。

2 (2)リアス海岸は，V字谷が土地の沈

降または海面の上昇によって，海に沈んできたものである。

(4)カルスト地形には，ドリーネ，ウバーレ，ポリエ（溶食盆地）などがあり，さまざまな景観をみせている。

3 (2)この大気大循環により，低緯度から高緯度へと熱が運ばれ，地球全体の気温差が小さくなる。

(4)植生とは，ある地域に生えている植物の集まりのこと。例としては，荒原，草原，森林などがある。

4 ドイツの気候学者であるケッペンにより，気温と降水量を指標として世界の気候を区分したものである。ただ，高山気候はケッペンの気候の区分にはもともとなかったもので，後の学者が追加した気候区である。そのため，高山気候とほかの気候は地域が重なっている。

5 (3)オーストラリアの内陸部にあるグレートアーテジアン（大鑽井）盆地では豊かな被圧地下水をくみ上げ，肉牛などの大規模な牧畜を行っている。

6 (1)三角州（デルタ）は河口付近に砂や泥が堆積してできた地形。この三角州で最も有名なのは，エジプトのナイル川河口付近にできているナイルデルタである。

(2)中国系の人々には華僑とは異なる華人がいる。華人は，マレーシアなどの外国で生まれ，その国の国籍を取得した中国系の人たちのこと。

(3)①グラフ中の国をみると，すべてアジアの国々で，東南アジアの国名が多い。このような農産物は米以外にない。

②問題文中の「ジャワ島」がヒントとなる。ジャワ島にはインドネシアの首都ジャカルタがある。

演習問題 ❹　88～89ページ

❶ (1)公用語
　(2)① Aキリスト教
　　　Bイスラーム　C仏教
　　②民族宗教

❷ (1)コーラン　または，クルアーン
　(2)ア
　(3)石油輸出国機構　または，OPEC〔オペック〕

❸ (1)①カースト制　②ヴァルナ
　　③ジャーティ　④分業
　(2)緑の革命
　(3)菜食主義者　または，
　　ベジタリアン
　(4)BRICS〔ブリックス〕

❹ (1)モノカルチャー経済　(2)先住民
　(3)アグリビジネス
　(4)MERCOSUR〔メルコスール〕

❺ (1)奴隷貿易〔どれい〕　(2)ウ
　(3)フェアトレード　(4)スラム

❻ (1)ロシア正教
　(2)①ア　②パイプライン

🄱解説 ❶(1)公用語を日本のように一つ
と定めている国が多いが，スイスの
ように複数の公用語を定めている国
も珍しくない。〔めずら〕
(2)世界宗教と民族宗教の違いをおさ〔ちが〕
えておく。

❷(2)イ～エは地下水路の地域によるよ
び方である。イのカナートはイラン
で，ウのカレーズはアフガニスタン
などで，エのフォガラは北アフリカ
でのよび方。
(3)国際石油資本(石油メジャー)と間〔ま〕
違えないようにする。〔ちが〕

❸(1)①インド憲法では，カーストによ
る身分差別は禁止され，職業選択や
婚姻の自由が認められている。〔こんいん〕
②ヴァルナは，バラモン，クシャト
リヤ，ヴァイシャ，シュードラ，ダ

リット(不可触民)からなっている。〔ふ かしょくみん〕

❹(4)MERCOSURは南米南部共同市場
の略称である。この組織は，アルゼ
ンチン，ブラジル，パラグアイ，ウ
ルグアイの4か国で発足した。〔ほっそく〕

❺(1)奴隷になった多くのアフリカの人
たちは，西インド諸島や南北アメリ
カ大陸に送られた。

❻(1)ロシア正教は，ギリシャ正教など
がある正教会(＝キリスト教の宗派
の一つ)のなかで最も勢力がある。
(2)①イは原油である。

演習問題 ❺　112～113ページ

❶ (1)①栽培限界〔さいばいげんかい〕　②灌漑〔かんがい〕　③客土〔きゃくど〕
　　④品種改良
　(2)国民総所得　または，GNI
　(3)多国籍企業〔たこくせき〕　(4)知識産業

❷ (1)スノーベルト　または，
　　フロストベルト
　(2)穀物メジャー
　(3)① Aイ　Bア　Cウ
　　②シリコンヴァレー

❸ (1)①計画経済　②人民公社
　　③市場経済　④改革開放政策
　　⑤生産責任制　⑥郷鎮企業〔ごうちん〕
　(2)経済格差　(3)PM2.5
　(4)漢江の奇跡〔ハンガン きせき〕

❹ (1)シェンゲン協定
　(2)Aア　Bウ　Cイ
　(3)ヨーロッパ共同体　または，EC
　(4)暖流：北大西洋海流　風：偏西風〔へんせいふう〕
　(5)混合農業　(6)青いバナナ

🄱解説 ❶(1)①栽培限界とは，小麦やオ
リーブなどの作物の栽培が可能な地
域の限界のこと。寒さによる限界や
乾燥による限界がある。〔かんそう〕
②灌漑は，作物栽培に必要な水を，〔かんがい〕
河川や湖，ため池，地下水などから〔かせん〕

水路を通して引き，農地に水をもた
らすこと。

(2)国民総所得（GNI）は，GDPととも
に経済指標としてよく用いられる。
GNIは，Gross National Incomeの略
称である。

2 (1)北東部の伝統的な工業地域の衰退（すいたい）
に対して，サンベルトとよばれる地
域ではICT産業などの先端技術産業（せんたん）
がめざましく発達している。

(2)アグリビジネス（農業関連産業）と
いう語句も関連づけて覚えておく。

3 (2)農村部から沿海部の工場へ，現金
収入を得るために，出稼ぎ（でかせ）に行く人
たちが増加している。

(3)中国産の石炭には硫黄分（いおうぶん）が多く含（ふく）
まれているため，燃焼させると大量
の硫黄酸化物が排出される。

4 (1)シェンゲン協定は，EU加盟国22
か国のほか，非加盟国のノルウェー
やスイス，アイスランド，リヒテン
シュタインを加えて26か国（2020年
現在）が実施（じっし）している。

(3)ヨーロッパ共同体（EC）は，ヨー
ロッパ石炭鉄鋼共同体とヨーロッパ
経済共同体，ヨーロッパ原子力共同
体が一部統合されてきたもの。

演習問題❻　142～143ページ

1 (1)南北問題
(2)政府開発援助　または，ODA
(3)非政府組織　または，NGO
(4)持続可能な開発

2 (1)①熱帯林　②砂漠化（さばくか）　③大気汚染（おせん）
④化石燃料
(2)焼畑農業（やきはた）　(3)温室効果ガス

3 (1)Aイ　Bウ　Cオ
(2)国際石油資本　または，
石油メジャー

(3)再生可能エネルギー
(4)バイオエタノール

4 (1)エクメーネ　(2)家族計画
(3)①釣鐘型（つりがねがた）　②Aウ　Bア　Cイ

5 (1)①偏り（かたよ）　②飽食（ほうしょく）　③飢餓（きが）
(2)ネリカ米　(3)食品ロス

6 (1)①イ　②エ　③ウ　④オ　⑤ア
(2)(例)道路や電気，ガス，上下水道
などの生活や産業の基盤（きばん）となる公
共の社会資本のことである。
(3)ドーナツ化現象

解説 1 (1)発展途上国のなかでも経済
成長が進行している国とそうでない
国との間の経済格差問題である「南
南問題」と間違え（まちが）ないようにする。
(3)非政府組織（NGO）と非営利組織
（NPO）の違いをおさえておく。

2 (1)④化石燃料には，石油，石炭，天
然ガスなどがある。
(3)温室効果ガスには二酸化炭素のほ
かにメタンやフロンなどがある。

3 (1)アのクロム，エのニッケルはレア
メタル（希少金属）とよばれるもの。
(3)再生可能エネルギーには，問題で
取り上げた例のほかにバイオマスな
どもある。

4 (1)乾燥地域や高山地域，極地などの
人口密度が低い地域には，人が居住
しない地域があり，これをアネク
メーネという。

5 (3)アメリカ合衆国では，少しでも食
品ロスを減少させるため，フード
バンクとよばれる取り組みを行って
いる。

6 (2)「生活や産業の基盤」，「公共の社
会資本」という言葉を用い，例を挙
げて説明する。
(3)郊外で無秩序（むちつじょ）に市街地を開発する
スプロール現象と混同しないこと。

演習問題❼ 164〜165ページ

❶ (1)①ユーラシア　②弧状列島
　　③プレート　④マグマ　⑤地震
　(2)(例)日本の河川は，大陸の河川と比較すると，全体の長さが短く，勾配が急で流れは速い。
　(3)梅雨　(4)ヒートアイランド現象

❷ (1)①変動帯　②マグニチュード
　　③震度　④海溝型地震　⑤津波
　　⑥活断層　⑦直下型地震
　(2)ハザードマップ

❸ (1)活火山　(2)世界ジオパーク
　(3)火砕流

❹ (1)ウ　(2)大隅半島　(3)カルデラ

❺ (1)気象災害　(2)土石流
　(3)局地的大雨　または，ゲリラ豪雨
　(4)内水氾濫　(5)地吹雪

❻ (1)減災
　(2)①南海トラフ
　　②Bイ　Cウ　Dア
　(3)公助

🈁解説 ❶(1)③プレートには海洋プレートと大陸プレートがある。日本付近には，北アメリカプレート，太平洋プレート，フィリピン海プレート，ユーラシアプレートの4枚がある。
(2)「長さが短い」，「勾配が急」，「流れが速い」は必要な言葉である。

❷(1)④海溝型地震と⑦直下型地震の発生のしかたの違いをおさえておく。
(2)ハザードマップは，地震，津波，火山，洪水，土砂災害などの自然災害の種類別につくられている。

❸(1)日本には，有珠山をはじめとして，浅間山，富士山，御嶽山，雲仙岳，阿蘇山，桜島などたくさんの活火山がある。
(3)火砕流と，火口から噴出したマグマが斜面を流れ下る溶岩流との違い

をおさえておく。

❹(1)イの新燃岳は，南九州にある霧島山の火山群の一つである。
(2)桜島は，鹿児島市を含む市町村に，今も大量の火山灰を降らせている。

❺(4)内水氾濫のほかに，河川の水が増加し，流出して水害が起こることを外水氾濫という。

❻(2)南海トラフに沿って，東海地震，東南海地震，南海地震といわれる海溝型の地震が繰り返し起こっている。
(3)公助のほかに，自分たちができることをする「自助」や，近隣の住民どうしなどが助け合う「共助」がある。

演習問題❽ 171ページ

❶ ①課題　②現地　③分析
　④地域調査

❷ (1)事前調査　または，デスクワーク
　(2)①エ　②ウ　③ア　④イ
　(3)フィールドノート
　(4)新旧(の)地形図(での比較)

❸ (1)①仮説　②情報　③再調査
　　④主題図　⑤改善点
　(2)ポスターセッション

🈁解説 ❶①地域の課題を調べるときには，「他地域との結び付き」，「地域の成り立ち・変化」，「持続可能な地域づくり」に着目して，それぞれの課題をみつけることから開始する。

❷(4)地形図は，明治時代から定期的に発行・修正されてきている。したがって，古い地形図と新しい地形図を見比べると，地域のいろいろな変化を読み取ることができる。

❸(2)ポスターセッションをするには，ポスターを分かりやすいものにする必要がある。そのために，レイアウトを工夫することなども重要である。

帝国書院版・高等学校　新地理総合